EDUARDO MACHADO (GOOD GUY)



# Engenharia de Software com Access VBA

## Volume 1



EDITORA CIÊNCIA MODERNA

***Engenharia de Software com Access VBA – Volume 1***


**Editor:** Paulo André P. Marques
**Produção Editorial:** Dilene Sandes Pessanha
**Capa:** Daniel Jara
**Diagramação:** Daniel Jara
**Copidesque:** Vivian Sbravatti



**FICHA CATALOGRAFICA**

***MACHADO, Eduardo Vieira.***

***Engenharia de Software com Access VBA – Volume 1***

Rio de Janeiro: Editora Ciência Moderna Ltda., 2020.

1. Informática
I — Título

ISBN: 978-85-399-1002-1 CDD 001.642

**Editora Ciência Moderna Ltda.**
**R. Alice Figueiredo, 46 – Riachuelo**
**Rio de Janeiro, RJ – Brasil CEP: 20.950-150**
**Tel: (21) 2201-6662/ Fax: (21) 2201-6896**
**E-MAIL: LCM@LCM.COM.BR**
**WWW.LCM.COM.BR**

**01/20**

# Agradecimentos

Quero agradecer ao bom Deus por tudo o que aprendi ao longo desses anos e por todo incentivo que recebi de amigos dos fóruns Máximo Access, *Expert* Access e Itlab, além de colegas de trabalho e, especialmente, de minha esposa Eunice, quem sempre acreditou em mim.

# Dedicatória

Dedico este livro em primeiro lugar à minha esposa Eunice, companheira dedicada e minha maior incentivadora; ao meu pai Wilson Machado (In Memoriam), à minha mãe Irailde, e a todas crianças e jovens de nossa família que se sentiram felizes e incentivados a estudar informática com meu primeiro livro e, finalmente, a toda a juventude estudiosa de nosso país.

# O autor

Sou conhecido nos fóruns MaximoAccess, ExpertAccess e ItLab como Good Guy (o cara prestativo). Adotei este cognome em inglês por gostar muito desta língua e por estar em sintonia com minha personalidade moldada por valores cristãos.

Há 28 (vinte e oito) anos exerço um cargo público, como concursado em empresa estatal no Rio de Janeiro. Nos anos 70, estudei engenharia operacional civil e trabalhei por algum tempo em uma empresa de construção civil enquanto era acadêmico, mas desisti de seguir essa carreira por conta de um mercado saturado de engenheiros, passando a lecionar Matemática. Mais tarde me apaixonei por tradução e fui estudar Tradução Técnica e Literária com o grande e renomado Prof. Daniel Brilhante, em Copacabana, RJ, o que me levou a traduzir material técnico para empresas e literário para as editoras. Resolvi então cursar Letras (Português/Inglês) e exercer também a função de professor de Inglês, o que fiz com muita satisfação por 10 (dez) anos em cursos e escolas. Já trabalhei como intérprete de estrangeiros, recebendo inclusive convites para morar nos EUA, mas preferi ficar no Brasil.

No boom da informática em 1995, comecei a me interessar por programação, não tanto por mim mesmo e mais por influência ou insistência de minha namorada, que hoje é minha esposa por força de seus bons conselhos e beleza de espírito. Dessa intimidade e convivência, surgiram a coragem e a fé em Deus para viver nossos sonhos e projetos de vida, dentre estes o amor pela ciência. Nosso princípio básico que vivemos juntos é "O temor do Senhor é o princípio do conhecimento." (Prov 1.7) Sermos fiéis um ao outro, amar o nosso próximo, nossos filhos e obedecermos Seus princípios,tornaram-se a mola propulsora de nossa vida. Comecei me aventurando em algumas linguagens como C, Java, Delphi e VB, estudando presencialmente em instituições aqui do Rio, como ADV Informática (Lógica de Programação e C) e Instituto de Nível Superior Infnet (Java Programming), onde também participei de diversas palestras. Pude também participar de cursos de analista Java pela internet, pelo Instituto Wincomp(online) de São Paulo. Mas as linguagens que me deram maior prazer em aprender e para as quais me dediquei exclusivamente foram o VB6 e depois o Microsoft Access VBA através da série de livros de Flávio Morgado chamado *Programando Microsoft em Access com VBA* e em paralelo os fóruns *ExpertAccess* e *MaximoAccess.*

Fui programador na minha empresa por muitos anos em vários departamentos, até que recebi o convite para atuar na Área de Projetos de Assuntos Estratégicos pelos meus conhecimentos em Excel e AccessVBA.

Na ocasião, tive a grata satisfação de ser premiado como melhor programador no mês de Outubro de 2011 pela Comunidade Lusófona de Programadores do site www.svcsoftwarehouse.com, que infelizmente hoje já não está mais na nuvem.

Como consultor de SQL, trabalhei na apresentação de relatórios para chefes de departamento. Atualmente, exerço funções administrativas e de gerenciamento de aplicativos em Access que desenvolvi para o setor comercial da área jurídica da empresa.

No Facebook, tenho uma página comercial " Good Guy - Sistemas, Aplicativos e Jogos em Access VBA" onde publico novas atualizações de meus produtos e, também no LinkedIn, Eduardo Machado (Programador e Consultor em Access VBA) com artigos em geral.Sou apaixonado por música instrumental clássica, jazz e gospel, e pelo meu violão, de onde extraio arranjos melódicos para encher meu lar de tranquilidade e agraciar os ouvidos sensíveis de minha esposa, sob a bênção de Deus.

# Sumário

## APÊNDICE

# INTRODUÇÃO

Neste meu mais novo livro, **Engenharia de Software com Access VBA, Vol. 1 e 2**, há muitas novidades de programação em complemento ao meu primeiro livro, **Técnicas Especiais em Access VBA**. Espero atender a muitos dos meus leitores acadêmicos de Ciência da Computação e de Engenharia, com novas técnicas em Access VBA (com uma linguagem acessível também para quem estuda outras linguagens), ainda mais complexas que façam jus ao título Engenharia de Software, como funções ainda mais poderosas com métodos e propriedades de objetos muito práticos, além de novos modelos de formulários com visual mais sofisticado ou de nível tecnológico mais atual.

A ideia aqui é modernizar os seus sistemas no que for possível dentro da plataforma Access a fim de agregar o agradável à eficácia de rendimento para os seus usuários e acompanhar um novo estágio da informática moderna em termos de visual e funcionalidade e, por fim, também obter resultados mais concisos e rápidos ao realizar cálculos e filtros mais poderosos.

De uma maneira geral, vamos exercitar o raciocínio lógico, procurando entender a funcionalidade de cada linha de código e testar a sua habilidade para programar, pois a linguagem lógica e as técnicas aqui empregadas são ainda mais complexas e de difícil compreensão para quem não tem muita experiência em programação. Mas não se preocupe, você terá sua chance de se aperfeiçoar com os meus exemplos e sua prática constante. Não desanime, portanto, na primeira tentativa.

Esteja ciente que, nas minhas técnicas, trabalho muito com tabelas auxiliares e formulários ocultos. Além disso, procuro me fixar em campos indexados com chave primária, isto é, que não permitem duplicação, a fim de obter incondicionalmente precisão no filtro de dados. Mas, neste caso, a indexação é, por regra geral, o hábito de todos os bons programadores.

Trabalho com funções que se utilizam de um mínimo de argumentos (no máximo dois) que buscarão seus parâmetros correspondentes nas caixas de texto dos formulários, isto é, usarão os mesmos como referência para buscar por dados-chaves no cálculo a ser realizado. Trabalhar com argumentos em suas funções dão, a meu ver, maior segurança nos resultados.

Todas as tabelas, consultas, formulários e relatórios deste livro possuem nomes provisórios, isto é, que podem ser alterados, mas demonstrados aqui a título de exemplo, podendo o leitor substituir pelos nomes que achar conveniente em seus próprios aplicativos.

Vamos buscar mais conhecimento para o desenvolvimento de sistemas ao aprender a utilizar métodos e propriedades de objetos que nos forneçam filtros de dados mais eficazes; exercitar técnicas de *loopings* com conversões entre bases numéricas (para muitos, o *looping* é uma dor de cabeça, mas estas são técnicas das mais eficientes para agilizar a execução de determinado objetivo que faça jus ao uso da programação).

Se você quer ser reconhecido como bom programador, precisa aprender a dominá-los como se fossem, a grosso modo, cavalos chucros, e torná-los em cavalos dóceis. Isso será possível com os meus exemplos; aprendendo a criar matrizes de dados; gerar indicadores estatísticos com barras de progresso; criar uma treeview para classificar informação amiúde, etc..

Estou disponibilizando arquivos-exemplo para *download* pelo site da Editora Ciência Moderna de cada capítulo do livro.

Nota: A senha para descompactação é um acróstico com a primeira letra de cada capítulo do livro, do primeiro ao quinto.

Para começar, vamos agora nesta introdução visualizar um quadro geral do escopo desta coletânea. Veja o que você aprenderá:

1. Desenvolver funções com *loopings* dinâmicos sem cometer erros e entrar em *looping* infinito.Praticaremos, a princípio, com conversões de bases numéricas.

Ao clicar no botão para realizar a conversão Decimal/Binário, fica assim:

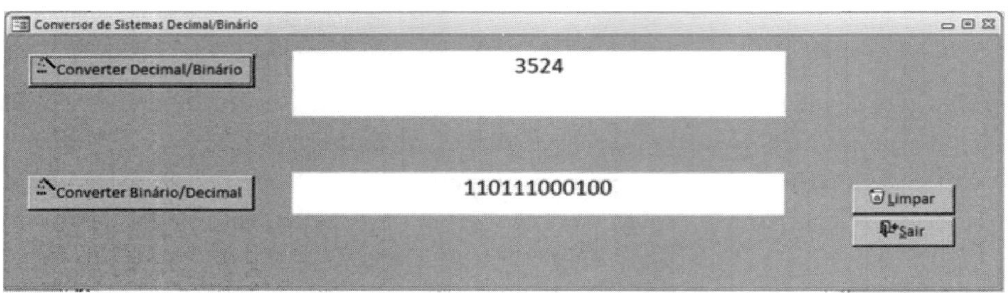


Ao clicar no botão para realizar a conversão Decimal/Hexadecimal, fica assim:

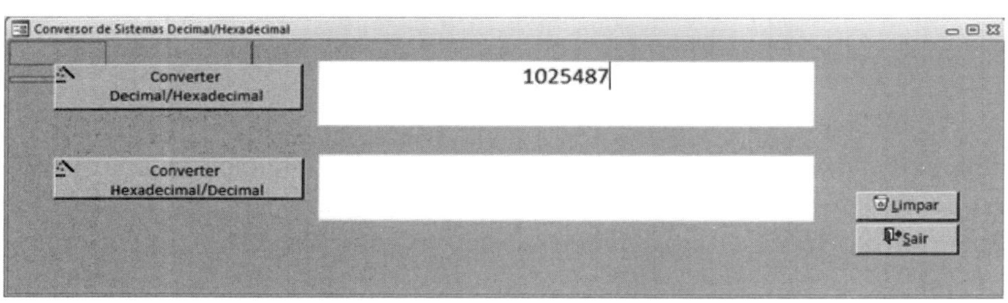


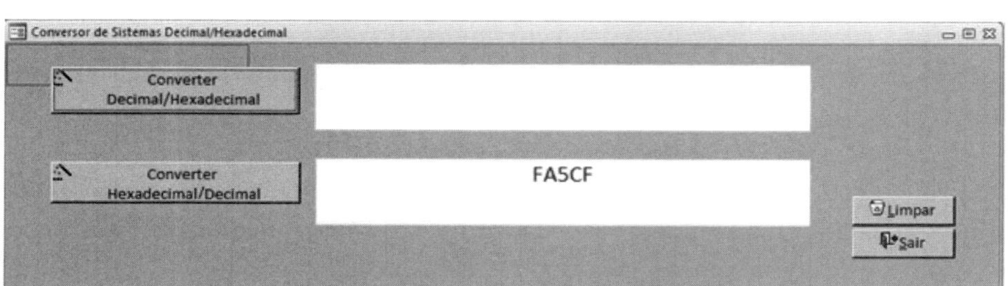


2. Desenvolver formulários com interfaces amigáveis e visual *high-tech* com exibição de diversas tabelas em frames transparentes que se intercruzam sem dificultar a leitura. Um tipo de informatização mais sofisticada e não convencional. Você aprenderá a trabalhar com controles ActiveX do tipo *Slider*. O principal ponto em destaque está no capítulo 2 e no capítulo 5. Veja alguns modelos abaixo.

Exemplo 1:

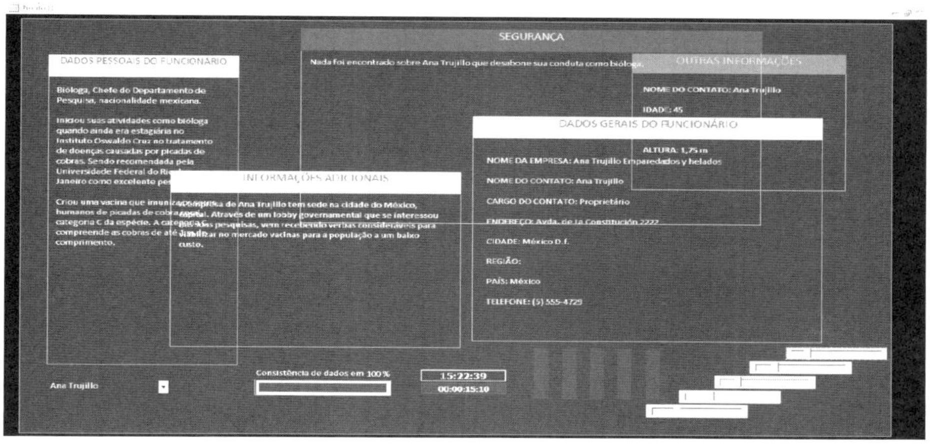


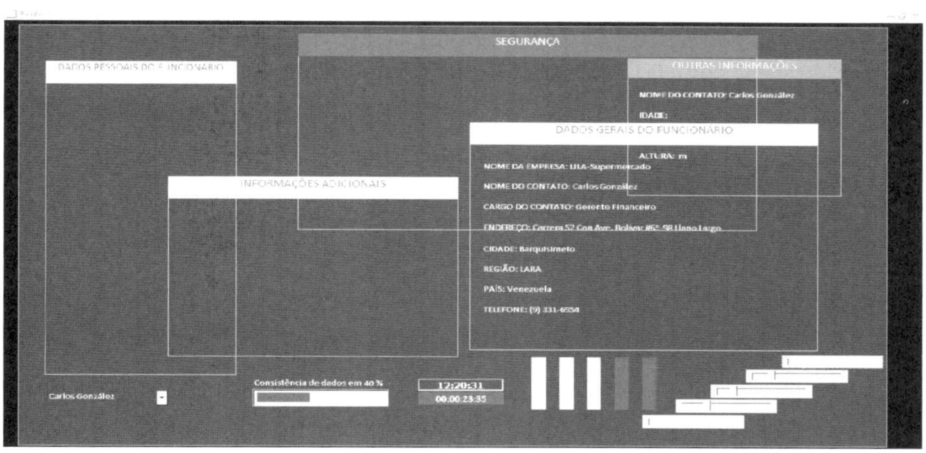


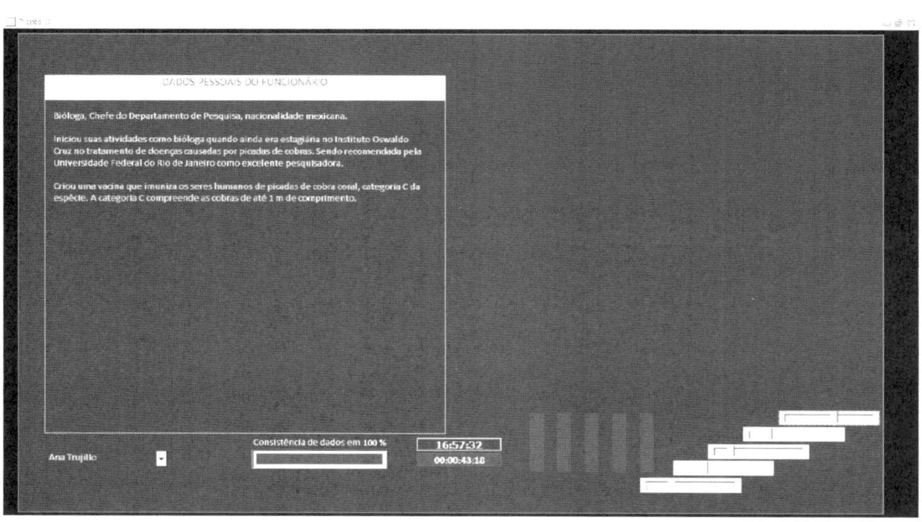


Utilizando o controle *Slider:*

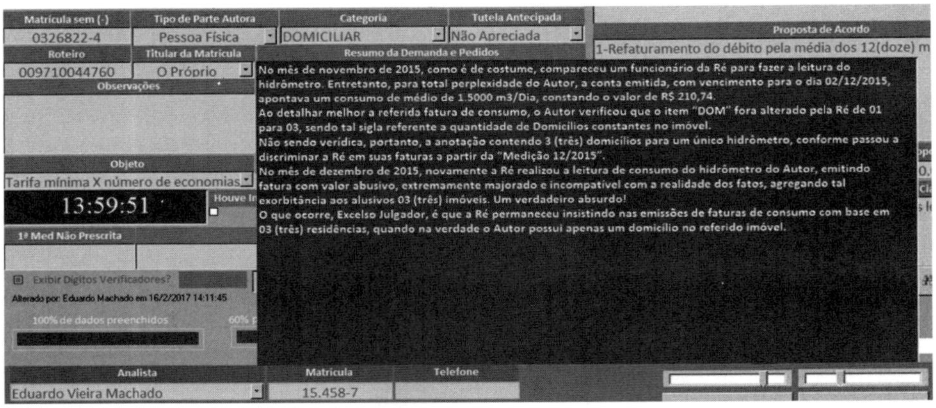


Ampliamos desse modo o poder de visualização e compreensão de texto. Com a propriedade *Fontsize* aplicada ao nome do campo, poderá ainda dar um retorno melhor.

Exemplo 2:

Aprender a desenvolver outras interfaces gráficas com exibição de diversas tabelasem um único formulário com visual agradável. Além de poder inserir recursos multimídia ou gif's animados.

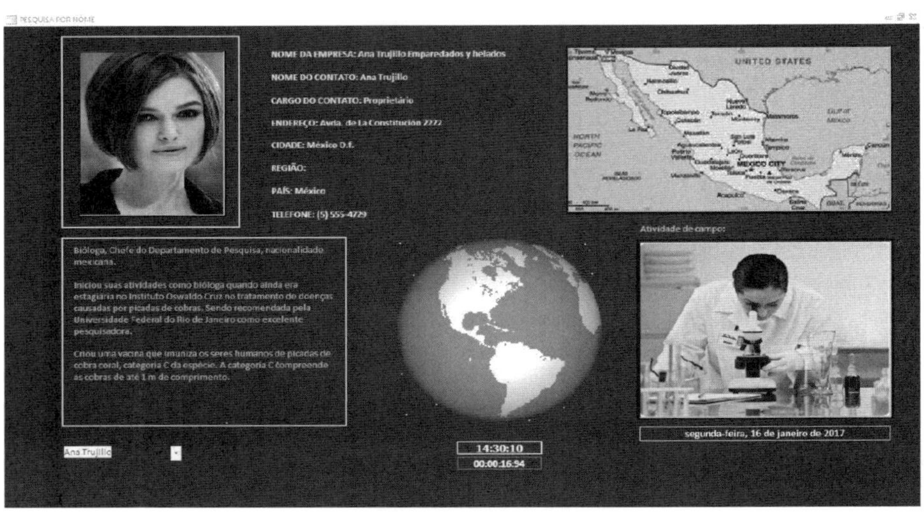


3- Trabalhar com barras de progresso:

(1) Medir distância percorrida em relação a um destino ao realizar parada, bem como também programar a previsão de chegada de um veículo do ponto inicial e/ou parada até o seu destino, tendo como variáveis o consumo de gasolina por kilômetro, o tempo inicial e a distância percorrida.

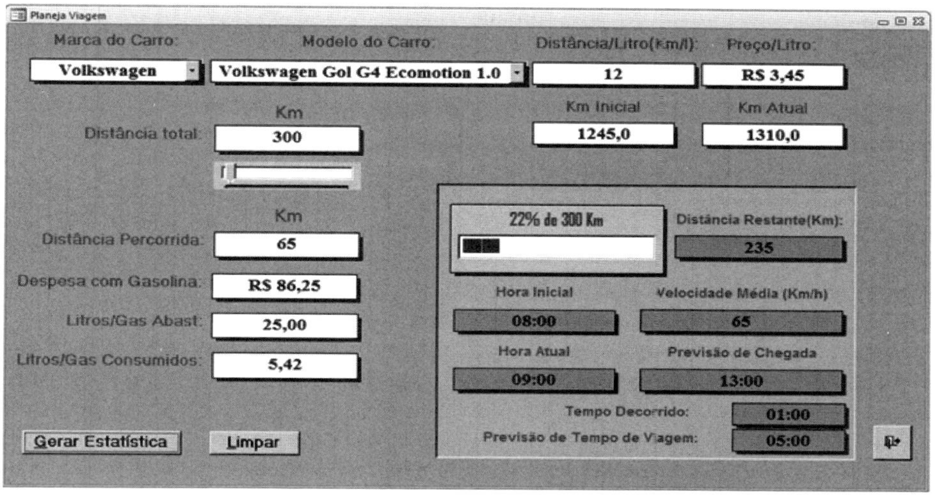


(2) Gerar barras de progresso verticais para indicar crescimento. No nosso exemplo abaixo, veremos um aplicativo de análise laboratorial, onde serão exibidos 3(três) barras de progresso vertical para indicar o crescimento do número de infecções em análises com pacientes de um hospital.

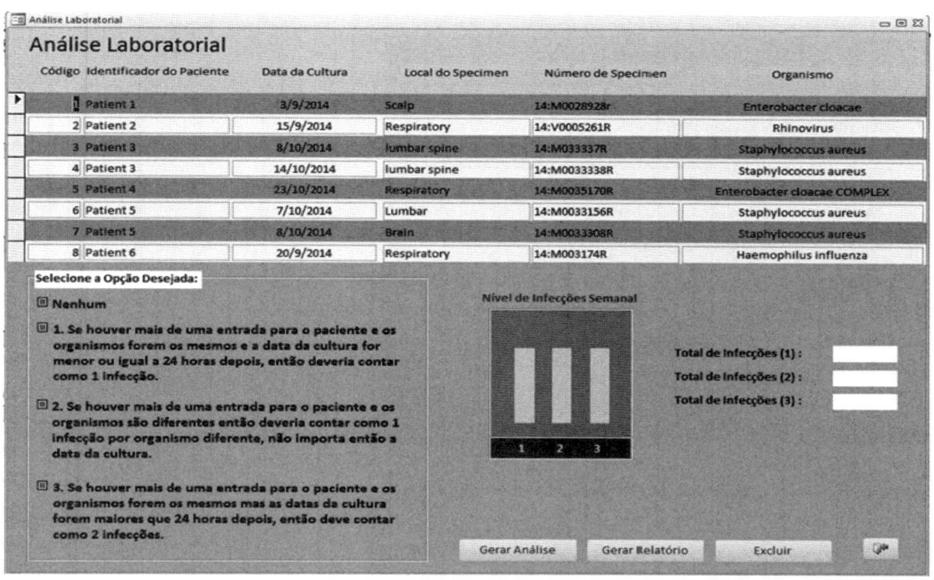


Neste exemplo, temos três condições elencadas à esquerda na figura que precisam ser satisfeitas na análise e que deveremos desenvolver uma soluçãopor meiode código Access VBA.Após clicarmos no botão Gerar Análise, teremos o seguinte resultado do looping*Do While...Loop* gerador aplicado:

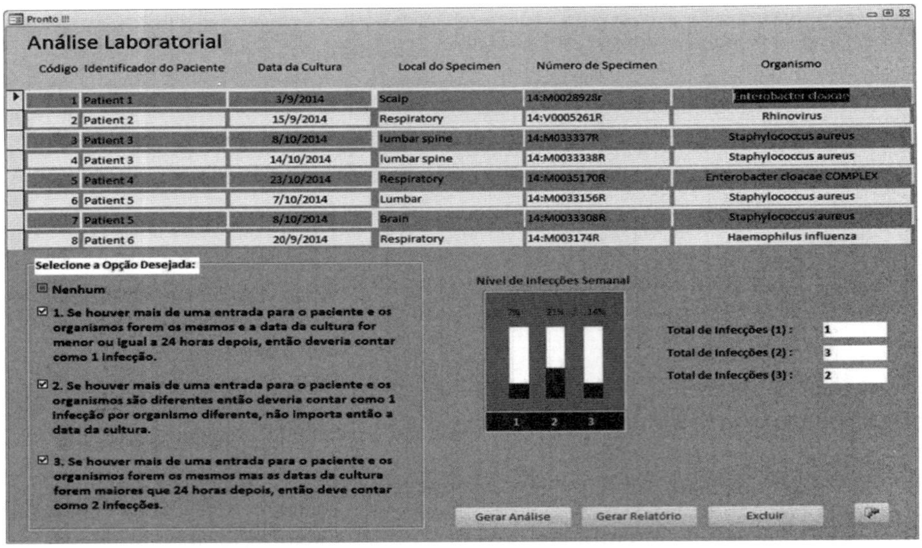


(3) Gerar barra de progresso para elaborar estatísticas de produtividade.

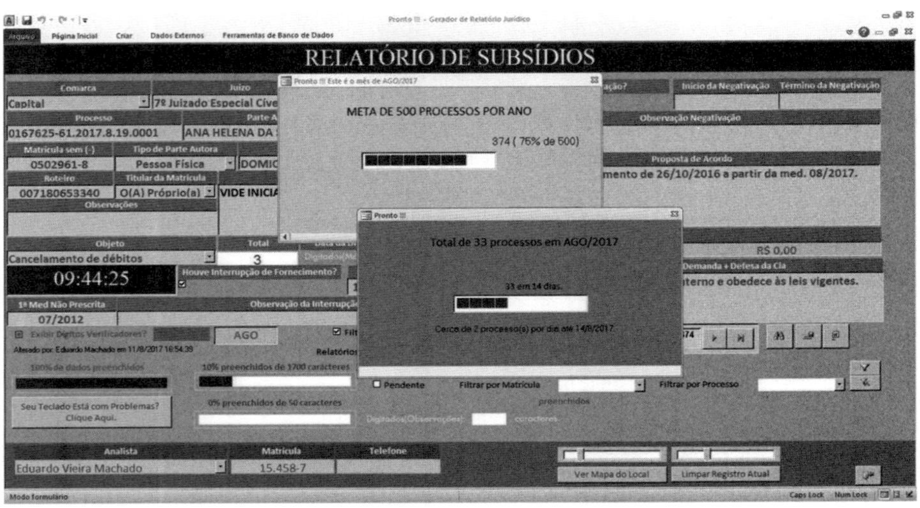


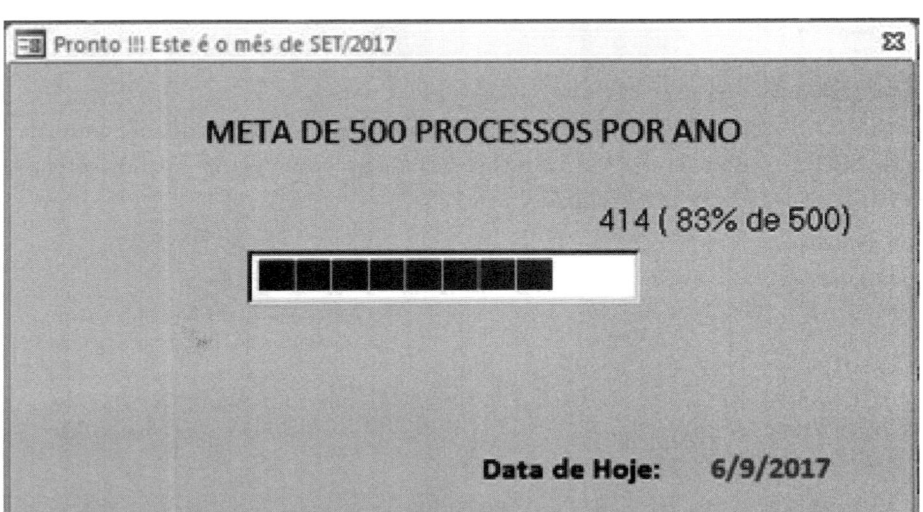

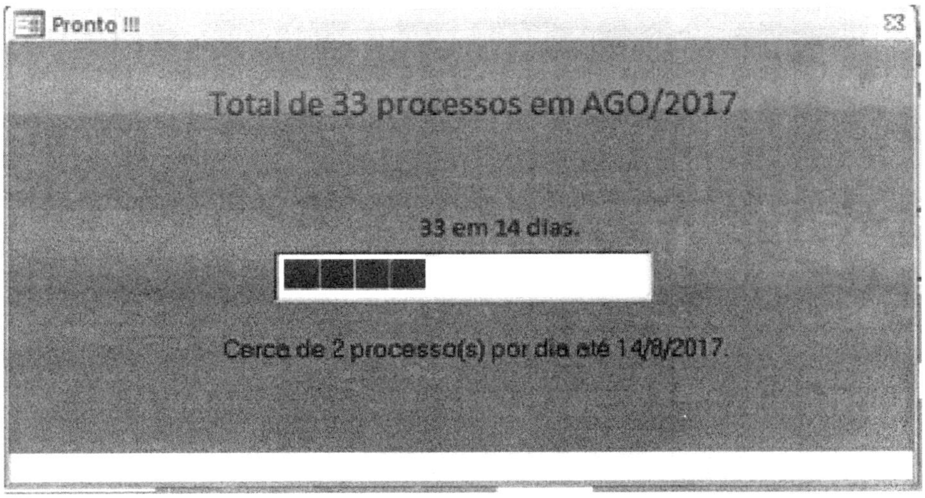


(4) Criar barras de progresso personalizadas dentro do próprio formulário para análise crítica de dados.

Em foco:

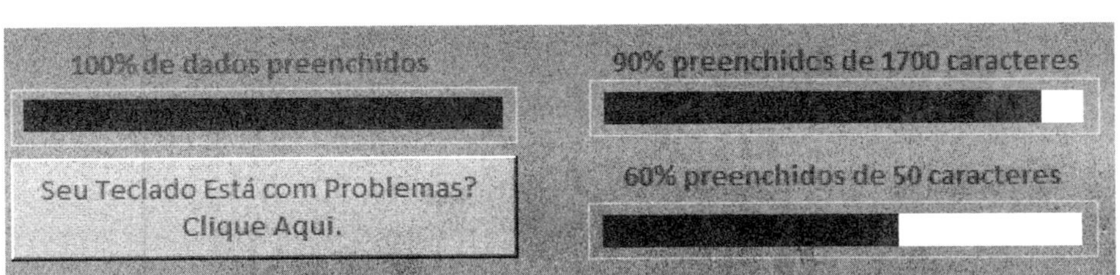


(4.1) A primeira barra de progresso avalia o preenchimento dos principais campos do formulário

(4.2) A segunda barra avalia a quantidade de caracteres e se não ultrapassou o máximo previsto para o campo do tipo Memorando. Quando atingir o máximo determinado, a barra deprogresso atingirá a sua totalidade de 100%. Uma mesma função em Access VBA geradora, mas com critérios diferentes de análise.

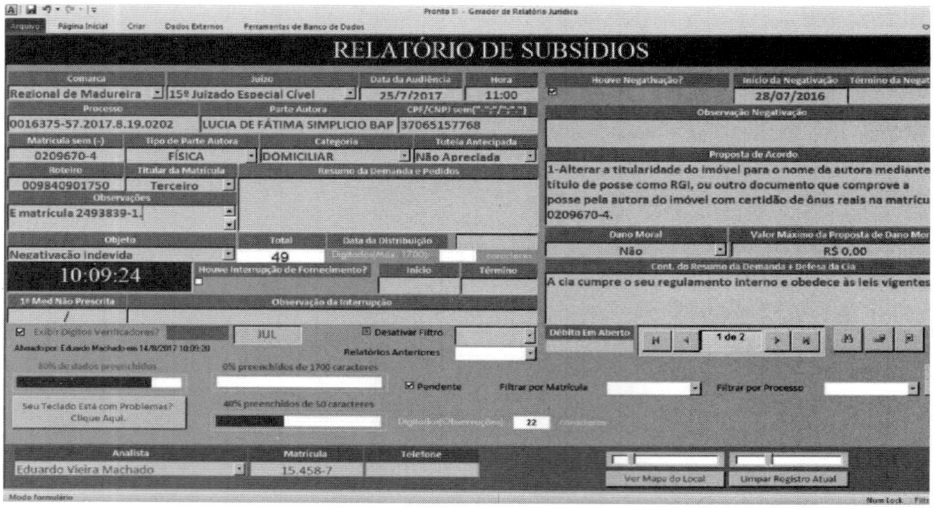


No exemplo acima, vemos uma barra de progresso que indica o preenchimento apenas parcial do total de campos e nenhuma progressão da segunda barra que indica em percentagem, como já disse, a quantidade de caracteres digitados no campo à esquerda do tipo Memorando, chamado Resumo da Demanda e Pedidos.

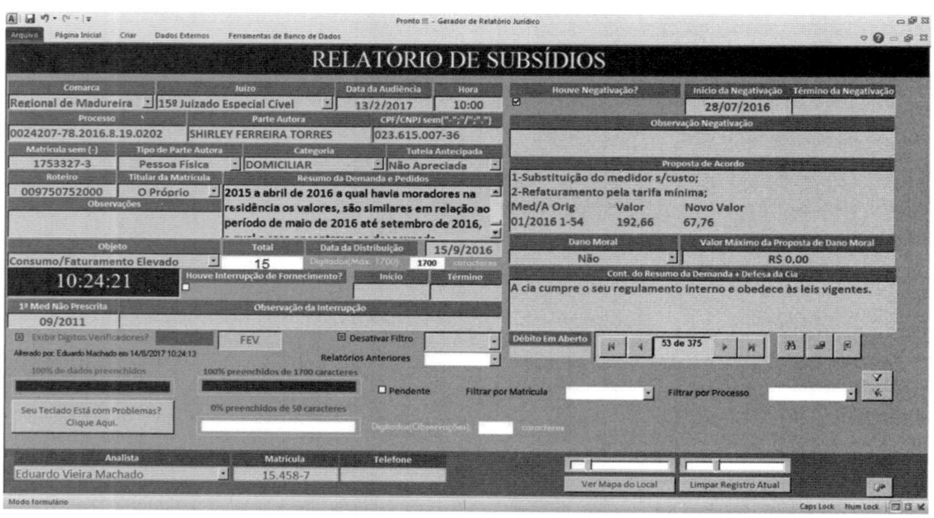


Acima, vemos que, após um preenchimento próximo ao limite máximo de caracteres, a barra de progresso atingiu o seu nível máximo de progressividade.

(5) Indicar quantidade de registros filtrados em porcentagem por mês.

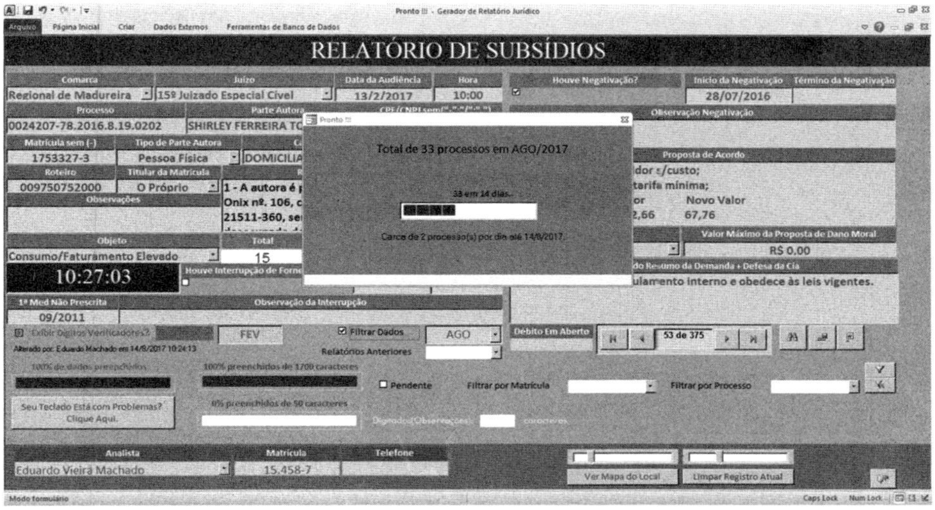


Em foco:

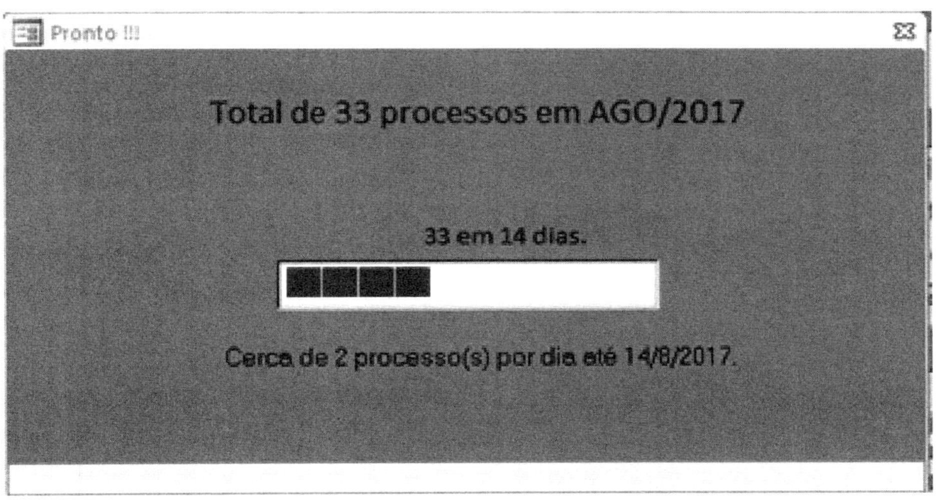


E mais:

Criar barras de progresso para avaliar níveis de crescimento de registros duplicados, registros vazios e até mesmo em âmbito geral, níveis de crescimento de água em um contâiner ou qualquer outra substância, níveis de bactérias em exames de laboratório etc.

Exemplo 1:

Aplicativo-Exemplo: Formulário de FR

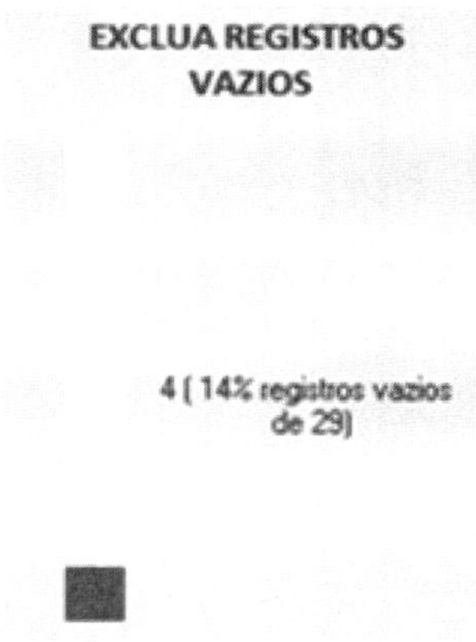


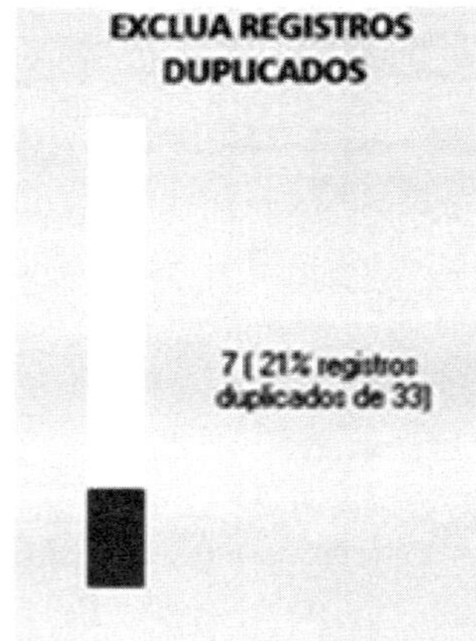


Exemplo 2:

Aplicativo-Exemplo: Análise em Laboratório

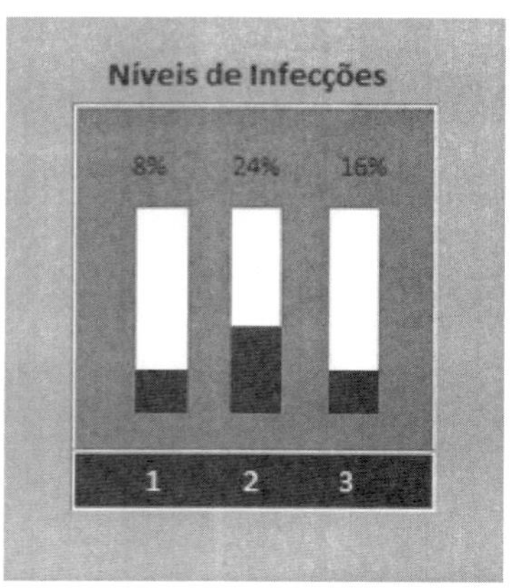


4 - Identificar o DV de PIS/PASEP e RG (módulo 11).

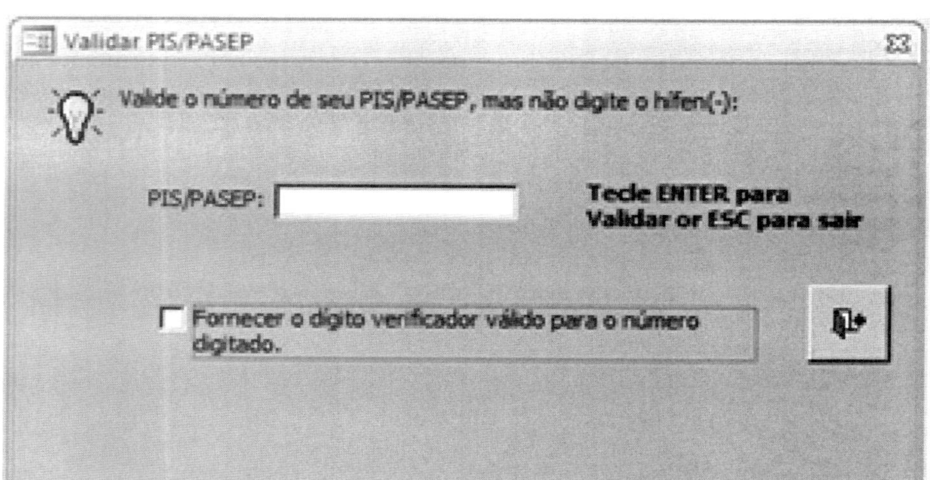

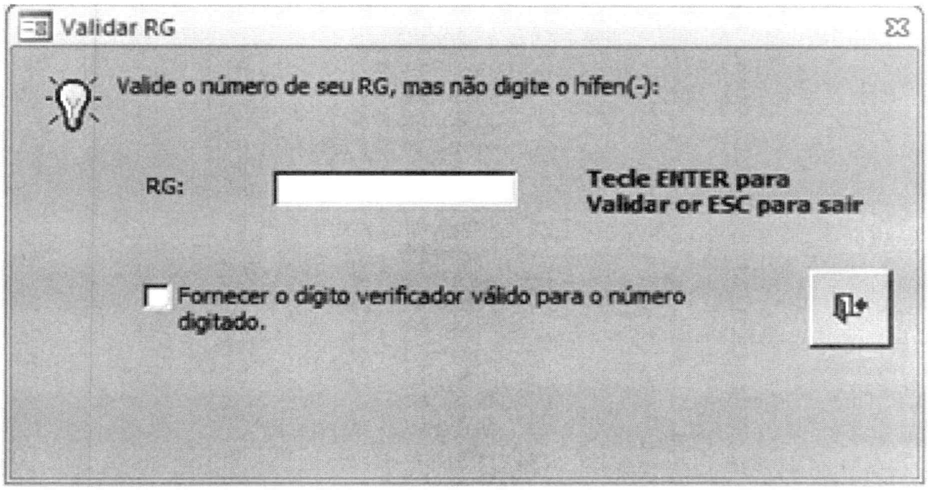


5 – Preparar *treeviews*, isto é, escalonar tópicos de qualquer assunto, exatamente como um diretório do Windows Explorer.

1. Biologia

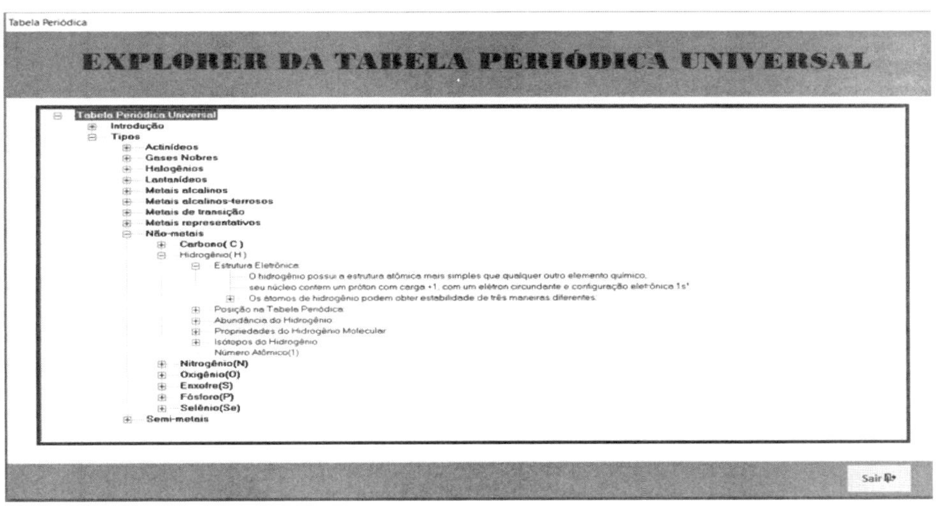


2. Direito

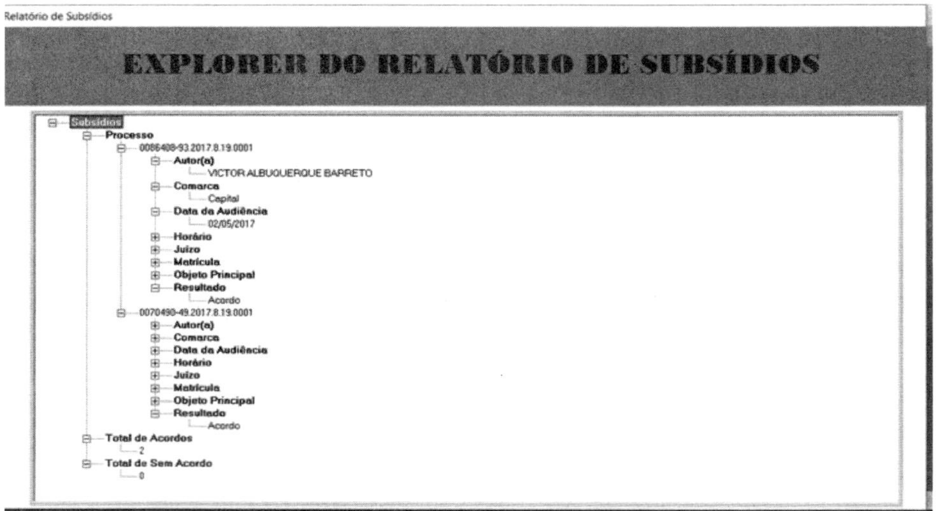

Com ícones de pastas:

1. Biologia

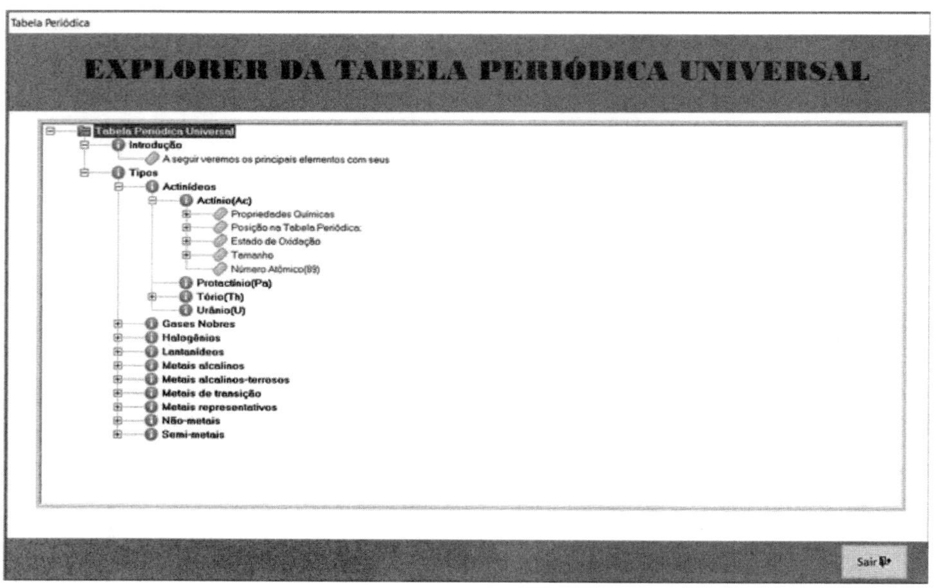

2. Direito

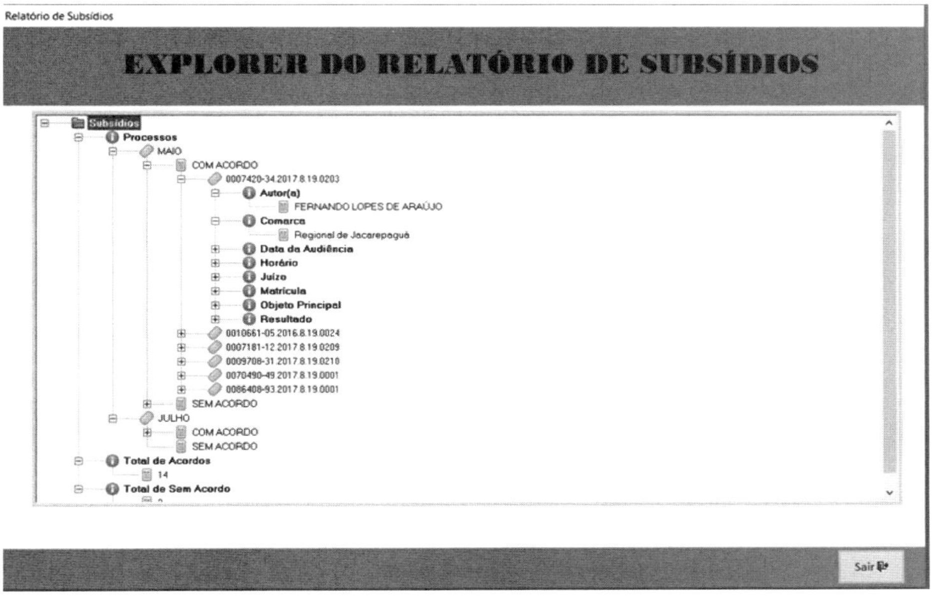


6 – Trabalhar com os métodos *ItemData, ItemsSelected, AddItem* e *RemoveItem*.

Exemplo 1: Adicionando itens

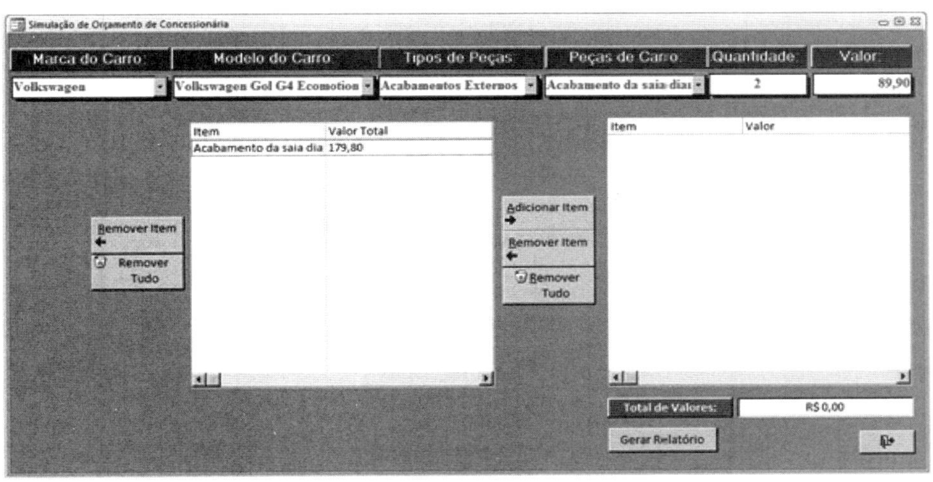

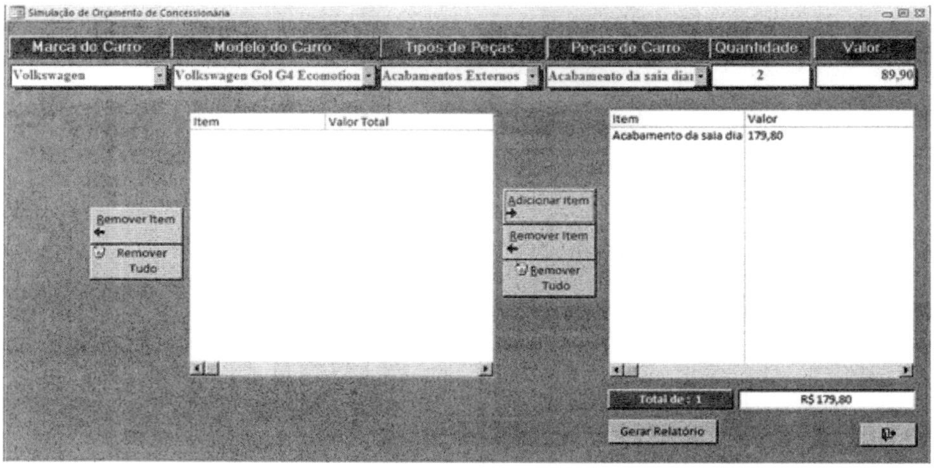


Exemplo 2: Removendo itens

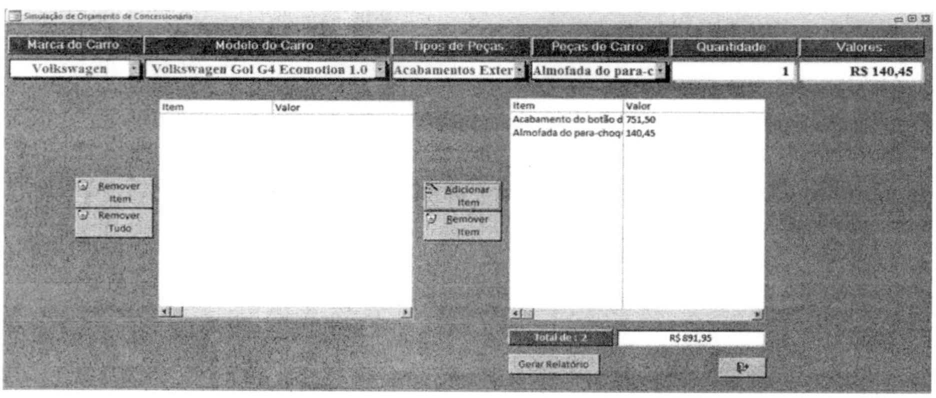


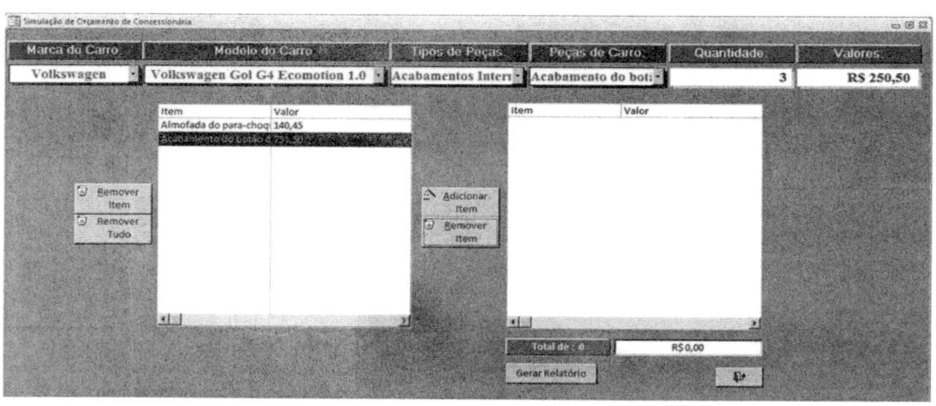


7 – Trabalhar com conversões de valores em extenso.

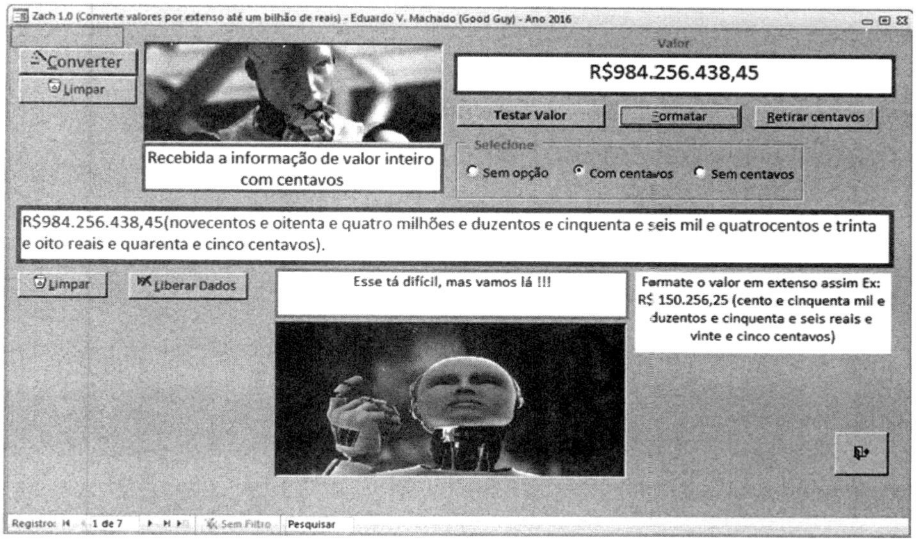


8 – Trabalhar com gráficos empresariais personalizados.

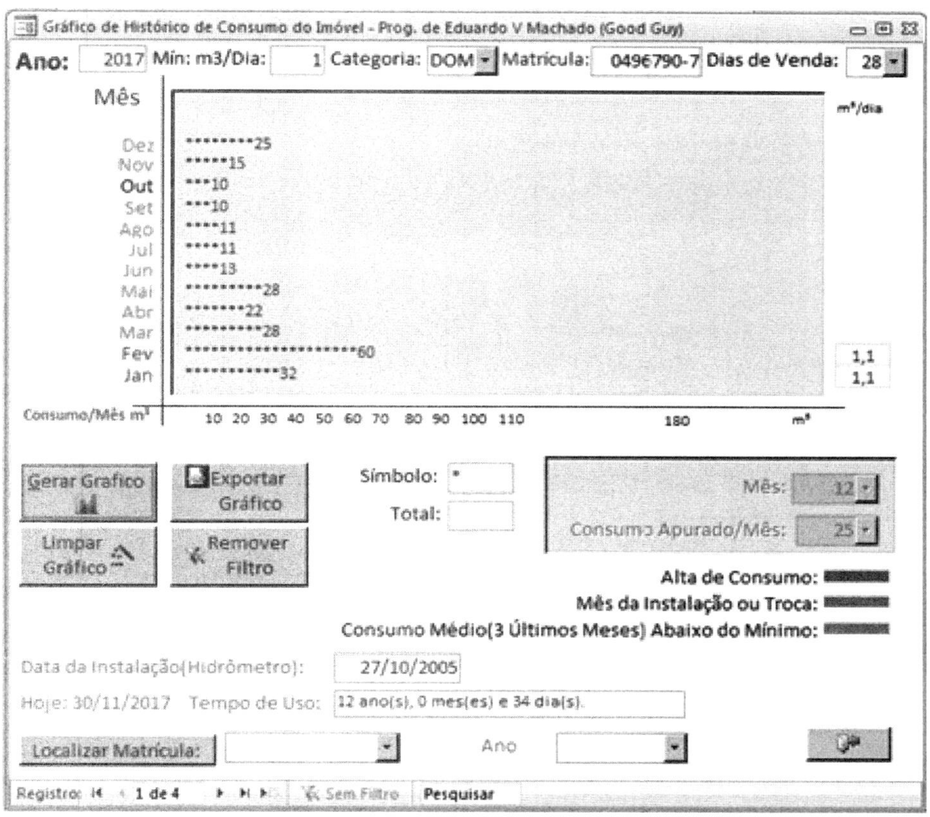


Ao criar um relatório:

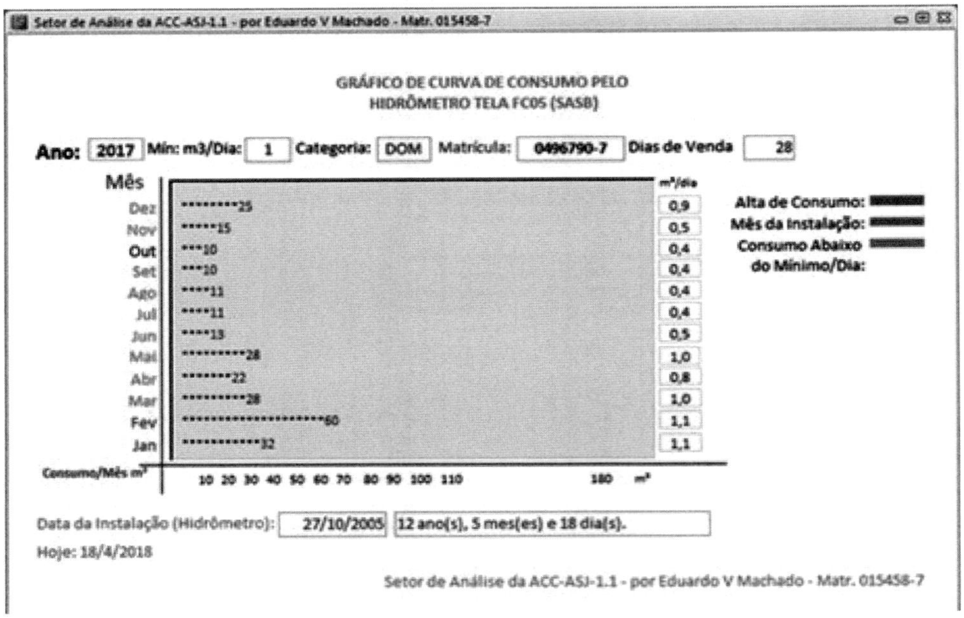


Podemos também alterar o tipo de barra, em vez de asteriscos, vamos disponibilizar a própria barra. Veja o exemplo abaixo:

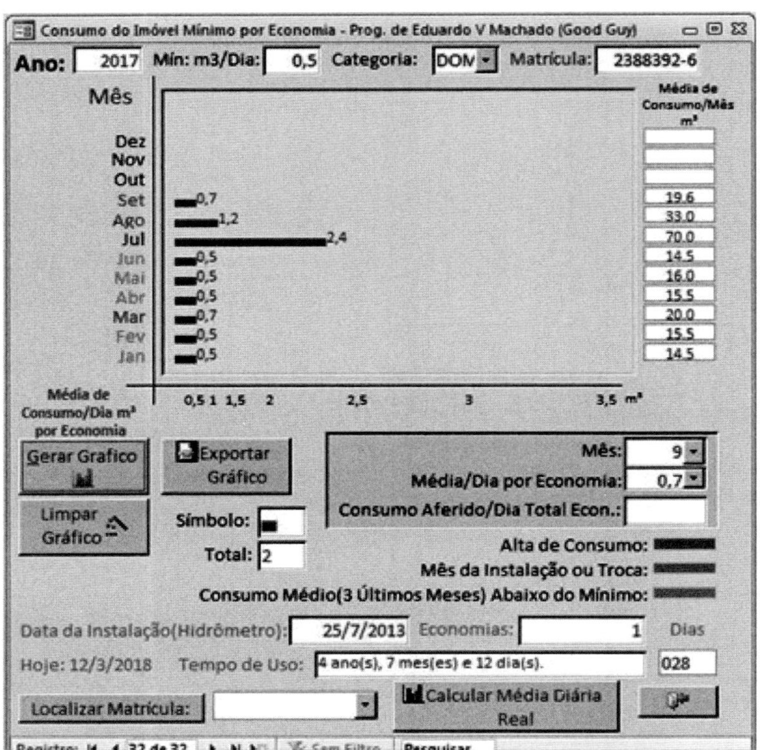


Esses são apenas alguns exemplos do que você aprenderá neste livro.

CAPÍTULO 1

# Prática de Desenvolvimento com *Loopings* I: Conversão entre Bases Numéricas com Access VBA

A **conversão entre sistemas numéricos** é feita com base em algumas regras e serve para que se obtenha o valor de um elemento no sistema numérico mais adequado a cada situação. Entre os sistemas numéricos mais utilizados na computação há o *binário*, *o decimal*, *o octal e o hexadecimal*. Cada um destes apresentando sua própria faixa de valores possíveis e uma aplicação específica dentro da Ciência da Computação.

**Sistema Binário**

## 1.1 Convertendo Decimal em Binário

Para realizar a conversão, utiliza-se o método de divisão repetida.

Para converter, por exemplo, o número decimal 1985 em binário, deve-se fazer o seguinte:

1. Dividir o número decimal por 2. Caso o resultado seja exato, aquela divisão terá resto 0 (zero), senão, terá resto 1 (um). Esse valor deve ser anotado da direita para a esquerda ou como explicado abaixo do exemplo.

2. Deve-se dividir o número até que o *quociente* da divisão seja igual a 0 (zero).

| Divisão | Quociente | Resto |
|---|---|---|
| 1985/2 | 992 | 1 |
| 992/2 | 496 | 0 |
| 496/2 | 248 | 0 |
| 248/2 | 124 | 0 |
| 124/2 | 62 | 0 |
| 62/2 | 31 | 0 |
| 31/2 | 15 | 1 |
| 15/2 | 7 | 1 |
| 7/2 | 3 | 1 |
| 3/2 | 1 | 1 |
| ½ | 0 | 1 |

**Vamos agora transformar este algoritmo em Access VBA:**

Observe a figura do aplicativo:

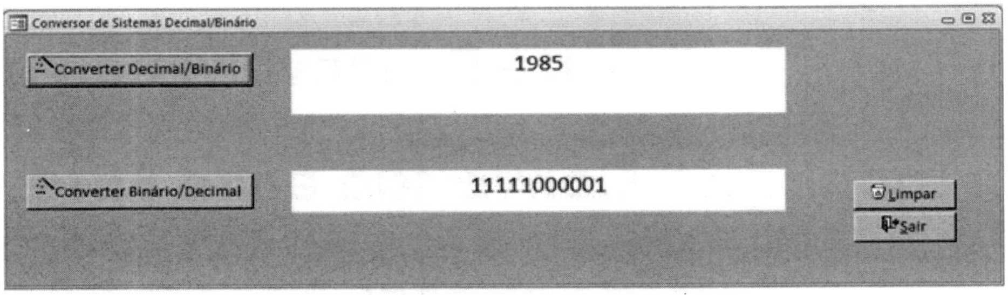


Ao clicar no botão que faz a conversão, obtemos o número binário correspondente de baixo para cima. Compare a sequência com a tabela acima.

Vamos examinar o código deste botão:

```
Private Sub cmdConvDB_Click()
DoCmd.OpenForm "Valores", , , , , acHidden 'Abre o formulário Valores no modo
oculto
Me.txtBin = Forms!Valores!txtInvertido
End Sub
```

A conversão se dá em outro formulário cujo nome é *Valores*, mas chamado de Sistema Binário. Este formulário, porém, NÃO será exibido ao usuário, sendo aberto no modo oculto.

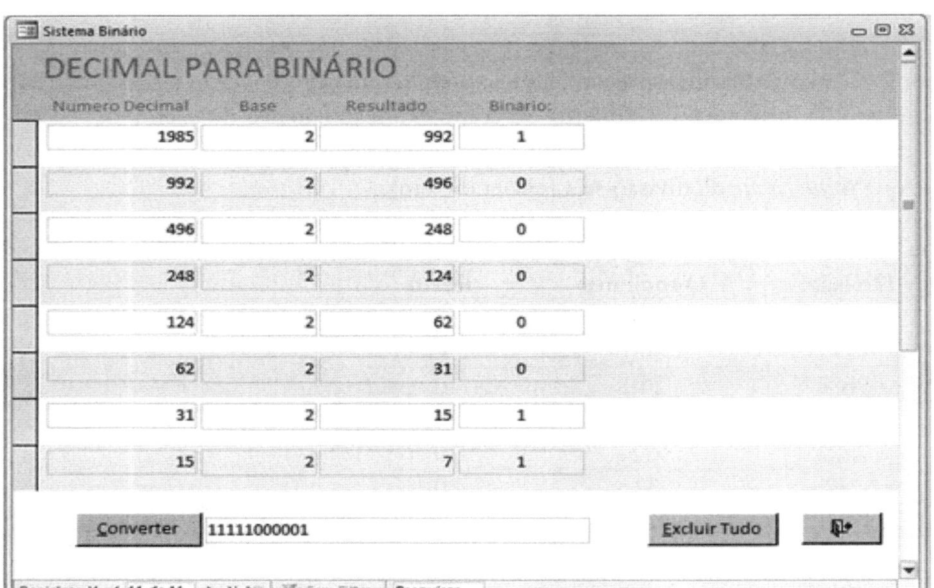

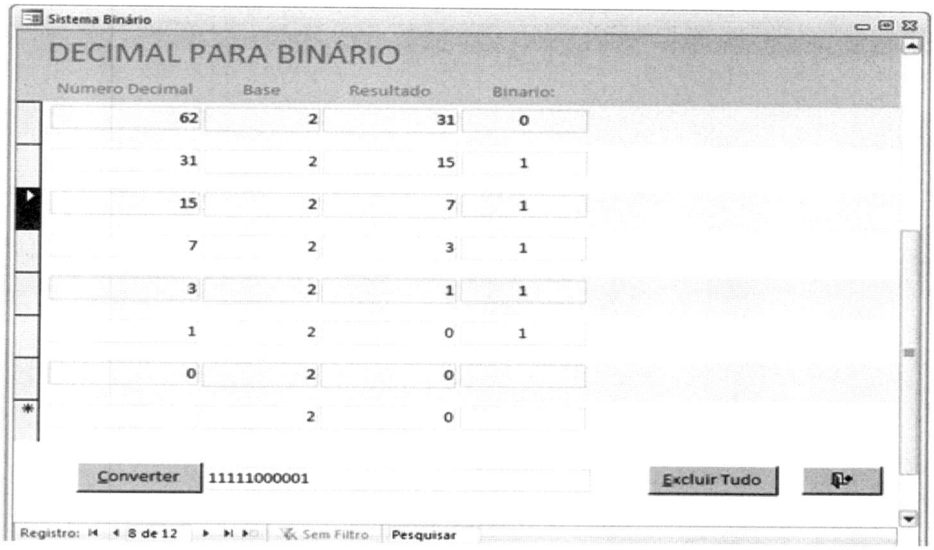


No evento **Ao Entrar** do campo Resultado

```
Private Sub Resultado_Enter()
On Error Resume Next
Dim xNumDec As Long
Dim nBin As Variant
xNumDec = NumDecimal
Me.Resultado = xNumDec / 2
nBin = xNumDec Mod 2
Me.Binario = nBin
Me.txtBinario = txtBinario& Binario 'Observe a recursividade  em ação neste có-
digo
End Sub
```

Para realizar esta operação imediata ou instantaneamente, faremos uso do laço **Do While ...** Loop e For ... Next, logo mais adiante.

Veja como ficou o código em Access VBA no formulário auxiliar chamado **Valores**:

```
Public Sub PercorrerRegistros()
On Error Resume Next
Dim rs As DAO.Recordset
Set rs = CurrentDb.OpenRecordset("tblValores", dbOpenTable)

Do While Not rs.EOF
Me.Resultado.SetFocus
      If Not Resultado = 1 Then
      DoCmd.RunCommand acCmdRecordsGoToNext
      Else
      Exit Do
```

```
        End If
Loop
End Sub
```

No evento **Ao Sair** do campo Resultado.

```
Private Sub Resultado_Exit(Cancel As Integer)
On Error Resume Next
Dim xNumDec As Long
Dim nCod As Long

DoCmd.RunCommand acCmdRecordsGoToNew

nCod = Nz(Dlast("Codigo", "tblValores"))
xNumDec = Nz(Dlast("Resultado", "tblValores", "Codigo = " & nCod))
NumDecimal = xNumDec
End Sub
```

Ao ser aberto este formulário (Valores), no evento Form_Load(Ao Carregar), as seguintesfunçõessão acionadas:

1. PercorrerRegistros
2. Reversao

```
Private Sub Form_Load()
On Error Resume Next
Dim rs As DAO.Recordset

Me.NumDecimal = Forms!frmConversao!txtDec
Set rs = CurrentDb.OpenRecordset("tblValores", dbOpenTable)

Call PercorrerRegistros
Call Reversao(txtBinario)
End Sub
```

Capturamos o resultado da conversão e o transportamos para o formulário principal.

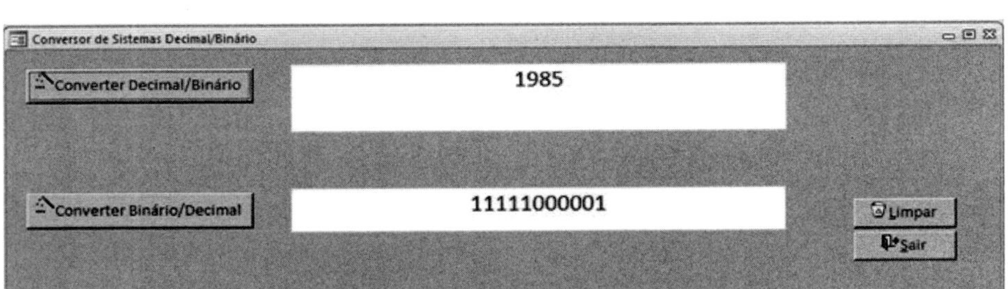


Se você quiser verificar se o número binário gerado é realmente este, clique no botão debaixo para converter o número binário para decimal e você terá a confirmação.

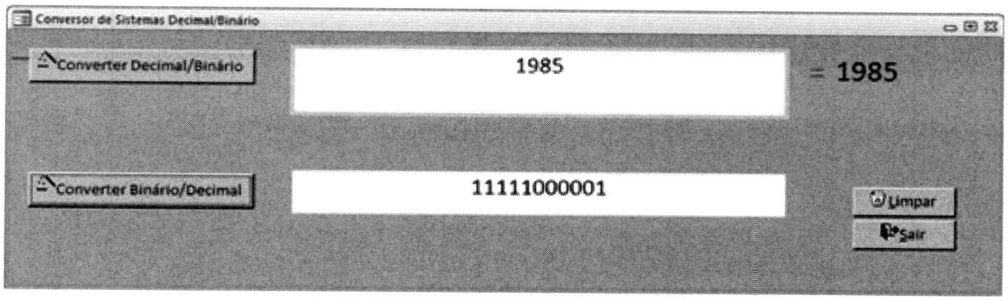


```
Private Sub cmdConvDB_Click()
On Error Resume Next

DoCmd.OpenForm "Valores", , , , , acHidden Abre o formulário Valores no modo
oculto (acHidden)
Me.txtBin = Forms!Valores!txtInvertido  'txtBin é o nome da segunda caixa de
texto de cima pra baixo


End Sub
```

Vejamos como ficará a função Reversao:

```
Public Function Reversao(strBinario As String)
On Error Resume Next
Dim iAs Integer
Dim x, y As Integer

strBinario = txtBinario
x = Nz(Len(strBinario))

For i= x To 1 Step -1
strBinario = Nz(Mid(txtBinario, i, 1))
txtInvertido = txtInvertido & strBinario
Next i
End Function
```

Mas há ainda algo muito importante a acrescentar. É necessário modelar os campos da tabela (tblValores) de forma precisa para que possamos obter os dados binários corretamente.

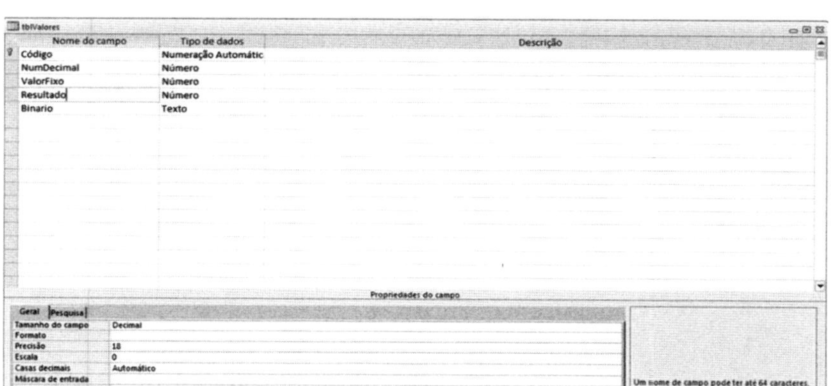

Modelagem dos dados de cada campo:

**Campo Tipo de Dados Tamanho do Campo**

NumDecimal Número Decimal(Precisão 18)

ValorFixo Número Inteiro (Valor Padrão=2)

Resultado Número Decimal(Precisão 18)

De todos, os campos que merecem destaque são *NumDecimal* e *Resultado,* que devem ser do tipo Número e ter o **Tamanho do campo** selecionado como **Decimal.** Quanto ao campo **Binário**, deve ser do tipo **Texto** e o **Tamanho do campo** igual a **1.**

## 1.2 Convertendo Binário em Decimal

Basta calcular a soma de cada um dos dígitos do número binário multiplicado por 2 (que é a sua base); e elevar à posição colunar do número, que da direita para a esquerda começa em 0.

$$1x2^4\ 1x2^3\ 0x2^2\ 0x2^1\ 1x2^0$$

Função em Access VBA que executa a operação:

```
Public Function BinpDec(s As Variant)
On Error Resume Next
Dim num As Variant
Dim n As Integer
Dim i As Integer
Dim k As Long
s = txtBin
n = Len(s)
Me.txtDec = ""
For k = n - 1 To 0 Step -1
   i = i + 1
   num = 2 ^ k * Mid(s, i, 1)
   Me.txtDec = Me.txtDec & num &"+"
Next k
End Function
```

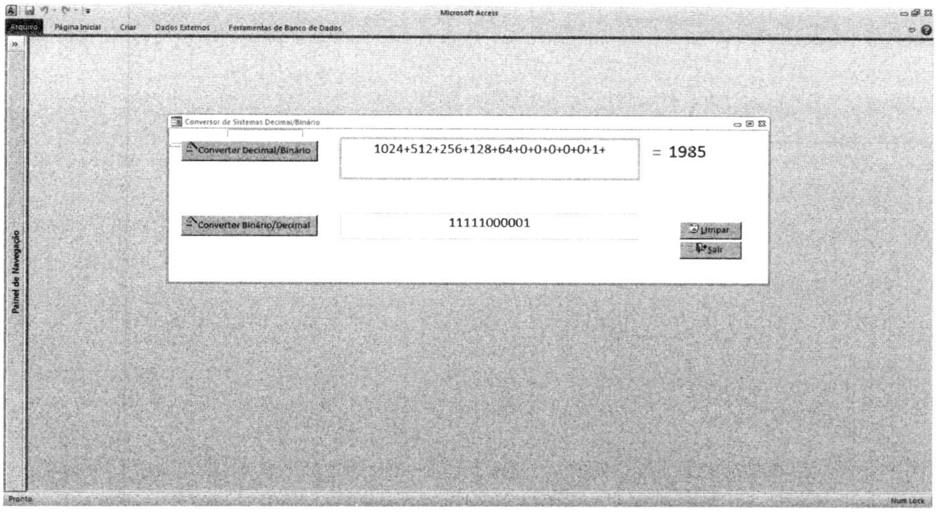


Agora veja esta função que executa direto a conversão:

```
Public Function BinpDecimal(s As Variant)
On Error Resume Next
Dim num As Variant
Dim n As Integer
Dim iAs Integer
Dim k, x As Long
s = txtBin
n = Len(s)
x = Len(txtDec)
Me.txtDec = "”
For k = n - 1 To 0 Step -1
  i = i + 1
  num = num + 2 ^ k * Mid(s, i, 1)
  Me.txtDec = num
Next k
End Function
```

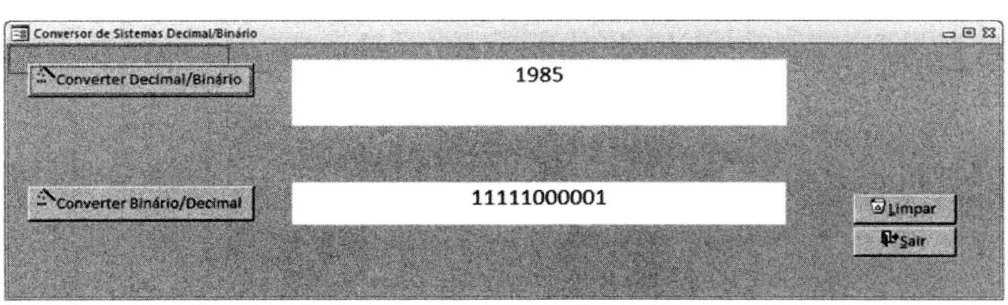

Antes de seguirmos adiante em nosso estudo, criei dois métodos de testes que funcionam a contento por comparação entre as conversões existentes, vejamos:

| **1º MÉTODO** |
|---|
| 1ª ETAPA: DECIMAL => BINÁRIO |
| 2ª ETAPA: BINÁRIO => HEXADECIMAL |
| 3ª ETAPA: HEXADECIMAL => DECIMAL |
| |
| **2º MÉTODO** |
| 1ª ETAPA: DECIMAL => BINÁRIO |
| 2ª ETAPA: BINÁRIO => HEXADECIMAL |
| 3ª ETAPA: DECIMAL => HEXADECIMAL |
| 4ª ETAPA: HEXADECIMAL => DECIMAL |

A cada teste em um formulário, compara-se o resultado com o formulário seguinte e assim por diante.

## 1.3 Convertendo Decimal para Hexadecimal e Vice-Versa

Para converter de decimal para hexadecimal, procede-se do mesmo modo que na conversão decimal-binário. Basta agora dividir por 16 e não mais por 2. Para desenvolver o aplicativo, criamos 2(dois) botões e 2(duas) caixas de texto **NãoAcoplados** à tabela. Portanto, qualquer valor que inserirmos nas caixas de texto será temporário, isto é, variável.

Ao clicar no botão para realizar a conversão Decimal/Hexadecimal, tem-se:

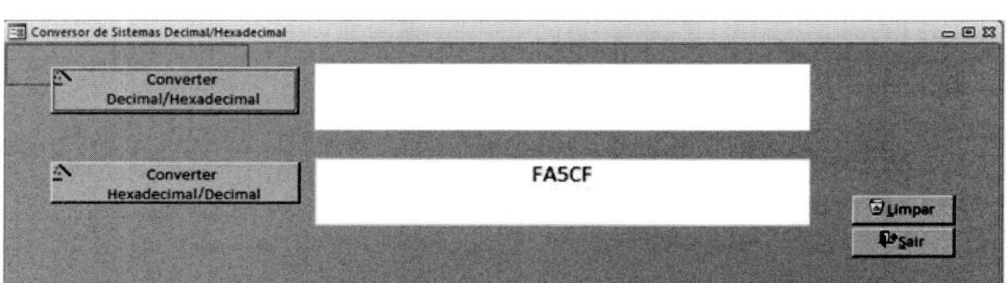


Agora vamos realizar a operação inversa, clicando no botão de baixo:

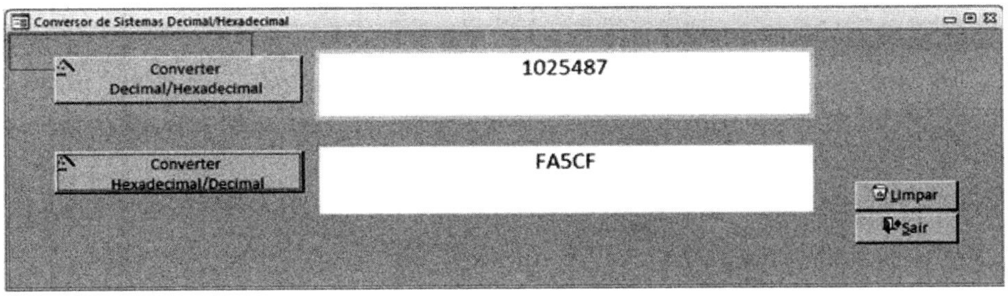


Vejamos então como fica a função em VBA. Quem fará toda a operação de conversão de Decimal/Hexadecimal será o formulário abaixo (que está oculto) chamado Valores2, mas a operação de reversão, isto é, a conversão de Hexadecima/Decimal será feita pelobotão de baixo do formulário acima.

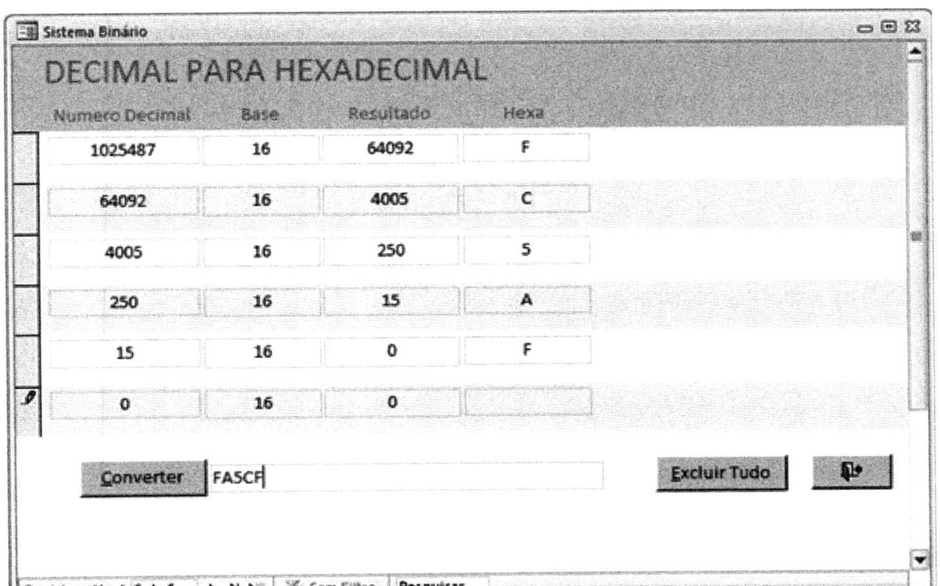


A fonte de registro do formulário acima é tblValores2, que é uma tabela auxiliar que recebe variáves, mas a fonte de consulta é a tabela *tblHexadecimal*, que é uma tabela de valores constantes.

tblValores2:

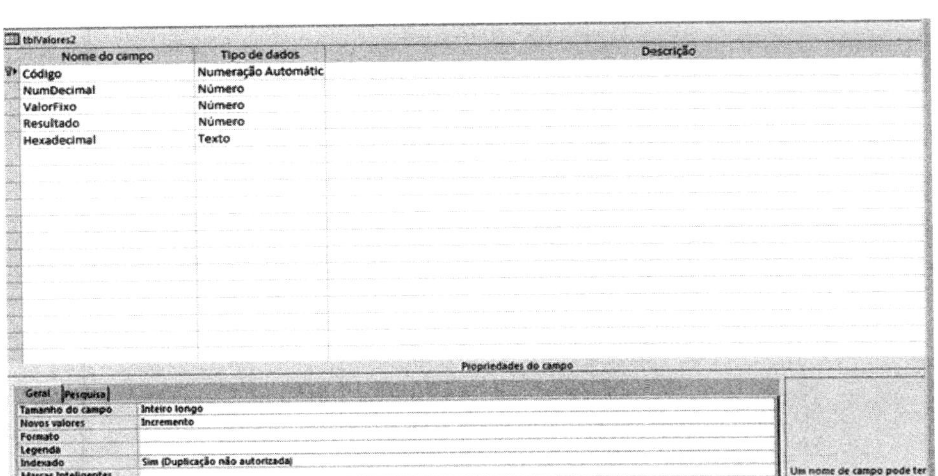

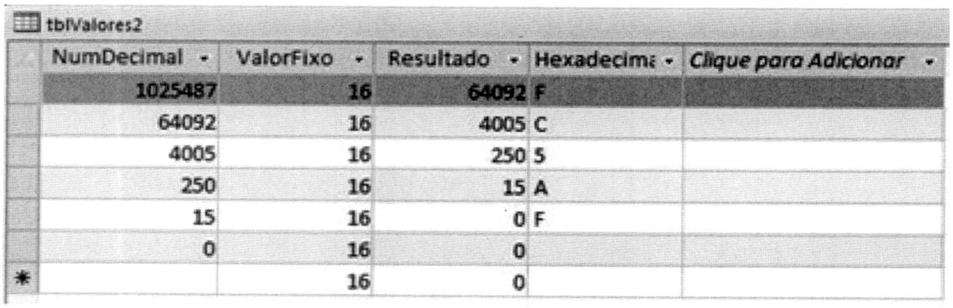

tblValores2

| NumDecimal | ValorFixo | Resultado | Hexadecimal | Clique para Adicionar |
|---|---|---|---|---|
| 1025487 | 16 | 64092 | F | |
| 64092 | 16 | 4005 | C | |
| 4005 | 16 | 250 | 5 | |
| 250 | 16 | 15 | A | |
| 15 | 16 | 0 | F | |
| 0 | 16 | 0 | | |
| * | 16 | 0 | | |

tblHexadecimal:

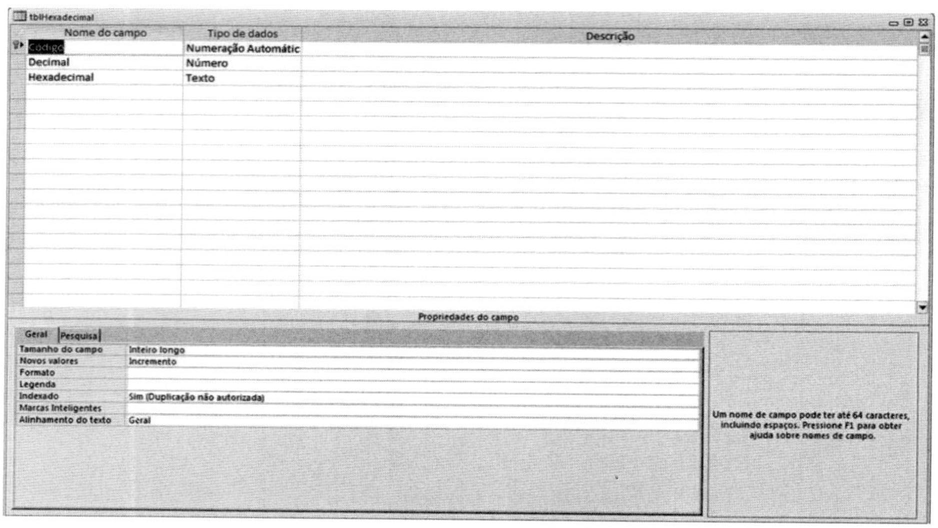


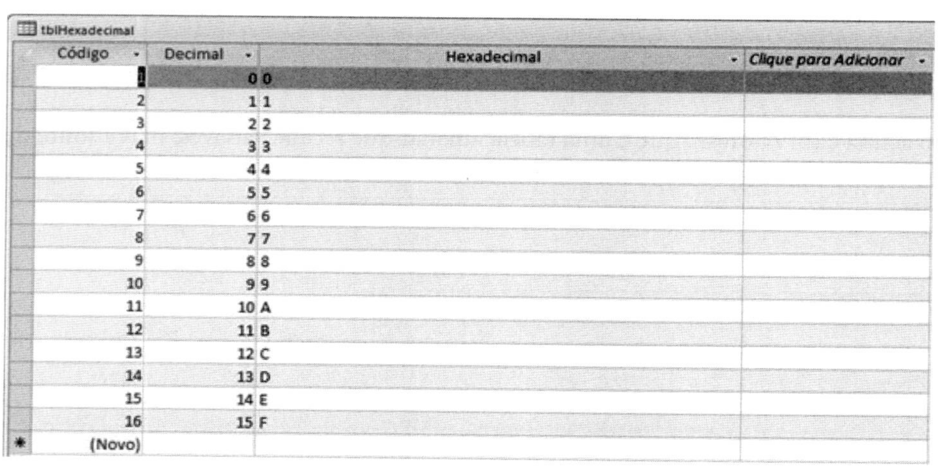

tblHexadecimal

| Código | Decimal | Hexadecimal | Clique para Adicionar |
|---|---|---|---|
| 1 | 0 | 0 | |
| 2 | 1 | 1 | |
| 3 | 2 | 2 | |
| 4 | 3 | 3 | |
| 5 | 4 | 4 | |
| 6 | 5 | 5 | |
| 7 | 6 | 6 | |
| 8 | 7 | 7 | |
| 9 | 8 | 8 | |
| 10 | 9 | 9 | |
| 11 | 10 | A | |
| 12 | 11 | B | |
| 13 | 12 | C | |
| 14 | 13 | D | |
| 15 | 14 | E | |
| 16 | 15 | F | |
| (Novo) | | | |

Voltemos ao formulário DECIMAL PARA HEXADECIMAL e estudemos as funções que geram a conversão desejada.

```
Public Sub PercorrerRegistros()
Dim rs As DAO.Recordset
Set rs = CurrentDb.OpenRecordset("tblValores2", dbOpenTable)
```

```
Do While Not rs.EOF
Me.Resultado.SetFocus
If Not Resultado = 0 Then
DoCmd.RunCommand acCmdRecordsGoToNext
Else
Exit Do
End If
Loop
End Sub
```

Código Access VBA do campo Resultado quando o cursor em looping Do While...Loop entra no seu espaço.

```
Private Sub Resultado_Enter()
On Error Resume Next
Dim xNumDec As Long
Dim nHexa As Variant

xNumDec = NumDecimal
Me.Resultado = xNumDec / 16


nHexa = xNumDec Mod 16

'Pesquisamos com a função Dlookup o número hexadecimal na tabela própria o valor
'correspondente ao número decimal digitado

If nHexa = 0 Then
Me.Hexadecimal = Nz(Dlookup("Hexadecimal", "tblHexadecimal", "Decimal= "&nHexa))
ElseIf nHexa = 1 Then
Me.Hexadecimal = Nz(Dlookup("Hexadecimal", "tblHexadecimal", "Decimal= "&nHexa))
ElseIf nHexa = 2 Then
Me.Hexadecimal = Nz(Dlookup("Hexadecimal", "tblHexadecimal", "Decimal= "&nHexa))
ElseIf nHexa = 3 Then
Me.Hexadecimal = Nz(Dlookup("Hexadecimal", "tblHexadecimal", "Decimal= "&nHexa))
ElseIf nHexa = 4 Then
Me.Hexadecimal = Nz(Dlookup("Hexadecimal", "tblHexadecimal", "Decimal= "&nHexa))
ElseIf nHexa = 5 Then
Me.Hexadecimal = Nz(Dlookup("Hexadecimal", "tblHexadecimal", "Decimal= "&nHexa))
ElseIf nHexa = 6 Then
Me.Hexadecimal = Nz(Dlookup("Hexadecimal", "tblHexadecimal", "Decimal= "&nHexa))
ElseIf nHexa = 7 Then
Me.Hexadecimal = Nz(Dlookup("Hexadecimal", "tblHexadecimal", "Decimal= "&nHexa))
ElseIf nHexa = 8 Then
Me.Hexadecimal = Nz(Dlookup("Hexadecimal", "tblHexadecimal", "Decimal= "&nHexa))
ElseIf nHexa = 9 Then
Me.Hexadecimal = Nz(Dlookup("Hexadecimal", "tblHexadecimal", "Decimal= "&nHexa))
```

```
ElseIf nHexa = 10 Then
Me.Hexadecimal = Nz(Dlookup("Hexadecimal", "tblHexadecimal", "Decimal= "&nHexa))
ElseIf nHexa = 11 Then
Me.Hexadecimal = Nz(Dlookup("Hexadecimal", "tblHexadecimal", "Decimal= "&nHexa))
ElseIf nHexa = 12 Then
Me.Hexadecimal = Nz(Dlookup("Hexadecimal", "tblHexadecimal", "Decimal= "&nHexa))
ElseIf nHexa = 13 Then
Me.Hexadecimal = Nz(Dlookup("Hexadecimal", "tblHexadecimal", "Decimal= "&nHexa))
ElseIf nHexa = 14 Then
Me.Hexadecimal = Nz(Dlookup("Hexadecimal", "tblHexadecimal", "Decimal= "&nHexa))
ElseIf nHexa = 15 Then
Me.Hexadecimal = Nz(Dlookup("Hexadecimal", "tblHexadecimal", "Decimal= "&nHexa))
Else
Exit Sub
End If

Me.txtHexa = txtHexa & Hexadecimal
End Sub
```

Ao sair do mesmo campo (Resultado), temos:

```
Private Sub Resultado_Exit(Cancel As Integer)
On Error Resume Next
Dim xNumDec As Long
Dim nCod As Long

DoCmd.RunCommand acCmdRecordsGoToNew

nCod = Nz(Dlast("Codigo", "tblValores2"))

xNumDec = Nz(Dlast("Resultado", "tblValores2", "Codigo = "& nCod))

NumDecimal = xNumDec
End Sub
```

Por falar em resultado, veja como fica a tabela tblValores2 após a saída do campo Resultado depois de acionada a subrotina PercorrerRegistrosacima.

tblValores2

| | NumDecimal | ValorFixo | Resultado | Hexadecima | Clique para Adicionar |
|---|---|---|---|---|---|
| | 1025487 | 16 | 64092 | F | |
| | 64092 | 16 | 4005 | C | |
| | 4005 | 16 | 250 | 5 | |
| | 250 | 16 | 15 | A | |
| | 15 | 16 | 0 | F | |
| | 0 | 16 | 0 | | |
| * | | 16 | 0 | | |

Copiei a tabela (tblValores) dando o nome de tblValores2 porque o processo de conversão é o mesmo.

Abaixo segue a função que faz a reversão de Hexadecimal para Decimal, tendo uma variável do tipo *String* como argumento da função.

```
Public Function Reversao(strHexadecimal As String)
Dim i As Integer
Dim x As Integer

strHexadecimal = txtHexa

x = Nz(Len(strHexadecimal))

For i= x To 1 Step -1
strHexadecimal = Nz(Mid(txtHexa, i, 1))
txtInvertido = txtInvertido & strHexadecimal
Next i

End Function
```

Código do botão de conversão:

```
Private Sub cmdConverter_Click()
On Error Resume Next
Call PercorrerRegistros
Call Reversao(txtHexa)
End Sub
```

E quanto ao formulário principal(frmConversaoDH, cujo Alias é Conversor de Sistemas Decimal/Hexadecimal)? O que está por detrás dele?

Como se sabe, uma string Hexadecimal é composta de dígitos alfanuméricos. Portanto, não podemos realizar operações lógicas com letras do alfabeto. A solução então seria substituir por valores numéricos correspondentes aos valores decimais no momento que a função executa a operação lógica.

Criei então uma tabela auxiliar(tblSelecao) que receberá cada dígito já convertido em valores decimais dos valores hexadecimais provenientes da conversão Decimal/Hexadecimal e, a partir daí, por meio de um looping For...Next, capturar esses valores substituindo as letras do alfabeto por valores correspondentes em número decimal.

```
Public Function HexapDecimal(s As Variant)
On Error Resume Next
Dim num As Long
Dim n As Integer
Dim i, x As Integer
Dim y As String
Dim strValor As String
```

```
Dim rs As DAO.Recordset

Set rs = CurrentDb.OpenRecordset("tblSelecao", dbOpenTable)
s = txtRevertido
n = Len(s)
Me.txtDec = ""
For x = 1 To n
y = Mid(txtRevertido, x, 1)
i = Cint(Nz(Dlookup("Decimal", "tblHexadecimal", "Hexadecimal= '"& y &"'")))

  If Not IsNull(txtRevertido) Then
  strValor = "INSERT INTO tblSelecao(Numero) Values('"&i &"')"
  CurrentDb.Execute strValor
  Me.Refresh
  Else
  Exit For
  End If

Next x
DoCmd.Close acTable, "tblSelecao"
'Looping For...Next para realizar a conversão hexadecimal para decimal
For x = 1 To n
y = Mid(txtRevertido, x, 1)
n = n - 1
i = Cint(Nz(Dlookup("Decimal", "tblHexadecimal", "Hexadecimal= '"& y &"'")))
'Pesquisa o valor em Decimal referente ao valor hexadecimal "y"
num = num + 16 ^ n * i
Next x
Me.txtDec = num
End Function
```

Vamos examinar como deve ser o código dos botões do formulário principal.

```
Private Sub cmdConvDH_Click()
On Error Resume Next
DoCmd.OpenForm "Valores2", , , , , acHidden
Me.txtHexa = Forms!Valores2!txtInvertido
Me.txtRevertido = Me.txtHexa
Me.txtDec = ""
End Sub
Private Sub cmdConvHD_Click()
On Error Resume Next
Me.txtDec.BorderWidth = 3
Call HexapDecimal(txtRevertido)
Me.txtHexa = Forms!Valores2!txtInvertido
End Sub
```

E o do formulário auxiliar(Valores2) ao carregar o formulário:

```
Private Sub Form_Load()
On Error Resume Next
Dim rs As DAO.Recordset
Me.NumDecimal = Forms!frmConversaoDH!txtDec

Call PercorrerRegistros
Call Reversao(txtHexa)
End Sub
```

Ao clicar no botão que faz a conversão Decimal/Hexadecimal:

```
Private Sub cmdConverter_Click()
On Error Resume Next
Call PercorrerRegistros
Me.Refresh
Call Reversao(txtHexa)
End Sub
```

## 1.4 Convertendo Decimal para Octal e Vice-Versa

O processo de conversão é o mesmo que o do Hexadecimal/Decimal. É só criar novos formulários e seus objetos e acrescentar mais duas tabelas, a tabela Octal(tblOctal) e a tabela Selecao(tblSelecao2) e, na função de cálculo, trocar a base decimal 16 por 8. Não se esqueça de alterar também o valor padrão do campo ValorFixo da tabela de valores(tblValores3) para 8.

Veja a figura do aplicativo:

Ao clicar no botão de conversão Decimal/Octal:

Ao clicar no botão Octal/Decimal:

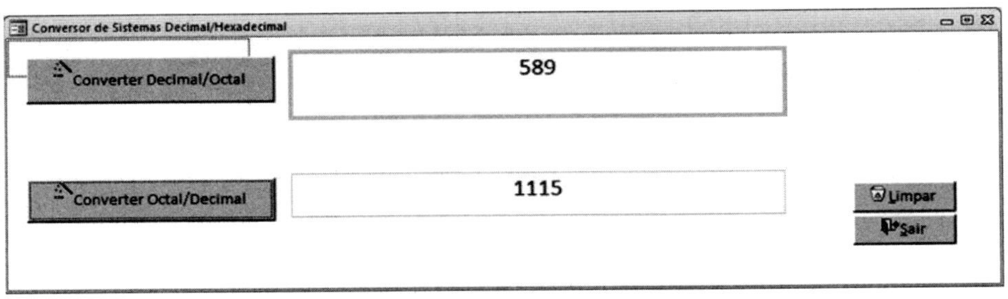


Código do botão Converter Decimal/Octal:

```
Private Sub cmdConvDO_Click()
On Error Resume Next
DoCmd.OpenForm "Valores3", , , , , acHidden
Me.txtOctal = Forms!Valores3!txtInvertido
Me.txtRevertido = Me.txtOctal
Me.txtDec = ""
End Sub
```

Veja a tabela Octal (tblOctal):

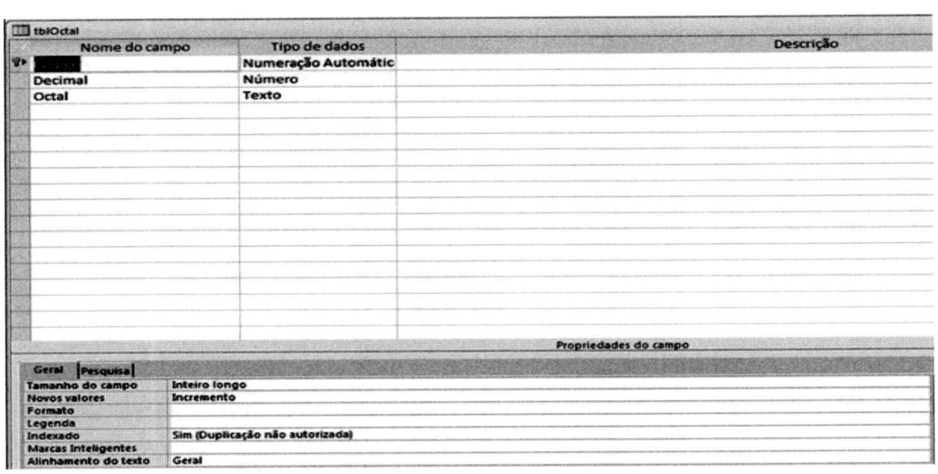


Ao abri-la, temos:

tblOctal

| Código | Decimal | Octal | Clique para Adicionar |
|---|---|---|---|
| 1 | 0 | 0 | |
| 2 | 1 | 1 | |
| 3 | 2 | 2 | |
| 4 | 3 | 3 | |
| 5 | 4 | 4 | |
| 6 | 5 | 5 | |
| 7 | 6 | 6 | |
| 8 | 7 | 7 | |
| 9 | 8 | 10 | |
| 10 | 9 | 11 | |
| 11 | 10 | 12 | |
| 12 | 11 | 13 | |
| 13 | 12 | 14 | |
| 14 | 13 | 15 | |
| 15 | 14 | 16 | |
| 16 | 15 | 17 | |
| (Novo) | | | |

Função do formulário principal *frmConversao DO* (DECIMAL/OCTAL E OCTAL PARA DECIMAL ):

```
Public Function OctalpDecimal(s As Variant)
On Error Resume Next
Dim num As Long
Dim n As Integer
Dim i, x As Integer
Dim y As String
Dim strValor As String
Dim rs As DAO.Recordset


Set rs = CurrentDb.OpenRecordset(“tblSelecao2”, dbOpenTable)
s = txtRevertido
n = Len(s)

Me.txtDec = “”

For x = 1 To n
y = Mid(txtRevertido, x, 1)

i= Cint(Nz(Dlookup(“Decimal”, “tblOctal”, “Octal= ‘”& y &“’”)))

If Not IsNull(txtRevertido) Then
strValor = “INSERT INTO tblSelecao2(Numero) Values(‘”&i &“’)”
CurrentDb.Execute strValor
Me.Refresh
Else
Exit For
End If
Next x

DoCmd.Close acTable, “tblSelecao2”
```

```
For x = 1 To n
y = Mid(txtRevertido, x, 1)

n = n - 1

I = Cint(Nz(Dlookup("Decimal", "tblOctal", "Octal= '"& y &"'")))

num = num + 8 ^ n * i

Next x
Me.txtDec = num

End Function
```

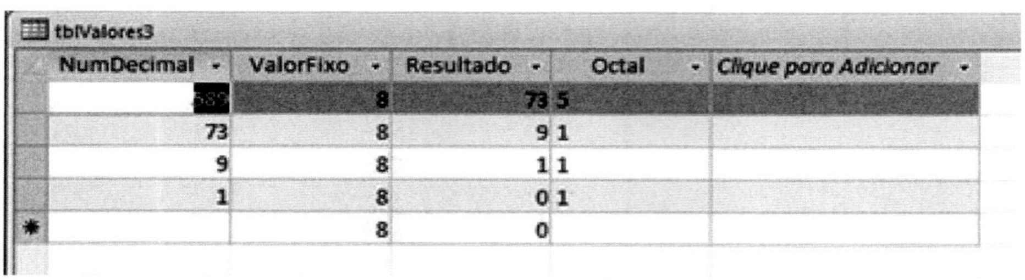


Formulário oculto Valores3 cuja fonte de controle é a tabela *tblValores3*.

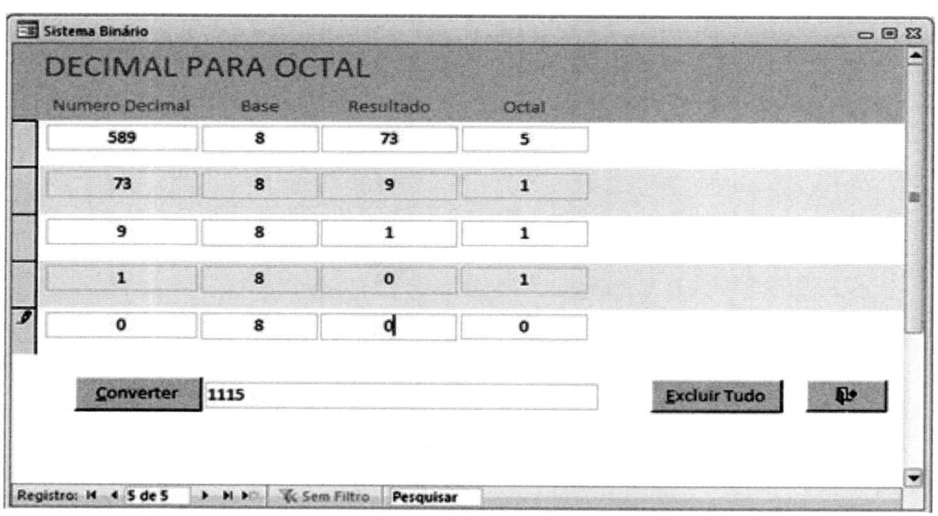


Função de conversão na entrada do campo Resultado:

```
Private Sub Resultado_Enter()
On Error Resume Next
Dim xNumDec As Long
```

```
Dim nOctal As Variant

xNumDec = NumDecimal
Me.Resultado = xNumDec / 8

nOctal = xNumDec Mod 8

If nOctal = 0 Then
Me.Octal = Nz(Dlookup("Octal", "tblOctal", "Decimal= "&nOctal))
ElseIf nOctal = 1 Then
Me.Octal = Nz(Dlookup("Octal", "tblOctal", "Decimal= "&nOctal))
ElseIf nOctal = 2 Then
Me.Octal = Nz(Dlookup("Octal", "tblOctal", "Decimal= "&nOctal))
ElseIf nOctal = 3 Then
Me.Octal = Nz(Dlookup("Octal", "tblOctal", "Decimal= "&nOctal))
ElseIf nOctal = 4 Then
Me.Octal = Nz(Dlookup("Octal", "tblOctal", "Decimal= "&nOctal))
ElseIf nOctal = 5 Then
Me.Octal = Nz(Dlookup("Octal", "tblOctal", "Decimal= "&nOctal))
ElseIf nOctal = 6 Then
Me.Octal = Nz(Dlookup("Octal", "tblOctal", "Decimal= "&nOctal))
ElseIf nOctal = 7 Then
Me.Octal = Nz(Dlookup("Octal", "tblOctal", "Decimal= "&nOctal))
ElseIf nOctal = 8 Then
Me.Octal = Nz(Dlookup("Octal", "tblOctal", "Decimal= "&nOctal))
ElseIf nOctal = 9 Then
Me.Octal = Nz(Dlookup("Octal", "tblOctal", "Decimal= "&nOctal))
ElseIf nOctal = 10 Then
Me.Octal = Nz(Dlookup("Octal", "tblOctal", "Decimal= "&nOctal))
ElseIf nOctal = 11 Then
Me.Octal = Nz(Dlookup("Octal", "tblOctal", "Decimal= "&nOctal))
ElseIf nOctal = 12 Then
Me.Octal = Nz(Dlookup("Octal", "tblOctal", "Decimal= "&nOctal))
ElseIf nOctal = 13 Then
Me.Octal = Nz(Dlookup("Octal", "tblOctal", "Decimal= "&nOctal))
ElseIf nOctal = 14 Then
Me.Octal = Nz(Dlookup("Octal", "tblOctal", "Decimal= "&nOctal))
ElseIf nOctal = 15 Then
Me.Octal = Nz(Dlookup("Octal", "tblOctal", "Decimal= "&nOctal))
Else
Exit Sub
End If
Me.txtOctal = txtOctal & Octal
End Sub
```

Vamos estudar a estrutura do formulário auxiliar oculto *Valores3*e seu funcionamento à parte do formulário principal.

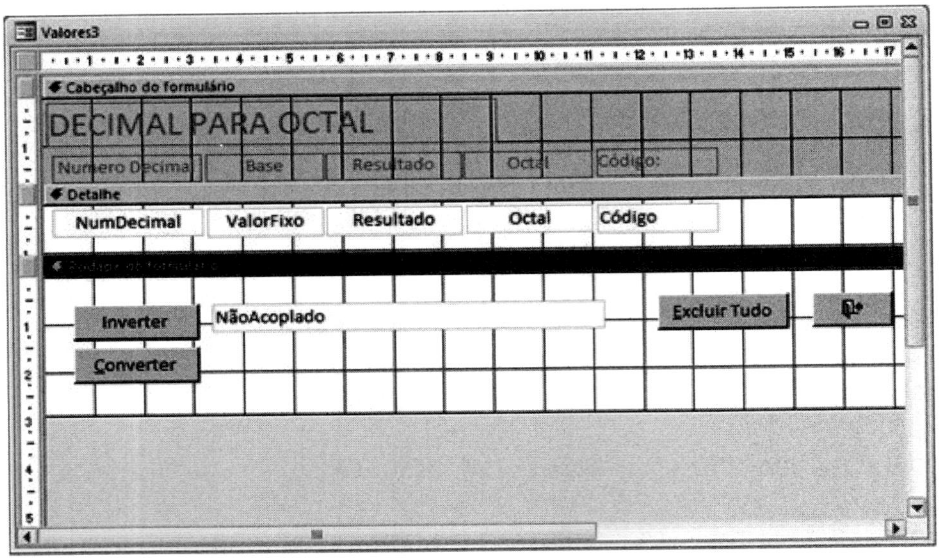


Observe que existem dois botões especiais:*Inverter* e *Converter.*

Vamos ver como fazer chamada a estas funções pelo botão que aciona a conversão.

```
Private Sub cmdConverter_Click()
Call PercorrerRegistros
Call Reversao(txtOctal)

End Sub
```

E este é o código do botão que faz a inversão do looping gerado, de 5111 para 1115. O nome do campo que recebe o valor invertido é *txtInvertido*. Veja a figura abaixo. Teste neste formulário o processo de conversão que naturalmente se realiza quando do acionamento do botão de conversão do formulário principal Valores3.

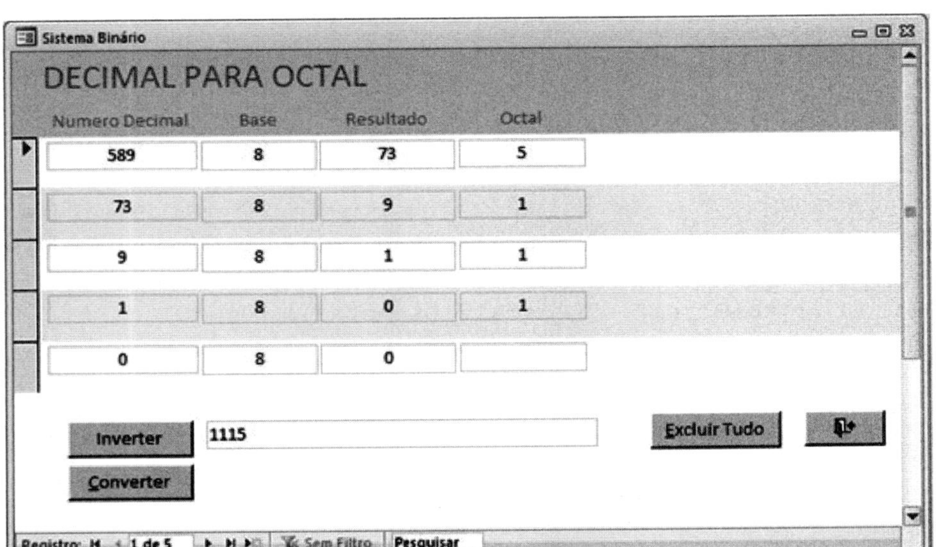

```
Private Sub cmdInverter_Click()
Call Reversao(txtOctal)
End Sub

Public Function Reversao(strOctal As String)

Dim i As Integer
Dim x As Integer

strOctal = txtOctal

x = Nz(Len(strOctal))

For i= x To 1 Step -1
strOctal = Nz(Mid(txtOctal, i, 1))
txtInvertido = txtInvertido & strOctal
Next i
End Function
```

Esta é a função que fará o cursor navegar campo a campo e registro a registro e disparará a execução na entrada do campo Resultado do formulário oculto Valores3:

```
Public Sub PercorrerRegistros()
Dim rs As DAO.Recordset

Set rs = CurrentDb.OpenRecordset("tblValores3", dbOpenTable)

Do While Not rs.EOF

Me.Resultado.SetFocus
If Not Resultado = 0 Then
DoCmd.RunCommand acCmdRecordsGoToNext
Else
Exit Do
End If
Loop

End Sub
```

Para limpar os registros após cada conversão, vamos precisar de uma função de exclusão.

```
Public Function Deletar()
On Error Resume Next
Dim strSQL As String
Dim sBinario As Variant
```

```
DoCmd.SetWarnings False
strSQL = "DELETE * FROM tblValores3"
CurrentDb.Execute strSQL
DoCmd.SetWarnings True

DoCmd.RunCommand acCmdRefresh
Me.Requery
Me.txtOctal = ""
Me.NumDecimal = ""
End Function
```

O botão que executará esta função é o Limpar, do formulário principal.

```
Private Sub cmdLimpar_Click()
On Error Resume Next
Dim strSQL As String

Call Deletar(Me.txtOctal)
DoCmd.OpenForm "Valores3", , , , acHidden
Forms!Valores!NumDecimal = ""
DoCmd.Close acForm, "Valores3", acSaveNo

Me.txtDec.BorderWidth = 0

DoCmd.SetWarnings False
strSQL = "DELETE * FROM tblSelecao2"
CurrentDb.Execute strSQL
DoCmd.SetWarnings True
Me.Refresh
End Sub
```

## 1.5 Convertendo Binário em Hexadecimal

Veja o algoritmo:

Para converter um número binário em hexadecimal, separa-se o número binário em grupos de 4 bits, da direita para a esquerda. Em seguida, transforma-se cada grupo de 4 bits em hexadecimal. Ao final, simplesmente une-se os resultados em um só:

Caso o número de dígitos do número binário não seja múltiplo de 4, completa-se os dígitos à esquerda com zeros(0):

Vamos ver como deve ficar o aplicativo em Access VBA.

Ao clicar no botão de conversão Binário/Hexadecimal:

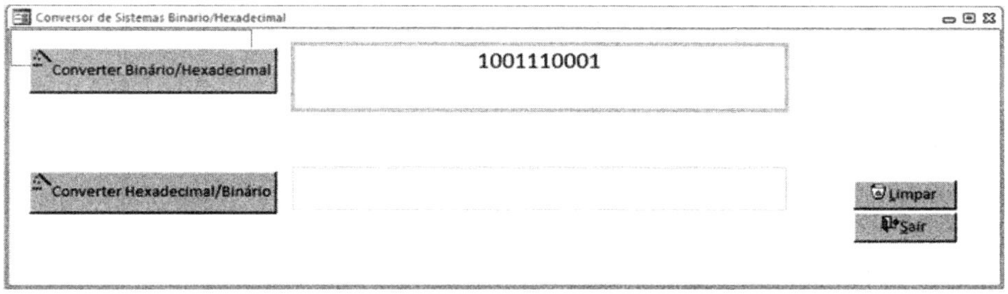


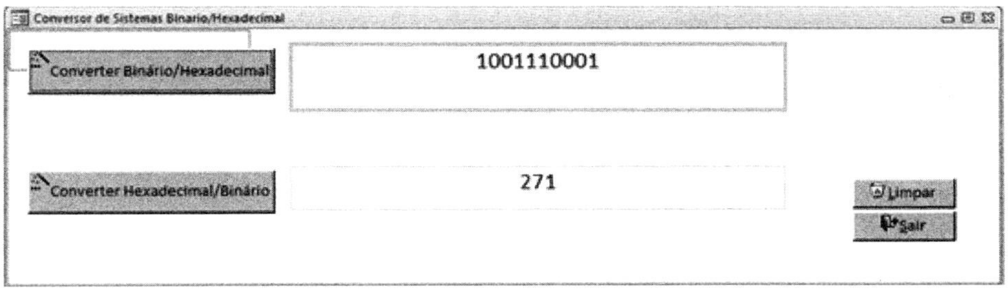


Ao clicar no botão de conversão Binário/Hexadecimal:

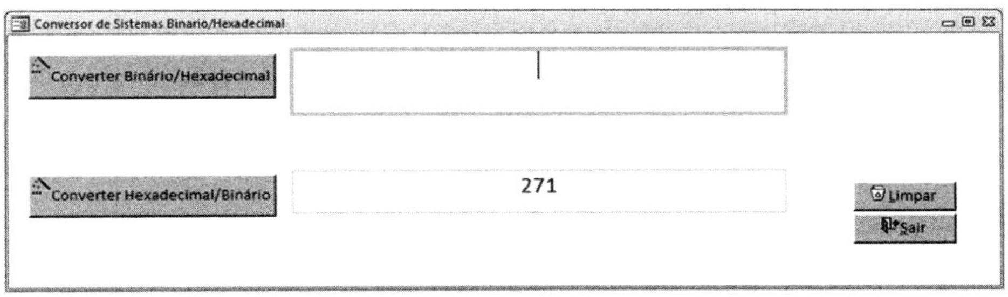


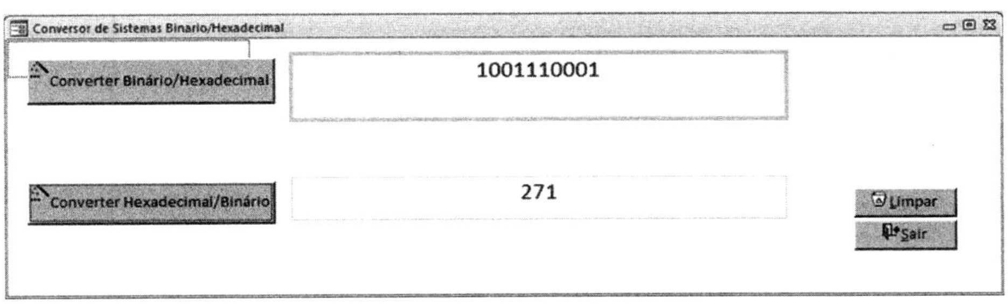


Vamos estudar como chegamos até este resultado conforme o algoritmo, em Access VBA.

Podemos fazer segundo este método, utilizando um outro formulário(ValoresY) que fica oculto e realiza a conversão, exibindo o resultado no formulário principal. Este formulário é uma cópia daquele que faz a conversão de decimal para hexadecimal.

Exemplo 1:

```
Private Sub cmdConvBH_Click()
On Error Resume Next
'Vamos reaproveitar funções já construídas para converter binário para decimal e
```

```
depois de decimal para hexadecimal
Call BinpDecimal(txtBinario)


If Not IsNull(txtDec) Then 'Coloco no formulário principal uma caixa de texto de
nome txtDec
      DoCmd.OpenForm "ValoresY", , , , , acHidden
      Me.txtHexadecimal = Forms!ValoresY!txtInvertido
      Me.txtRevertido = Me.txtHexadecimal
Else
Exit Sub
End If
End Sub
```

Observe a figura abaixo, a caixa de texto com o número 625 (decimal) é a *txtDec*(esta caixa fica oculta, isto é, modo visível=Não),que recebe a conversão de binário em decimal. Esta caixa normalmente fica com a propriedade visible = false.

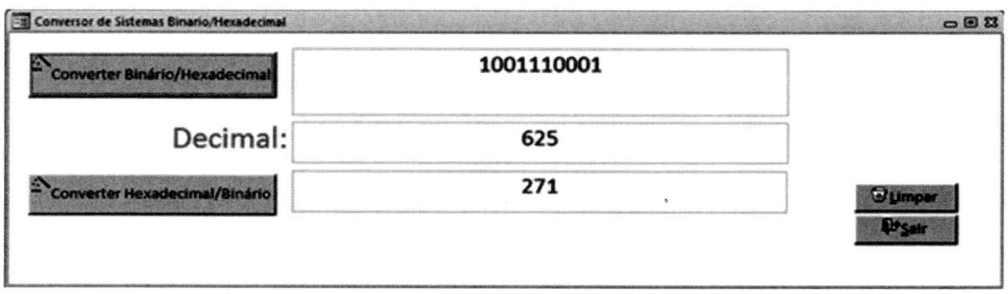


Logo em seguida é feita a conversão de decimal para hexadecimal e obtemos 271.

Veja abaixo o formulário ValoresY (que fica oculto):

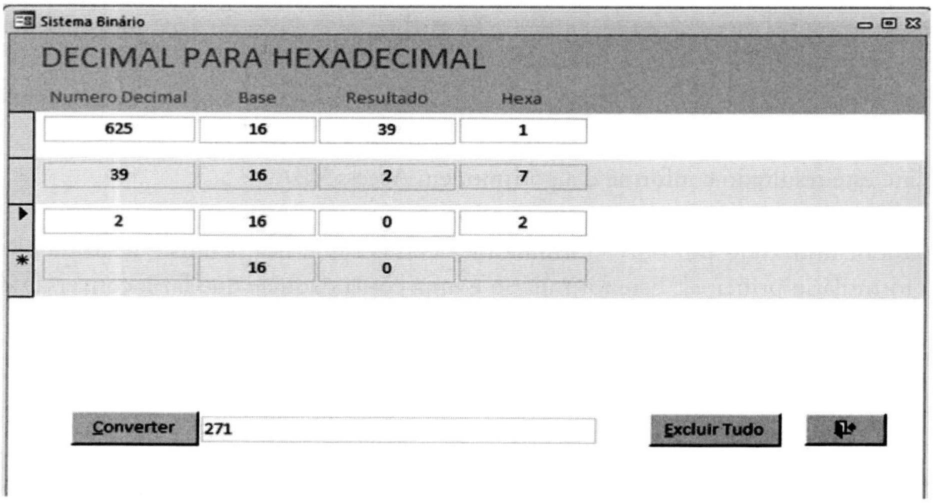

Agora devemos dar atenção especial aos eventos Form_Open e Form_Load do formulário **ValoresY**.

```
Private Sub Form_Load()
On Error Resume Next
Me.NumDecimal = Forms!frmConversaoBH!txtDec
End Sub

Private Sub Form_Open(Cancel As Integer)
On Error Resume Next

Call PercorrerRegistros
Call Reversao(txtHexa)
Me.Refresh

End Sub
```

Vamos analisar estas duas funções mencionadas acima:

```
Public Sub PercorrerRegistros()
Dim rs As DAO.Recordset
Set rs = CurrentDb.OpenRecordset("tblValores2", dbOpenTable)
Do While Not rs.EOF
Me.Resultado.SetFocus
   If Not Resultado = 0 Then
   DoCmd.RunCommand acCmdRecordsGoToNext
   Else
   Exit Do
   End If
Loop
End Sub


Public Function Reversao(strHexadecimal As String)
On Error Resume Next
Dim iAs Integer
Dim x, y As Integer
strHexadecimal = txtHexa
x = Nz(Len(strHexadecimal))
      For i= x To 1 Step -1
      strHexadecimal = Nz(Mid(txtHexa, i, 1))
      txtInvertido = txtInvertido & strHexadecimal
      Next i
End Function
```

Quando se dá o looping *Do While* da subrotina***PercorrerRegistros***, um outro código no evento Enter(Entrar) do campo Resultado que recebeu o focus começa a funcionar, gerando a conversão baseado na tabela tblHexadecimal:

```
Private Sub Resultado_Enter()
On Error Resume Next
Dim xNumDec As Long
Dim nHexa As Variant

xNumDec = NumDecimal
Me.Resultado = xNumDec / 16
nHexa = xNumDec Mod 16

If nHexa = 0 Then
Me.Hexadecimal = Nz(Dlookup("Hexadecimal", "tblHexadecimal", "Decimal= "&nHexa))
ElseIf nHexa = 1 Then
Me.Hexadecimal = Nz(Dlookup("Hexadecimal", "tblHexadecimal", "Decimal= "&nHexa))
ElseIf nHexa = 2 Then
Me.Hexadecimal = Nz(Dlookup("Hexadecimal", "tblHexadecimal", "Decimal= "&nHexa))
ElseIf nHexa = 3 Then
Me.Hexadecimal = Nz(Dlookup("Hexadecimal", "tblHexadecimal", "Decimal= "&nHexa))
ElseIf nHexa = 4 Then
Me.Hexadecimal = Nz(Dlookup("Hexadecimal", "tblHexadecimal", "Decimal= "&nHexa))
ElseIf nHexa = 5 Then
Me.Hexadecimal = Nz(Dlookup("Hexadecimal", "tblHexadecimal", "Decimal= "&nHexa))
ElseIf nHexa = 6 Then
Me.Hexadecimal = Nz(Dlookup("Hexadecimal", "tblHexadecimal", "Decimal= "&nHexa))
ElseIf nHexa = 7 Then
Me.Hexadecimal = Nz(Dlookup("Hexadecimal", "tblHexadecimal", "Decimal= "&nHexa))
ElseIf nHexa = 8 Then
Me.Hexadecimal = Nz(Dlookup("Hexadecimal", "tblHexadecimal", "Decimal= "&nHexa))
ElseIf nHexa = 9 Then
Me.Hexadecimal = Nz(Dlookup("Hexadecimal", "tblHexadecimal", "Decimal= "&nHexa))
ElseIf nHexa = 10 Then
Me.Hexadecimal = Nz(Dlookup("Hexadecimal", "tblHexadecimal", "Decimal= "&nHexa))
ElseIf nHexa = 11 Then
Me.Hexadecimal = Nz(Dlookup("Hexadecimal", "tblHexadecimal", "Decimal= "&nHexa))
ElseIf nHexa = 12 Then
Me.Hexadecimal = Nz(Dlookup("Hexadecimal", "tblHexadecimal", "Decimal= "&nHexa))
ElseIf nHexa = 13 Then
Me.Hexadecimal = Nz(Dlookup("Hexadecimal", "tblHexadecimal", "Decimal= "&nHexa))
ElseIf nHexa = 14 Then
Me.Hexadecimal = Nz(Dlookup("Hexadecimal", "tblHexadecimal", "Decimal= "&nHexa))
ElseIf nHexa = 15 Then
Me.Hexadecimal = Nz(Dlookup("Hexadecimal", "tblHexadecimal", "Decimal= "&nHexa))
Else
Exit Sub
End If
Me.txtHexa = txtHexa & Hexadecimal
End Sub
```

Afunção acima já foi estudada no tópico de conversão de decimal em hexadecimal.

Para sequenciarmos a divisão pela base 16, utilizamos este código no evento Exit (Ao Sair) do campo Resultado.

```
Private Sub Resultado_Exit(Cancel As Integer)
On Error Resume Next
Dim xNumDec As Long
Dim nCod As Long
DoCmd.RunCommand acCmdRecordsGoToNew

nCod = Nz(Dlast("Codigo", "tblValores2"))

xNumDec = Nz(Dlast("Resultado", "tblValores2", "Codigo = "& nCod))
NumDecimal = xNumDec
End Sub
```

Veja como fica o código de conversão em Access VBA que executa a conversão binário para decimal de uma outra maneira e com uma outra função:

```
Private Sub cmdConverter_Click()
On Error Resume Next
Me.Resultado.SetFocus
Me.Refresh
End Sub

Private Sub Resultado_Enter()
On Error Resume Next
Dim s, y, z As Variant
Dim num As Long
Dim n As Integer
Dim x As Integer

s = Binario
n = Len(s) / 2
z = Len(s)

If z Mod 4 = 0 Then

  For x = 1 To n
  y = Mid(Binario, x, 1)
  n = n - 1
  num = num + y * 2 ^ n
  Next x

Me.Hexadecimal = num
Me.txtHexadecimal = Me.Hexadecimal
```

```
Call Complemento
Else
s = "0"
Me.Binario = s & Binario
End If
End Sub
```

A função Complemento:

```
Public Function Complemento()
On Error Resume Next
Dim s, y, z As Variant
Dim num As Long
Dim n As Integer
Dim i, p, x, k As Integer
Dim strValor As String
s = Binario
n = Len(s) / 2
p = Len(s)

For k = n + 1 To p
z = Mid(s, k, 1)
n = n - 1
num = num + z * 2 ^ n
Next k

strValor = Nz(Dlookup("Hexadecimal", "tblHexadecimal", "Decimal = "& num))
Me.Hexadecimal = Me.Hexadecimal &strValor
Me.txtHexadecimal = Me.Hexadecimal
End Function
```

## 1.6 Convertendo Hexadecimal em Binário

Veja o algoritmo:

Para converter números hexadecimais em binários, decompõem-se o número hexadecimal diretamente em binários de 4 dígitos. Os zeros mais à esquerda do resultado binário podem ser omitidos:

Converte-se o número binário em decimal. Neste exemplo, é a caixa de texto(txtDec) com o valor decimal 91 que está oculta na figura acima.

Veja como deve ficar o código do botão de conversão em duas etapas:

```
Private Sub cmdConvHB_Click()
```

```
On Error Resume Next
Me.txtBinario.BorderWidth = 3

Call HexapDecimal(txtRevertido)
DoCmd.OpenForm "ValoresX", , , , , acHidden
Me.txtBinario = Forms!ValoresX!txtInvertido
End Sub
```

E como deve ficar a função que faz a conversão?

```
Public Function HexapDecimal(s As Variant)
On Error Resume Next
Dim num As Long
Dim n As Integer
Dim i, x As Integer
Dim k As Long
Dim nHexa As String
Dim y As String
Dim strValor As String
Dim rs As DAO.Recordset
Set rs = CurrentDb.OpenRecordset("tblSelecao", dbOpenTable)
s = txtRevertido
n = Len(s)
Me.txtDec = ""
  For x = 1 To n
  y = Mid(txtRevertido, x, 1)

  i = Cint(Nz(Dlookup("Decimal", "tblHexadecimal", "Hexadecimal= '"& y &"'")))
    If Not IsNull(txtRevertido) Then
    strValor = "INSERT INTO tblSelecao(Numero) Values('"&i &"')"
    CurrentDb.Execute strValor
    Me.Refresh
    Else
    Exit For
    End If
   Next x

DoCmd.Close acTable, "tblSelecao"
For x = 1 To n
y = Mid(txtRevertido, x, 1)
n = n - 1

i = Cint(Nz(Dlookup("Decimal", "tblHexadecimal", "Hexadecimal= '"& y &"'")))
num = num + 16 ^ n * i
Next x
Me.txtDec = num
```

```
End Function
```

Vamos digitar o mesmo número hexadecimal convertido do número binário:

Vamos clicar agora no botão que faz a conversão do hexadecimal para o binário:

Como você observou ao longo do estudo, a conversão se dá em duas etapas: primeiro convertemos o número hexadecimal em decimal e em seguida o número decimal em número binário. A caixa de texto com o resultado da conversão fica oculta.

## 1.7 Exercícios Propostos

Utilizando o programa *Conversor*, procure entender todo o processo de decomposição até chegar ao final.

1. Converta 10101010(2) para a base octal(lê-se o número binário na base 2). Faça um algoritmo de todo o processo.

2. Converta 777(8) para a base binária (converta o número decimal da base 8 para a base 10 e posteriormente da base 10 para a base 2, chegando à solução). Faça um algoritmo de todo o processo.

3. Converta 1101100(2) para a base hexadecimal. Faça um algoritmo de todo o processo.

4. Converta 145(8) para a base decimal. Faça um algoritmo de todo o processo.

5. Converta 198(10) para a base binária. Faça um algoritmo de todo o processo.

6. Converta 67(10) para a base octal. Faça um algoritmo de todo o processo.

7. Converta 889(10) para a base hexadecimal. Faça um algoritmo de todo o processo.

CAPÍTULO 2

# Prática de Desenvolvimento com Loopings II

**Recursividade ou Recursão, uma Chave MuitoFuncional e Prática no Mundo da Programação. Gerando Inversão de Palavras com o laço FOR ... NEXT**

Segundo a definição da *Wikipedia* e que também aceito,recursividade, ou recursão, como é normalmente chamado, é o processo pelo qual passa certo procedimento quando um dos passos do procedimento em questão envolve a repetição completa deste mesmo procedimento. Um procedimento que se utiliza da recursão é dito **recursivo**. Também é dito **recursivo** qualquer objeto que seja resultado de um procedimento recursivo.

Descobri este poder de facilitação dos meus códigos utilizando esta lógica de programação. Pensava como poderia armazenar uma linha de código e depois reaplicá-la na sequência seguinte indefinidamente até completar, por exemplo, um laço de repetição ou looping.

Vamos agora nos ater a um exemplo prático. Veja como fica a função para inverter uma palavra ou frase qualquerpara uma caixa de texto, utilizando-se a recursividade:

## 2.1 Inversão/Reversão de Palavras em Diferentes Caixas de Texto(TextBoxes)

```
Public Function Reversao(strPalavra As String)
Dim i As Integer
Dim x, y As Integer

strPalavra = txtInversor'txtInversor é uma caixa de texto

x = Nz(Len(strPalavra))

For i= x To 1 Step -1
strPalavra = Nz(Mid(txtInversor, i, 1))

'Neste looping For...Next a variável i assumirá valores a partir do total de caracteres na frase ou palavra em ordem decrescente do valor de Step(Passo) -1, isto é, letra por letra para trás

'*******************************************
Inversor = Inversor& strPalavra 'Uso da recursividade
'*************************************

'Inversor é uma outra caixa de texto. Nesta linha de código, vemos a repetição
```

```
de um elemento da função que vai sucessivamente armazenar uma informação ante-
rior até completar o looping. A recursividade geralmente vai na última linha do
código.
Next i

End Function
```

## 2.2 Função *StrReverse*

Veja agora como obter o mesmo resultado com a função *StrReverse*:

```
Public Function Reversao(strPalavra As String)
Dim Invertido As Variant

strPalavra = Me.txtInversor  'Me.txtInversor é o nome da caixa de texto onde se
digita o texto original
Invertido = StrReverse(strPalavra)
Me.Inversor = Invertido   'Me.Inversor é o nome da caixa de texto que receberá
o texto invertido
End Function
```

A primeira coisa a fazer é digitar uma palavra ou frase.

Clica-se no botão Inverter e a função de reversão é acionada em ambas as caixas de texto.

## 2.3 Inversão/Reversãode Palavras na Mesma *TextBox*

Vamos agora realizar a inversão ou reversão na mesma caixa de texto onde está digitada a palavra ou frase inicial.

```
Public Function Reversao2(strPalavra As String)

Dim i As Integer
Dim x As Integer

strPalavra = txtInversao'txtInversao é uma caixa de texto

x = Nz(Len(strPalavra))

For I = x To 1 Step -1
strPalavra = Nz(Mid(txtInversao, i, 1))
txtInversao = txtInversao&strPalavra'Nesta linha de código, vemos a repetição
de um elemento da função sucessivamente armazenando uma informação anterior até
completar o looping. A recursividade geralmente vai na última linha do código.

Next i

End Function
```

Para voltar ao texto original, clica-se em **Normalizar**.

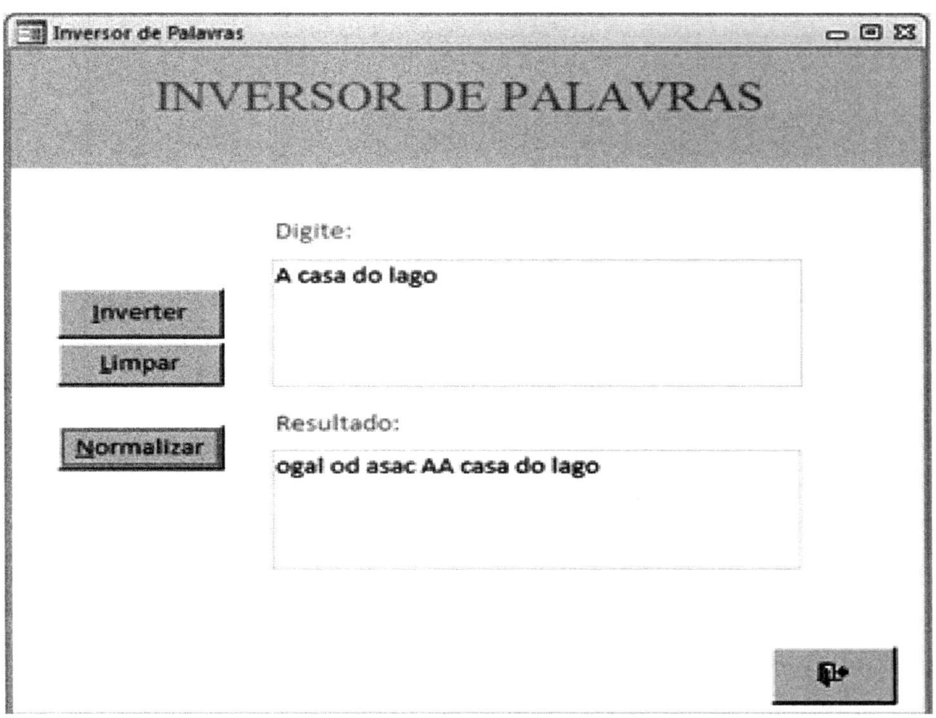

## 2.4 Matrix Bidimensional com Auxílio da Recursividade Usando o Laço *FOR ... NEXT*

Vamos aplicar agora a técnica de recursividade para trabalharmos com matrizes bidimensionais no Access. Temos entre parênteses o primeiro elemento do vetor que é chamado *Linhas* e o segundo elemento do vetor que é chamado *Colunas*.

Declare uma variável qualquer, por exemplo sPalavra(x,y), sendo que x se refere ao número de linhas e y refere-se ao número de colunas.

```
Public Function CriarMatrixBI()
Dim sPalavra(2, 4) As String
Dim x, y As Integer
Dim Resultado As Variant

'Lembrando que se pode alterar esses valores entre aspas abaixo por variáveis
referentes a dados de campos de um formulário ou de uma tabela, por exemplo.

sPalavra(0, 0) = "casa"
sPalavra(0, 1) = "cadeira"
sPalavra(0, 2) = "televisão"'....
sPalavra(0, 3) = "rádio"
sPalavra(0, 4) = "videogame"
sPalavra(1, 0) = "cozinha"
sPalavra(1, 1) = "fogão"
sPalavra(1, 2) = "geladeira"
sPalavra(1, 3) = "micro-ondas"
sPalavra(1, 4) = "geladeira"
sPalavra(2, 0) = "carro"
sPalavra(2, 1) = "auto-rádio"
sPalavra(2, 2) = "dvd player"
sPalavra(2, 3) = "bluetooth"
sPalavra(2, 4) = "USB"
Resultado = ""

For x = 0 To 2
Resultado = Resultado & vbCrLf &x

      For y = 0 To 4
      Resultado = Resultado &"-"& sPalavra(x, y)

      Next y
Next x

MsgBox Resultado, , "Matrix Bidimensional"
```

```
End Function

RESULTADO:
```

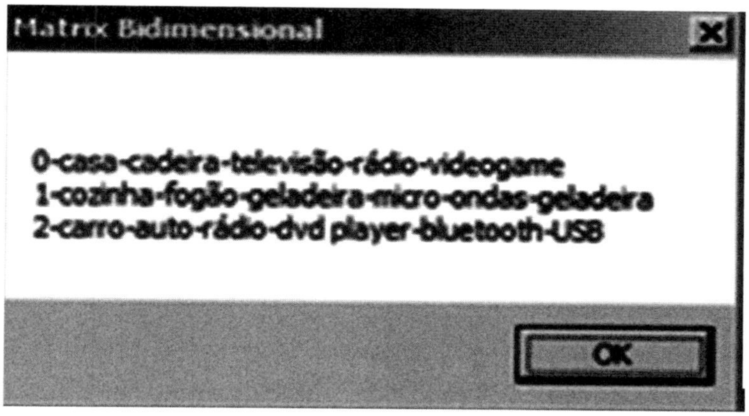


Vejamos agora outra função, desta vez tendonúmeros ou algarismos (não confundir com algoritmos) como vetores.

```
Public Function CriarMatrixBI2()
Dim sValor(3, 5) As Integer
Dim x, y As Integer
Dim Resultado As Variant

sValor(1, 1) = 20
sValor(1, 2) = 25
sValor(1, 3) = 35
sValor(1, 4) = 45
sValor(1, 5) = 55
sValor(2, 1) = 30
sValor(2, 2) = 35
sValor(2, 3) = 40
sValor(2, 4) = 45
sValor(2, 5) = 55
sValor(3, 1) = 15
sValor(3, 2) = 20
sValor(3, 3) = 30
sValor(3, 4) = 40
sValor(3, 5) = 50

Resultado = ""

For x = 1 To 3
Resultado = Resultado & vbCrLf 'Com o quebra-linhas vbCrLf alinhamos os dados em
linhas e colunas
```

```
For y = 1 To 5
      Resultado = Resultado &""& sValor(x, y)
      Next y

Next x

MsgBox Resultado, vbInformation, "Matrix Bidimensional"

End Function
```

RESULTADO:

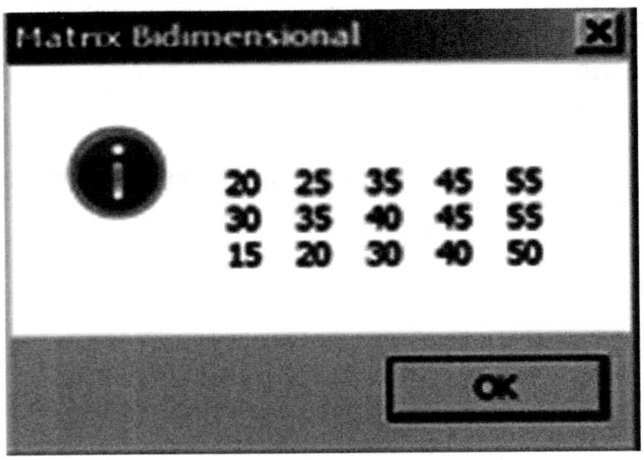


Veja uma outra forma de gerar matrizes bidimensionais que desenvolvi:

Sem os títulos:

```
Public Function CriarMatrixBI3()
Dim sPalavra1(5) As String
Dim sPalavra2(5) As String
Dim x, y As Integer
Dim Resultado, Res As Variant

sPalavra1(1) = "casa"
sPalavra1(2) = "cadeira"
sPalavra1(3) = "televisão"
sPalavra1(4) = "rádio"
sPalavra1(5) = "videogame"

sPalavra2(1) = "carro"
sPalavra2(2) = "bicicleta"
sPalavra2(3) = "velocípede"
sPalavra2(4) = "ônibus"
```

```
sPalavra2(5) = "táxi"

Resultado = ""
Res = ""

For x = 1 To 5
Resultado = Resultado &""& sPalavra1(x) &""
Next x
For y = 1 To 5
Res = Res &""& sPalavra2(y) &""
Next y

MsgBox Resultado & vbCrLf & vbCrLf & Res, vbInformation, "Matrix Bidimensional"

End Function
```

RESULTADO:

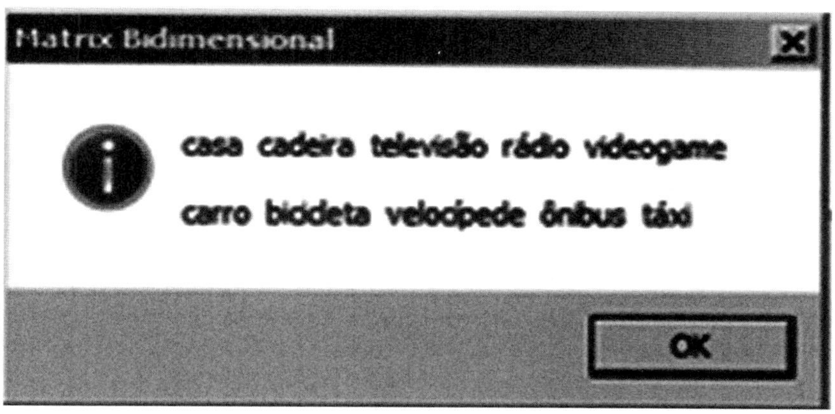


Com os títulos:

```
Public Function CriarMatrixBI4()
Dim sPalavra1(5) As String
Dim sPalavra2(5) As String
Dim x, y As Integer
Dim Resultado, Res As Variant

sPalavra1(1) = "casa"
sPalavra1(2) = "cadeira"
sPalavra1(3) = "televisão"
sPalavra1(4) = "rádio"
sPalavra1(5) = "videogame"

sPalavra2(1) = "carro"
```

```
sPalavra2(2) = “bicicleta”
sPalavra2(3) = “velocípede”
sPalavra2(4) = “ônibus”
sPalavra2(5) = “táxi”

Resultado = “”
Res = “”

For i = 1 To 5
Resultado = Resultado &“”& sPalavra1(i) &“”
Next i
For y = 1 To 5
Res = Res &“”& sPalavra2(y) &“”
Next y

MsgBox “Itens Fixos: ”&i - 1 & vbCrLf & Resultado & vbCrLf & vbCrLf & _
“Itens Móveis: ”& y - 1 & vbCrLf & Res, vbInformation, “Matrix Bidimensional”

End Function
```

RESULTADO:

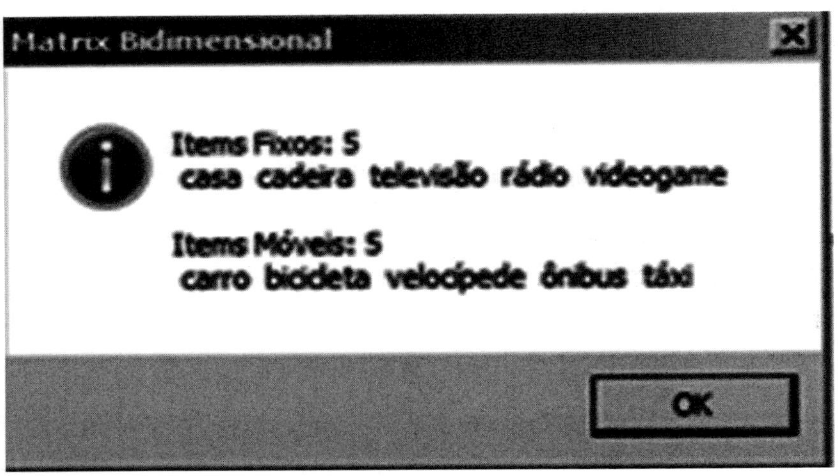


E mais estes:

```
Public Function CriarMatrixBI5()
Dim sFR(4, 6) As String
Dim i, y As Integer
Dim Resultado, Res As Variant
Dim f(24) As String
Dim rs As DAO.Recordset
Dim sNum As Integer
```

```
sNum = Nz(Me.cboMatrix.Column(0))

f(1) =Nz(DLookup("NUM", "ListadeFR2011", "NUM= " & sNum)
f(2) =Nz(DLookup("DATADAENTRADA", "ListadeFR2011", "NUM= " & sNum)
f(3) =Nz(DLookup("ENTREGUEA", "ListadeFR2011", "NUM= " & sNum)
f(4) =Nz(DLookup("RESP", "ListadeFR2011", "NUM= " & sNum)
f(5) =Nz(DLookup("BAIRRO", "ListadeFR2011", "NUM= " & sNum)
f(6) =Nz(DLookup("MATRICULA", "ListadeFR2011", "NUM= " & sNum)
f(7) =Nz(DLookup("NUM", "ListadeFR2011", "NUM= " & Val(sNum) + 1)
f(8) =Nz(DLookup("DATADAENTRADA", "ListadeFR2011", "NUM= " & Val(sNum) + 1)
f(9) =Nz(DLookup("ENTREGUEA", "ListadeFR2011", "NUM= " & sNum + 1)
f(10) =Nz(DLookup("RESP", "ListadeFR2011", "NUM= " & sNum + 1)
f(11) =Nz(DLookup("BAIRRO", "ListadeFR2011", "NUM= " & sNum + 1)
f(12) =Nz(DLookup("MATRICULA", "ListadeFR2011", "NUM= " & sNum + 1)
f(13) =Nz(DLookup("NUM", "ListadeFR2011", "NUM= " & sNum + 2)
f(14) =Nz(DLookup("DATADAENTRADA", "ListadeFR2011", "NUM= " & sNum + 2)
f(15) =Nz(DLookup("ENTREGUEA", "ListadeFR2011", "NUM= " & sNum + 2)
f(16) =Nz(DLookup("RESP", "ListadeFR2011", "NUM= " & sNum + 2)
f(17) =Nz(DLookup("BAIRRO", "ListadeFR2011", "NUM= " & sNum + 2)
f(18) =Nz(DLookup("MATRICULA", "ListadeFR2011", "NUM= " & sNum + 2)
f(19) =Nz(DLookup("NUM", "ListadeFR2011", "NUM= " & sNum + 3)
f(20) =Nz(DLookup("DATADAENTRADA", "ListadeFR2011", "NUM= " & sNum + 3)
f(21) =Nz(DLookup("ENTREGUEA", "ListadeFR2011", "NUM= " & sNum + 3)
f(22) =Nz(DLookup("RESP", "ListadeFR2011", "NUM= " & sNum + 3)
f(23) =Nz(DLookup("BAIRRO", "ListadeFR2011", "NUM= " & sNum + 3)
f(24) =Nz(DLookup("MATRICULA", "ListadeFR2011", "NUM= " & sNum + 3)

sFR(1, 1) = f(1)
sFR(1, 2) = f(2)
sFR(1, 3) = f(3)
sFR(1, 4) = f(4)
sFR(1, 5) = f(5)
sFR(1, 6) = f(6)
sFR(2, 1) = f(7)
sFR(2, 2) = f(8)
sFR(2, 3) = f(9)
sFR(2, 4) = f(10)
sFR(2, 5) = f(11)
sFR(2, 6) = f(12)
sFR(3, 1) = f(13)
sFR(3, 2) = f(14)
sFR(3, 3) = f(15)
sFR(3, 4) = f(16)
sFR(3, 5) = f(17)
sFR(3, 6) = f(18)
sFR(4, 1) = f(19)
```

```
sFR(4, 2) = f(20)
sFR(4, 3) = f(21)
sFR(4, 4) = f(22)
sFR(4, 5) = f(23)
sFR(4, 6) = f(24)

Resultado = ""

For i = 1 To 4'Aqui especificamos o limite de linhas

Resultado = Resultado & vbCrLf

If Not IsNull(Me.cboMatrix) Then

For y = 1 To 5'Aqui especificamos o limite de colunas

Resultado = Resultado & sFR(i, y) & "|||"  'Incluímos aqui os dados matriciais
com sinais gráficos de separação
Next y
    Else
    Exit For
    End If

Next i

MsgBox "Cód." & "=>" & " Data:" & "=>" & " Fiscal: " & "=>" & " Chefe:" &
"=====>" & _
" Bairro: " & "" & vbCrLf & Resultado, vbInformation, "Matrix Bidimensional"

End Function
```

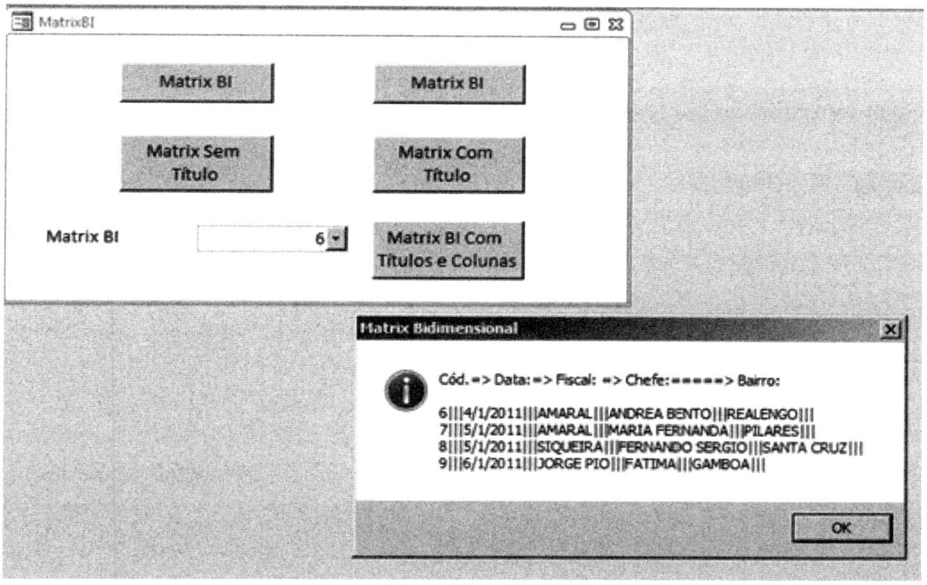


## 2.5 Limitando uma Matrix (Array) com LBound e UBound

Para tornar flexível a ampliação de uma matrix de dados trabalhamos com as funções*LBound* e *UBound* em um loop *For...Next* e afunção *Array*, aplicando a técnica da recursividade para exibir os elementos do Array em uma caixa de texto.

Veja este exemplo de uma matrix com LBound e UBound:

```
Public Function CriarArray() As String
On Error Resume Next
Dim varTimes As Variant
Dim strI As Variant

varTimes = Array("Flamengo", "Vasco", "Fluminense", "Botafogo", "América")

For strI = LBound(varTimes) To UBound(varTimes)
txtTime = txtTime & vbCrLf & varTimes(strI) 'Aplicação da recursividade
Next strI
End Function
```

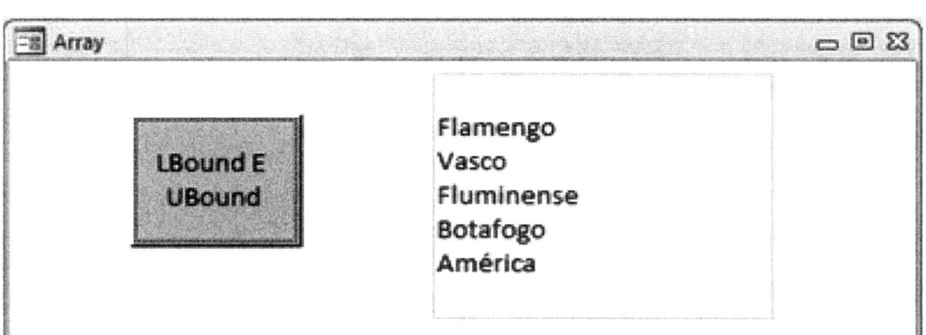

## 2.6 Array e Split

Agora vejamos o mesmo exemplo agora modificado com a função Split.

```
Public Function CriarSplit() As String
On Error Resume Next
Dim varTimes As Variant
Dim strI As Variant

varTimes = Split("Flamengo,Vasco,Fluminense,Botafogo,América", ",")

For strI = LBound(varTimes) To UBound(varTimes)
      txtTime = txtTime & vbCrLf & varTimes(strI)
Next strI
End Function
```

Problema de fórum:

Estou tentando mapear uma função de *random* pra telefones ou nome, porem não consegui desenrolar nada.

A ideia é uma tabela com nome colaboradores e campo de telefones, seguindo o raciocínio:
Seria um formulário com uma combo onde eu posso por pra quem iria destinar os seguintes telefones:

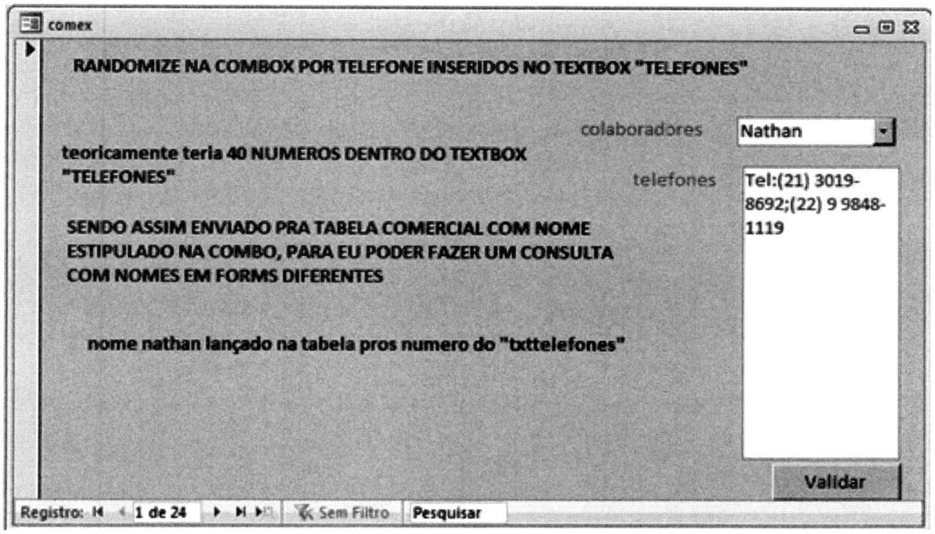


Após "validar" teremos o seguinte resultado:

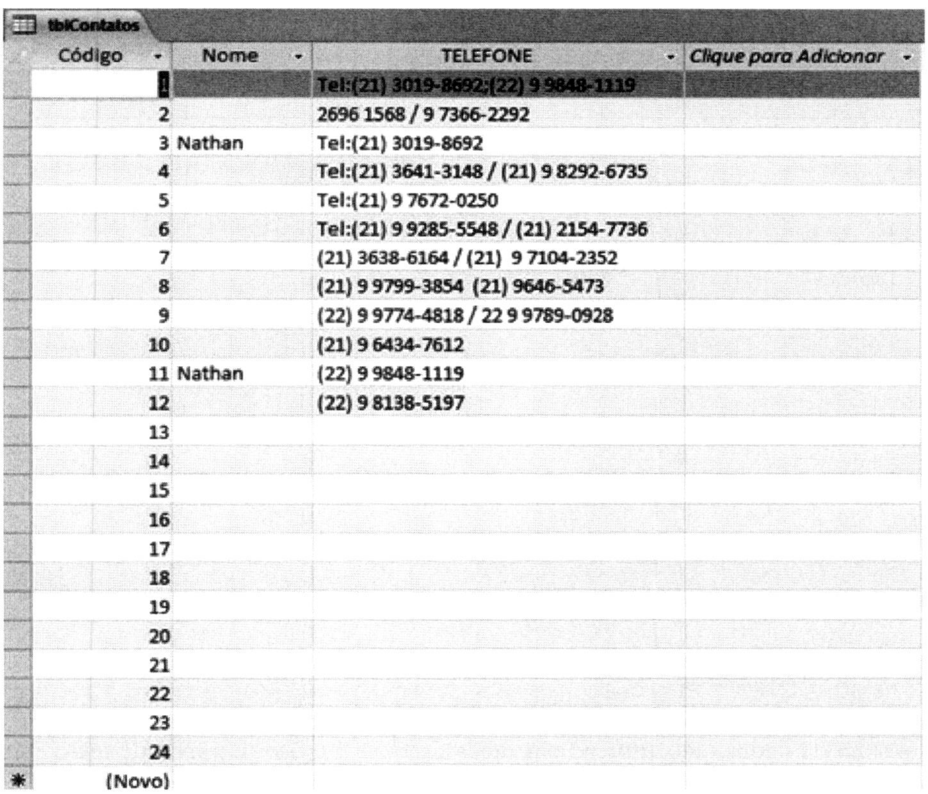

tblContatos

| Código | Nome | TELEFONE | Clique para Adicionar |
|---|---|---|---|
| 1 | | Tel:(21) 3019-8692;(22) 9 9848-1119 | |
| 2 | | 2696 1568 / 9 7366-2292 | |
| 3 | Nathan | Tel:(21) 3019-8692 | |
| 4 | | Tel:(21) 3641-3148 / (21) 9 8292-6735 | |
| 5 | | Tel:(21) 9 7672-0250 | |
| 6 | | Tel:(21) 9 9285-5548 / (21) 2154-7736 | |
| 7 | | (21) 3638-6164 / (21) 9 7104-2352 | |
| 8 | | (21) 9 9799-3854 (21) 9646-5473 | |
| 9 | | (22) 9 9774-4818 / 22 9 9789-0928 | |
| 10 | | (21) 9 6434-7612 | |
| 11 | Nathan | (22) 9 9848-1119 | |
| 12 | | (22) 9 8138-5197 | |
| 13 | | | |
| 14 | | | |
| 15 | | | |
| 16 | | | |
| 17 | | | |
| 18 | | | |
| 19 | | | |
| 20 | | | |
| 21 | | | |
| 22 | | | |
| 23 | | | |
| 24 | | | |
| (Novo) | | | |

Vejamos a função *Split* em conjunto com as funções *LBound* e *UBound* que nos leva a este resultado.

```
Public Function IncluirNome(strAuxiliar As String)
On Error Resume Next
```

```
Dim varNome As Variant
Dim strInclusao As String
Dim varFones As Variant
Dim varI As Variant

varFones = Split(txttelefone, ";")
varNome = Nz(Me.COMBONOME.Column(0))


For varI = LBound(varFones) - 1 To UBound(varFones)

txtAuxiliar = varFones(varI)
strAuxiliar = Me.txtAuxiliar

DoCmd.SetWarnings False
strInclusao = "UPDATE tblContatos SET Nome = '" &varNome& "' WHERE Telefone = '"
&strAuxiliar& "'"
CurrentDb.ExecutestrInclusao
DoCmd.SetWarnings True

Next varI

EndFunction
```

Código do botão que invocará a função:

```
Private Sub btnAleatorio_Click()   'Chamada à função IncluirNome através de um
botão
Call IncluirNome(txtAuxiliar)
DoCmd.RunCommand acCmdSaveRecord
End Sub
```

## 2.7 Desenvolvimento de Interfaces Avançadas

Interface com Múltiplos Dados e Fundo Transparente:

Uma das melhores técnicas de consulta de dados que emprego em meus sistemas é o uso de caixas de texto com fundo transparente. Com ela, consigo visualizar dados, isto é, vários campos de um registro em uma só caixa de texto do formulário à frente de outras caixas de texto no fundo, otimizando espaços de exibição de dados.

Os dados podem ser oriundos de diversas tabelas de um mesmo bd(banco de dados)ou de outras fontes de dados. Atente para o visual abaixo:

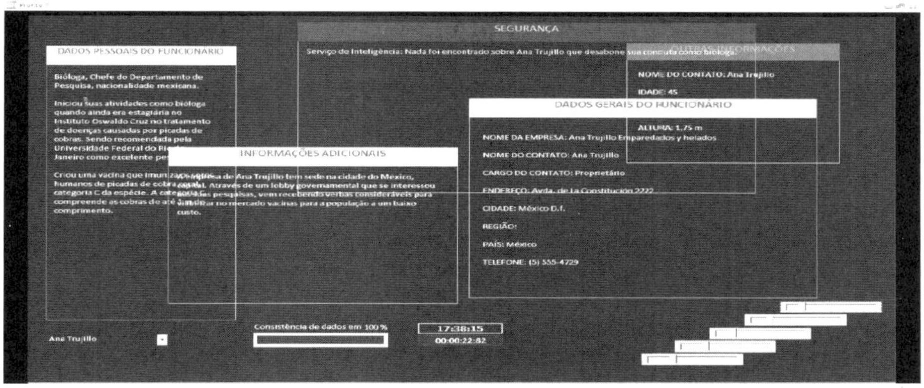


Ou este:

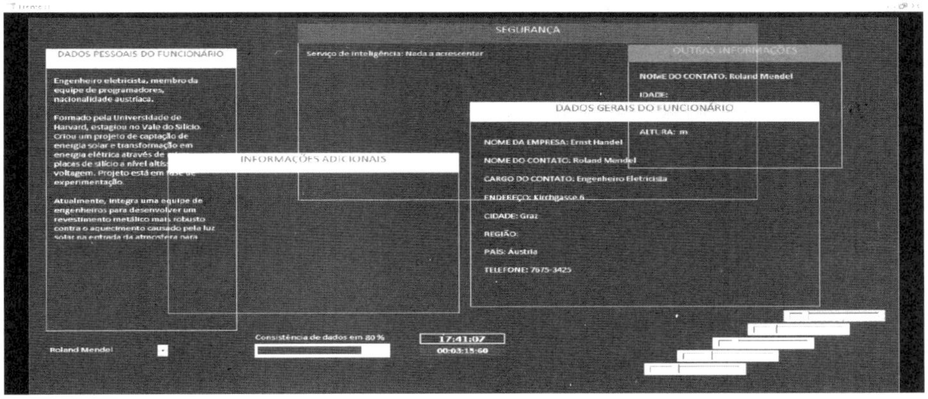


Observe a economia de espaço que obtenho com uma maior gama de informações sem poluição de dados. Para cada caixa de texto, existe por trás uma função com o laço de repetiçãoque pesquisa os dados(ou campos) de uma tabela diferente.

Inseri uma barra de progresso para informar a consistência de dados ou volume de informação exibida ao todo. A barra de progresso consiste de uma função por detrás que utiliza o laço de repetição *FOR... NEXT,* como veremos mais adiante. Esta função verifica a porcentagem de consistência de dados informados pelo total de caixas. Veja este outro exemplo:

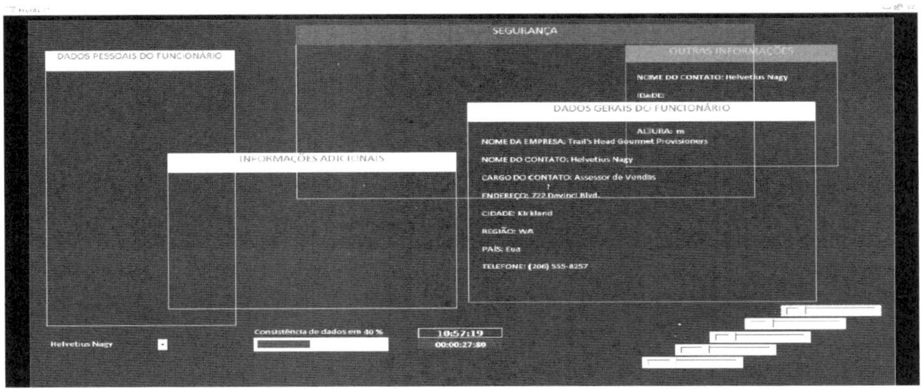

Atente para o fato de que existem pelo menos duas formas diferentes de exibição de dados utilizando a técnica do laço de repetição*FOR EACH...NEXT*. A primeira forma de exibição consiste em exibir *todos* os campos de uma tabela em uma só caixa de texto. A segunda forma de exibição consiste em exibir apenas *um* campo do tipo memorando com base em um só campo código, por exemplo, o código do nome do funcionário.

Vejamos o código que desenvolvi para exibir vários campos de uma tabela em uma só caixa de texto.

Vamos analisar a estrutura de cada caixa. Observe abaixo:

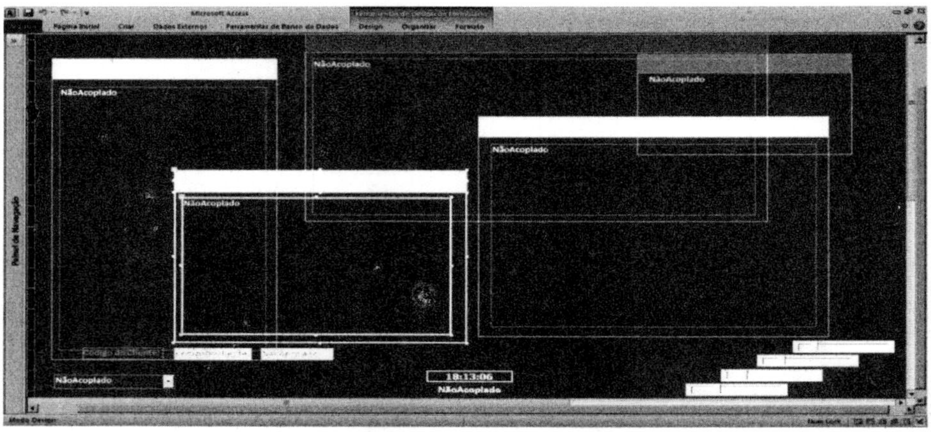

Função da primeira caixa de texto do tipo memorando que se sobrepõe às demais:

```
Public Function LacoLeitura()
On Error Resume Next

Dim sCampo, sCampo2 As String
Dim sNum As String
Dim sCampoX As String

Dim X As String
Dim ctl As control

sNum = Nz(Me.cboNome.Column(0))


sCampo = Nz(Dlookup("Detalhes", "Clientes", "CodigoDoCliente = '"& sNum &"'"))
sCampoX = Nz(Dlookup("NomeDoContato", "Clientes", "CodigoDoCliente = '"& sNum
&"'"))
sCampo2 = Nz(Me.Info)

    X = sCampo

sCampo2 = X
```

```
    For Each ctl In Me.Controls
    If Me.cboNome.Column(1) = sCampoX Then
    If ctl.ControlType = acTextBox Then
            ctl.Text = sCampo2
        End If
    End If

    Me.Info = sCampo2
    Me.Info.TextAlign = 1
    Next ctl

End Function
```

Função da quarta caixa de texto:

```
Public Function LacoLeitura4()
On Error Resume Next
Dim Leitura As String
Dim sCampo1 As String
Dim sCampo2 As String
Dim sCampo3 As String
Dim sCampo4 As String
Dim sCampo5 As String
Dim sCampo6 As String
Dim sCampo7 As String
Dim sCampo8 As String
Dim sCampo9 As String
Dim sNum As String
Dim sCampoX As String
Dim X As String
Dim x2 As String
Dim x3 As String
Dim x4 As String
Dim x5 As String
Dim x6 As String
Dim x7 As String
Dim x8 As String
Dim x9 As String
Dim x10 As String
Dim ctl As control
Dim sCampoY

sNum = Nz(Me.cboNome.Column(0))

sCampo1 = Nz(Dlookup("NomeDaEmpresa", "Clientes", "CodigoDoCliente = '"& sNum
```

```
&"'"))
sCampo2 = Nz(Dlookup("NomeDoContato", "Clientes", "CodigoDoCliente = '"& sNum
&"'"))
sCampo3 = Nz(Dlookup("CargoDoContato", "Clientes", "CodigoDoCliente = '"& sNum
&"'"))
sCampo4 = Nz(Dlookup("Endereço", "Clientes", "CodigoDoCliente = '"& sNum &"'"))
sCampo5 = Nz(Dlookup("Cidade", "Clientes", "CodigoDoCliente = '"& sNum &"'"))
sCampo6 = Nz(Dlookup("Região", "Clientes", "CodigoDoCliente = '"& sNum &"'"))
sCampoX = Nz(Dlookup("NomeDoContato", "Clientes", "CodigoDoCliente = '"& sNum
&"'"))
sCampo7 = Nz(Me.Info4)
sCampo8 = Nz(Dlookup("País", "Clientes", "CodigoDoCliente = '"& sNum &"'"))
sCampoY = Nz(Dlookup("Telefone", "Clientes", "CodigoDoCliente = '"& sNum &"'"))


    X = "NOME DA EMPRESA: "&AlternaCaps(sCampo1)&""
    x2 = "NOME DO CONTATO: "& AlternaCaps(sCampo2) &""
    x3 = "CARGO DO CONTATO: "& AlternaCaps(sCampo3) &""
    x4 = "ENDEREÇO: "& AlternaCaps(sCampo4) &""
    x5 = "CIDADE: "& AlternaCaps(sCampo5) &""
    x6 = "REGIÃO: "& AlternaCaps(sCampo6) &""
    x7 = Nz(cboNome.Column(1))
    x8 = "PAÍS: "& AlternaCaps(sCampo8) &""
    x9 = "TELEFONE: "& Format(sCampoY, "(00)-00000-0000") &""
    x10 = sCampo9


    sCampo7 = vbCrLf & X & vbCrLf & vbCrLf & x2 &_  vbCrLf & vbCrLf & x3 & vb-
CrLf & vbCrLf & x4 &_
vbCrLf & vbCrLf & x5 & vbCrLf & vbCrLf &_
Ucase(x6) & vbCrLf & vbCrLf & x8 & vbCrLf &_
vbCrLf & x9

For Each ctl In Me.Controls
    If Me.cboNome.Column(1) = sCampoX Then
      If ctl.ControlType = acTextBox Then
           ctl.Text = sCampo7
 End If
    End If

    Me.Info4 = sCampo7
Me.Info4.TextAlign = 1  'Alinha o texto à esquerda, 2 no centro, 3 à direita
Me.Info4.FontSize = 11

    Next ctl
```

```
End Function
```

É a partir do combobox cboNome que selecionamos um ncme e então obtemos todas as informações nas caixas de texto no formulário. Seu código é este abaixo:

```
Private Sub cboNome_AfterUpdate()
On Error Resume Next
Dim i, X, Y As Double
Dim sNome As String

Const TW As Integer = 567 'twips. Onde 1 cm é igual a 567 twips. Daí a necessi-
dade em termos de dimensões no ambiente VBA, da conversão para twips.

X = 8.456 * TW
i = 7.499 * TW
Y = 6.499 * TW


With Me
.Info.Height = X
.Info.Width = Y
.cxInfo.Width = i
.cabecalho.Width = i
.Form.Caption = "PESQUISA POR NOME"
.Info.Visible = True
.Info2.Visible = True
.lblRelogio.Visible = True
.TempoDecorrido.Visible = True
End With
Call LacoLeitura
Call LacoLeitura2
Call LacoLeitura3
Call LacoLeitura4
Call LacoLeitura5

sNome = Me.cboNome.Column(1)

Me.RecordSource = "SELECT * FROM Clientes WHERE NomedoContato = '" & sNome & "'"
Me.sldHorizontal.SetFocus

Call BarraProgresso
Call BarraProgressoA
Call BarraProgressoB
Call BarraProgressoC
Call BarraProgressoD
Call BarraProgressoE
```

```
With Me
.txtPonto.Visible = True
.lblPreenchido.Caption = "Consistência de dados em"
End With

End Sub
```

## 2.8 Desenvolvimento de Barra de Progresso para Analisar Dados

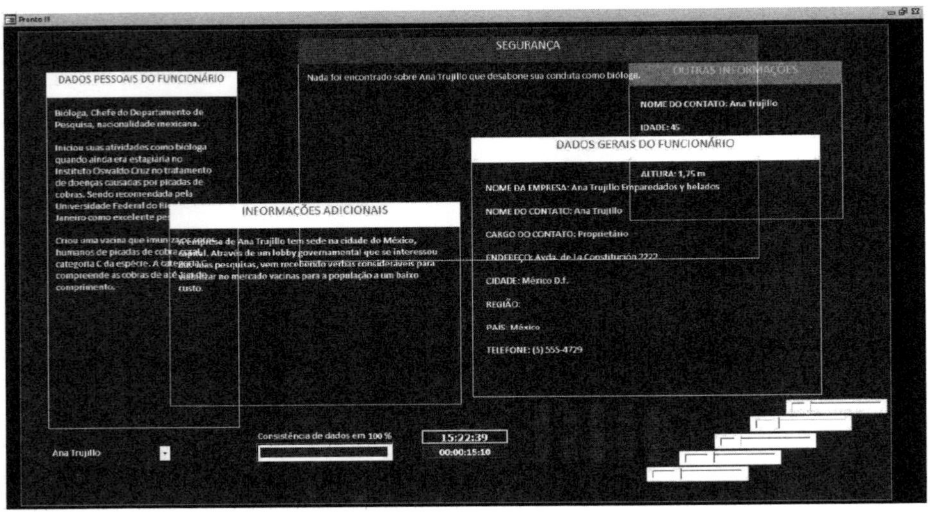


Por ultimo, veja a função da **barra de progresso horizontal**:

A função é booleana porque ela trabalha em função da *tag*(marca) das checkboxes que ficam invisíveis para o usuário.

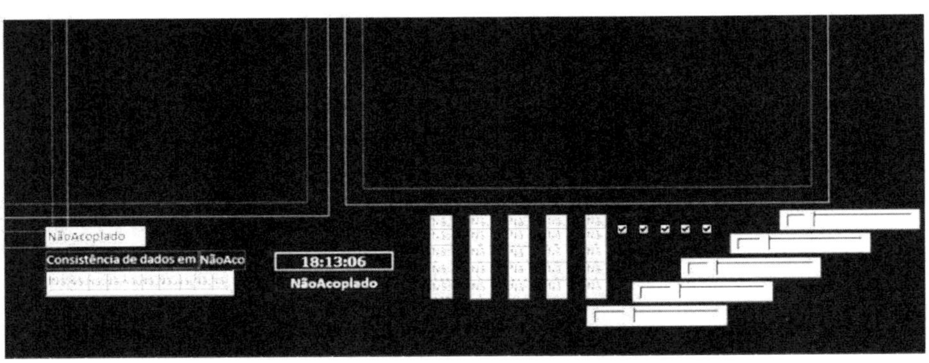


Observe acima à direita as *checkboxes* bem ao lado das barras verticais.

```
Public Function BarraProgresso() As Boolean
On Error Resume Next
Dim i, k, s As Integer
```

```
Dim ctl As control
Dim bl As Variant

If Me.Info <>"" Then    'Se a caixa Info estiver vazia a tag da checkbox ficará
assinalada
    chk1 = -1'Defini como -1
    k = k + 2
    s = s + 1
    Me.txtPonto = Val(s) * 2 * 10 &"%"
Else
    chk1 = 0
End If
If Me.Info2 <>"" Then
chk2 = -1
     k = k + 2
     s = s + 1
     Me.txtPonto = Val(s) * 2 * 10 &"%"
Else
     chk2 = 0


End If

If Me.Info3 <>"" Then
    chk3 = -1
    k = k + 2
    s = s + 1
    Me.txtPonto = Val(s) * 2 * 10 & "%"
Else
    chk3 = 0
End If
If Me.Info4 <>"" Then
    chk4 = -1
    k = k + 2
    s = s + 1
    Me.txtPonto = Val(s) * 2 * 10 &"%"
Else
    chk4 = 0
End If

If Me.Info5 <>"" Then
    chk5 = -1
    k = k + 2
    s = s + 1
    Me.txtPonto = Val(s) * 2 * 10 &"%"
    Else
```

```
    chk5 = 0
End If

    For Each ctl In Me.Controls
        For i = 1 To k
            If ctl.Tag = -1 Then'Se a tag for -1 segue o código
ctl.Enabled = True
            ctl = bl & k
            ctl.BackColor = 16711680  'Cor azul
            If k = 0 Then
            bl1.BackColor = 16777215  'Cor branca
            bl2.BackColor = 16777215
            bl3.BackColor = 16777215
            bl4.BackColor = 16777215
            bl5.BackColor = 16777215
            bl6.BackColor = 16777215
            bl7.BackColor = 16777215
            bl8.BackColor = 16777215
            bl9.BackColor = 16777215
            bl10.BackColor = 16777215


            ElseIf k = 1 Then       'bl1 fica azul
bl2.BackColor = 16777215'bl2 fica branca
            bl3.BackColor = 16777215'bl3 idem
bl4.BackColor = 16777215
            bl5.BackColor = 16777215
            bl6.BackColor = 16777215
            bl7.BackColor = 16777215
            bl8.BackColor = 16777215
            bl9.BackColor = 16777215
            bl10.BackColor = 16777215


            ElseIf k = 2 Then
            bl3.BackColor = 16777215
            bl4.BackColor = 16777215
            bl5.BackColor = 16777215
            bl6.BackColor = 16777215
            bl7.BackColor = 16777215
            bl8.BackColor = 16777215
            bl9.BackColor = 16777215
            bl10.BackColor = 16777215

            ElseIf k = 3 Then
            bl4.BackColor = 16777215
```

```
            bl5.BackColor = 16777215
            bl6.BackColor = 16777215
            bl7.BackColor = 16777215
            bl8.BackColor = 16777215
            bl9.BackColor = 16777215
bl10.BackColor = 16777215

            ElseIf k = 4 Then
            bl5.BackColor = 16777215
            bl6.BackColor = 16777215
            bl7.BackColor = 16777215
            bl8.BackColor = 16777215
            bl9.BackColor = 16777215
            bl10.BackColor = 16777215

            ElseIf k = 5 Then
            bl6.BackColor = 16777215
            bl7.BackColor = 16777215
            bl8.BackColor = 16777215
            bl9.BackColor = 16777215
            bl10.BackColor = 16777215

            ElseIf k = 6 Then
            bl7.BackColor = 16777215
            bl8.BackColor = 16777215
            bl9.BackColor = 16777215
            bl10.BackColor = 16777215

            ElseIf k = 7 Then
            bl8.BackColor = 16777215
            bl9.BackColor = 16777215
            bl10.BackColor = 16777215

            ElseIf k = 8 Then
            bl9.BackColor = 16777215
            bl10.BackColor = 16777215

            ElseIf k = 9 Then
            bl10.BackColor = 16777215

            Else
            bl1.BackColor = 16711680
            bl2.BackColor = 16711680
            bl3.BackColor = 16711680
            bl4.BackColor = 16711680
            bl5.BackColor = 16711680
```

```
            bl6.BackColor = 16711680
            bl7.BackColor = 16711680
            bl8.BackColor = 16711680
            bl9.BackColor = 16711680
            bl10.BackColor = 16711680
            End If

            ctl = Null
           End If

        Next i
    Next ctl
Form.Caption = "Pronto !!!"

End Function
```

Nota: bl1 a bl10são os nomes das *textboxes*(caixas de texto) que constituem a barra de progresso.

Veja um outro exemplo com barras de progresso, agora no sentido vertical.

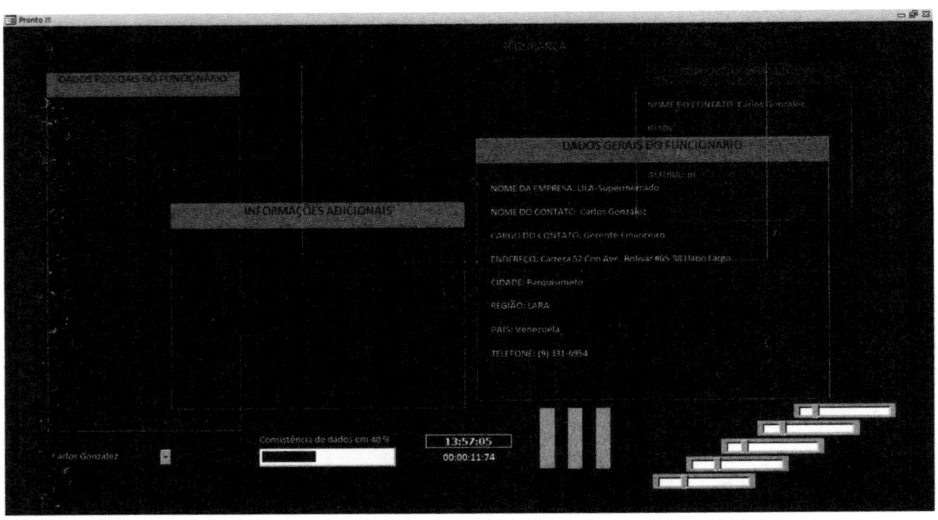

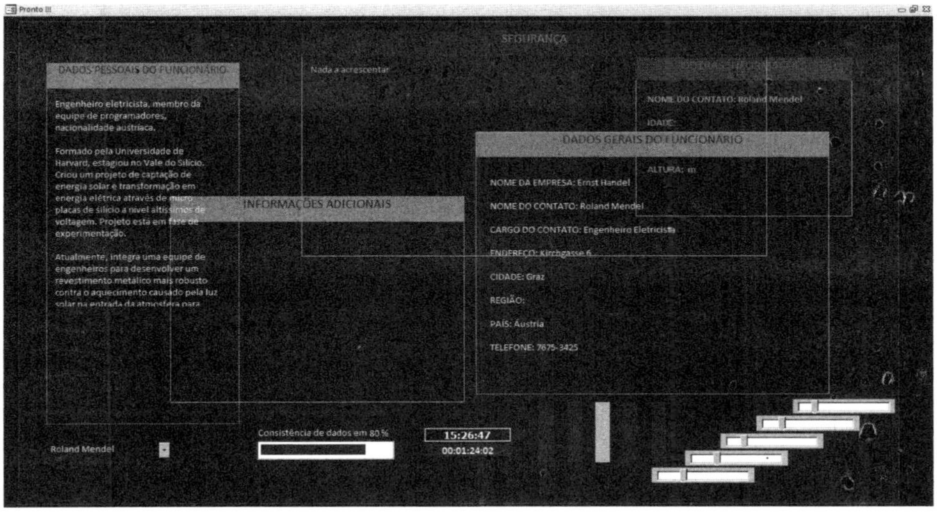

Desenvolveremos então cinco funções para cada barra vertical.

## 2.8.1 Barra N.º 1

```
Public Function BarraProgressoA() As Boolean
On Error Resume Next
Dim i, kAs Integer
Dim ctl As control
Dim c As Variant

'O critério de análise está na condição de preenchimento de 'cada caixa. Portan-
to, para cada caixa, uma função com looping 'For Each...Next. Você pode criar o
seu próprio critério de análise, 'que está em negrito no trecho de código abaixo
entre linhas de 'asteriscos

'*********************************************
If Me.Info <>"" Then
 chk1 = -1
k = k + 5
Else
 chk1 = 0
 k = k + 0
End If
'*********************************************
'Não modifique este trecho abaixo:

For Each ctl In Me.Controls
        For i = 1 To k
            If ctl.Tag = 0 Then
             ctl.Enabled = True
             ctl = c & k
```

```
            ctl.BackColor = 16711680
            If k = 0 Then
            c1.BackColor = 16777215
            c2.BackColor = 16777215
            c3.BackColor = 16777215
            c4.BackColor = 16777215
            c5.BackColor = 16777215

            ElseIf k = 1 Then
            c2.BackColor = 16777215
            c3.BackColor = 16777215
            c4.BackColor = 16777215
            c5.BackColor = 16777215

            ElseIf k = 2 Then
            c3.BackColor = 16777215
            c4.BackColor = 16777215
            c5.BackColor = 16777215

            ElseIf k = 3 Then
            c4.BackColor = 16777215
            c5.BackColor = 16777215

            ElseIf k = 4 Then
            c5.BackColor = 16777215

            Else
            c1.BackColor = 16711680
            c2.BackColor = 16711680
            c3.BackColor = 16711680
            c4.BackColor = 16711680
            c5.BackColor = 16711680

            End If

            ctl = Null
           End If
        Next i
    Next ctl
Form.Caption = "Pronto !!!"

End Function
```

## 2.8.2 Barra N.º 2

```
Public Function BarraProgressoB() As Boolean
On Error Resume Next
Dim i, kAs Integer
Dim ctl As control
Dim d As Variant

If Me.Info2<>"" Then
chk2 = -2
k = k + 5
Else
    chk2 = 0
    k = k + 0
End If


    For Each ctl In Me.Controls
For i = 1 To k
           If ctl.Tag = -2 Then       'Mudança do valor da tag(Marca)
ctl.Enabled = True
            ctl = d & k
            ctl.BackColor = 16711680
            If k = 0 Then
            d1.BackColor = 16777215
            d2.BackColor = 16777215
            d3.BackColor = 16777215
            d4.BackColor = 16777215
            d5.BackColor = 16777215

            ElseIf k = 1 Then
            d2.BackColor = 16777215
            d3.BackColor = 16777215
            d4.BackColor = 16777215
            d5.BackColor = 16777215
            ElseIf k = 2 Then
            d3.BackColor = 16777215
            d4.BackColor = 16777215
            d5.BackColor = 16777215

            ElseIf k = 3 Then
            d4.BackColor = 16777215
            d5.BackColor = 16777215

            ElseIf k = 4 Then
            d5.BackColor = 16777215
```

```
            Else
            d1.BackColor = 16711680
            d2.BackColor = 16711680
            d3.BackColor = 16711680
            d4.BackColor = 16711680
            d5.BackColor = 16711680

            End If

            ctl = Null
           End If
        Next i
    Next ctl
Form.Caption = "Pronto !!!"
End Function
```

### 2.8.3 Barra N.º 3

```
Public Function BarraProgressoC() As Boolean
On Error Resume Next
Dim i, k As Integer
Dim ctl As control
Dim e As Variant

If Me.Info3<>"" Then
chk3 = -3
k = k + 5
Else
 chk3 = 0
 k = k + 0
End If

For Each ctl In Me.Controls
        For i= 1 To k
           If ctl.Tag = -3 Then
            ctl.Enabled = True
            ctl = e & k
            ctl.BackColor = 16711680
If k = 0 Then
            e1.BackColor = 16777215
e2.BackColor = 16777215
            e3.BackColor = 16777215
            e4.BackColor = 16777215
e5.BackColor = 16777215
```

```
            ElseIf k = 1 Then
            e2.BackColor = 16777215
e3.BackColor = 16777215
            e4.BackColor = 16777215
            e5.BackColor = 16777215

ElseIf k = 2 Then
            e3.BackColor = 16777215
            e4.BackColor = 16777215
            e5.BackColor = 16777215

ElseIf k = 3 Then
            e4.BackColor = 16777215
            e5.BackColor = 16777215

ElseIf k = 4 Then
e5.BackColor = 16777215

Else
            e1.BackColor = 16711680
            e2.BackColor = 16711680
            e3.BackColor = 16711680
e4.BackColor = 16711680
            e5.BackColor = 16711680

End If

            ctl = Null
           End If
        Next i
    Next ctl

End Function
```

## 2.8.4 Barra N.º 4

```
Public Function BarraProgressoD() As Boolean
On Error Resume Next
Dimi, k As Integer
Dim ctl As control
Dim f As Variant


If Me.Info4<>"" Then
```

```
chk4 = -4
k = k + 5
Else
chk4 = 0
k = k + 0
End If

For Each ctl In Me.Controls
        For i = 1 To k
           If ctl.Tag = -4 Then
            ctl.Enabled = True
            ctl = f & k
            ctl.BackColor = 16711680
            If k = 0 Then
            f1.BackColor = 16777215
            f2.BackColor = 16777215
            f3.BackColor = 16777215
            f4.BackColor = 16777215
            f5.BackColor = 16777215

            ElseIf k = 1 Then
            f2.BackColor = 16777215

            f3.BackColor = 16777215
            f4.BackColor = 16777215
            f5.BackColor = 16777215

            ElseIf k = 2 Then
            f3.BackColor = 16777215
            f4.BackColor = 16777215
            f5.BackColor = 16777215

            ElseIf k = 3 Then
            f4.BackColor = 16777215
            f5.BackColor = 16777215

            ElseIf k = 4 Then
            f5.BackColor = 16777215

            Else
            f1.BackColor = 16711680
            f2.BackColor = 16711680
            f3.BackColor = 16711680
            f4.BackColor = 16711680
            f5.BackColor = 16711680
```

```
            End If

            ctl = Null
           End If
        Next i
    Next ctl

End Function
```

## 2.8.5 Barra N.º 5

```
Public Function BarraProgressoE() As Boolean
On Error Resume Next
Dim i, kAs Integer
Dim ctl As control
Dim g As Variant

If Me.Info5<>"" Then
chk5 = -5
k = k + 5
Else
 chk5 = 0
 k = k + 0
End If


For Each ctl In Me.Controls
        For i= 1 To k
           If ctl.Tag = -5 Then
            ctl.Enabled = True
            ctl = g & k
            ctl.BackColor = 16711680
            If k = 0 Then
            g1.BackColor = 16777215
            g2.BackColor = 16777215
            g3.BackColor = 16777215
            g4.BackColor = 16777215
            g5.BackColor = 16777215

            ElseIf k = 1 Then
            g2.BackColor = 16777215
            g3.BackColor = 16777215
            g4.BackColor = 16777215
            g5.BackColor = 16777215
```

```
                ElseIf k = 2 Then
                g3.BackColor = 16777215
                g4.BackColor = 16777215
                g5.BackColor = 16777215

                ElseIf k = 3 Then
                g4.BackColor = 16777215
                g5.BackColor = 16777215

                ElseIf k = 4 Then
                g5.BackColor = 16777215

                Else
                g1.BackColor = 16711680
                g2.BackColor = 16711680
                g3.BackColor = 16711680
                g4.BackColor = 16711680
                g5.BackColor = 16711680

                End If

                ctl = Null
              End If
           Next i
       Next ctl
End Function
```

O segredo do desenvolvimento das minhas barras de progresso está no critério de análise de dados que você há de estabelecer quanto ao preenchimento dos campos do formulário. Pense um pouco e crie a sua própria barra para o seu sistema ou aplicativo. Tudo o que você precisa modificar está no trecho em destaque em negrito nas funções em Access VBA acima.

Vamos estudar outros exemplos:

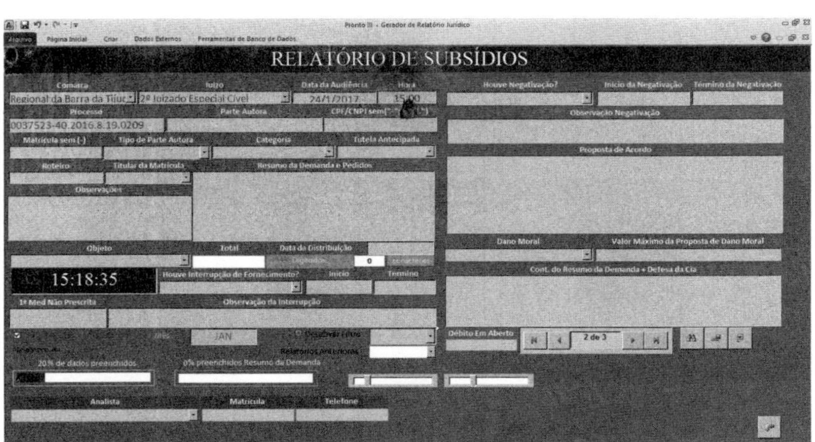

Noformulário acima, selecionei cinco campos-chaves que não podem deixar de ser preenchidos. Logicamente, ficará a cargo do cliente indicar quais seriam esses campos-chave. Não importa a quantidade de campos-chave, porque cabe ao programador dimensionar o código a fim de atender ao cliente.

O primeiro passo é separarmos a função em Access VBA que criará o objeto em questão que avaliará o preenchimento ou não desses campos ou calcular o número de caracteres digitado.

Como estamos estudando barras de progresso (Progress Bars), veremos como modificar apenas o código que estabelecerá a progressão da barrae, isso se tornará mais fácil a partir de um modelo. Já vimos que devemos modificar apenas o critério de análise de dados.

Vejamos a função em Access VBA novamente de como geramos uma barra de progresso. Estudaremos dois critérios de análise e a sua aplicação a partir de meu algoritmo.

## 2.9 Algoritmo da Barra de Progresso

A barra de progresso tem um limite de 100%. Portanto, precisamos dimensionar esses 100% em várias partes iguais. Em nosso exemplo, serão estudadas cinco funçõesem Access VBA e cada função conterá uma fórmula de cálculo.

Barra de Progresso para Testar Peenchimento de Campos

1. Coloque 5 (cinco) checkboxes em seu formulário. Cada checkbox determinará se certo campo do formulário foi preenchido ou não. A função assinalará um checkbox com (-1) na ordem de preenchimento ou não.

2. Caso tenha sido preenchido e a checkbox assinalada, comece um contador por números pares e outro contador por unidade.

3. Uma variável capturará o contador por unidade, multiplicará por 2 e depois por 10, o que nos dará 20 para cada campo preenchido.

4. Outra variável capturará o contador que conta por números pares para "avançar" duas caixas da barra de progressão.

**CASO N.º 1**: Avaliando o preenchimento dos campos-chave do formulário

Função Access VBA:

```
Public Function BarraProgresso() As Boolean
On Error Resume Next
Dim i, k, s As Integer
Dim ctl As control
Dim bl As Variant
Dim nponto As Integer

nponto = Me.txtPonto
```

```
If Me.Processo <>"" Then
chk1 = -1
k = k + 2
s = s + 1
nponto = Val(s) * 2 * 10
Me.txtPonto = nponto
 Else
 chk1 = 0
End If

If Me.Matricula <>"" Then
 chk2 = -1
k = k + 2
 s = s + 1
 nponto = Val(s) * 2 * 10
Me.txtPonto = nponto
 Else

 chk2 = 0

End If

If Me.ResumoDemanda <>"" Then
chk3 = -1
k = k + 2
s = s + 1
nponto = Val(s) * 2 * 10
Me.txtPonto = nponto
 Else
 chk3 = 0
End If
If Me.PropostaAcordo <>"" Then
chk4 = -1
k = k + 2
s = s + 1
nponto = Val(s) * 2 * 10
Me.txtPonto = nponto
 Else
 chk4 = 0
End If
If Me.DefesaCia <>"" Then
chk5 = -1
k = k + 2
s = s + 1
nponto = Val(s) * 2 * 10
Me.txtPonto = nponto
```

```
 Else
chk5 = 0
End If


    For Each ctl In Me.Controls
        For I = 1 To k
           If ctl.Tag = 0 Then
            ctl.Enabled = True
            ctl = bl & k
            ctl.BackColor = 16711680
            If k = 0 Then
            bl1.BackColor = 16777215
            bl2.BackColor = 16777215
            bl3.BackColor = 16777215
            bl4.BackColor = 16777215
            bl5.BackColor = 16777215
            bl6.BackColor = 16777215
            bl7.BackColor = 16777215
            bl8.BackColor = 16777215
            bl9.BackColor = 16777215
            bl10.BackColor = 16777215

            ElseIf k = 1 Then
            bl2.BackColor = 16777215
            bl3.BackColor = 16777215
            bl4.BackColor = 16777215
            bl5.BackColor = 16777215
            bl6.BackColor = 16777215
            bl7.BackColor = 16777215
            bl8.BackColor = 16777215
            bl9.BackColor = 16777215
            bl10.BackColor = 16777215

            ElseIf k = 2 Then
            bl3.BackColor = 16777215
            bl4.BackColor = 16777215
            bl5.BackColor = 16777215
            bl6.BackColor = 16777215
            bl7.BackColor = 16777215
            bl8.BackColor = 16777215
            bl9.BackColor = 16777215
            bl10.BackColor = 16777215

            ElseIf k = 3 Then
            bl4.BackColor = 16777215
```

```
bl5.BackColor = 16777215
bl6.BackColor = 16777215
bl7.BackColor = 16777215
bl8.BackColor = 16777215
bl9.BackColor = 16777215
bl10.BackColor = 16777215

ElseIf k = 4 Then
bl5.BackColor = 16777215
bl6.BackColor = 16777215
bl7.BackColor = 16777215
bl8.BackColor = 16777215
bl9.BackColor = 16777215
bl10.BackColor = 16777215

ElseIf k = 5 Then
bl6.BackColor = 16777215
bl7.BackColor = 16777215
bl8.BackColor = 16777215
bl9.BackColor = 16777215
bl10.BackColor = 16777215

ElseIf k = 6 Then
bl7.BackColor = 16777215
bl8.BackColor = 16777215
bl9.BackColor = 16777215
bl10.BackColor = 16777215

ElseIf k = 7 Then
bl8.BackColor = 16777215
bl9.BackColor = 16777215
bl10.BackColor = 16777215

ElseIf k = 8 Then
bl9.BackColor = 16777215
bl10.BackColor = 16777215

ElseIf k = 9 Then
bl10.BackColor = 16777215

Else
bl1.BackColor = 16711680
bl2.BackColor = 16711680
bl3.BackColor = 16711680
bl4.BackColor = 16711680
bl5.BackColor = 16711680
```

```
            bl6.BackColor = 16711680
            bl7.BackColor = 16711680
            bl8.BackColor = 16711680
            bl9.BackColor = 16711680
            bl10.BackColor = 16711680
            End If

            ctl = Null
           End If
        Next i
    Next ctl
Form.Caption = "Pronto !!!"
End Function
```

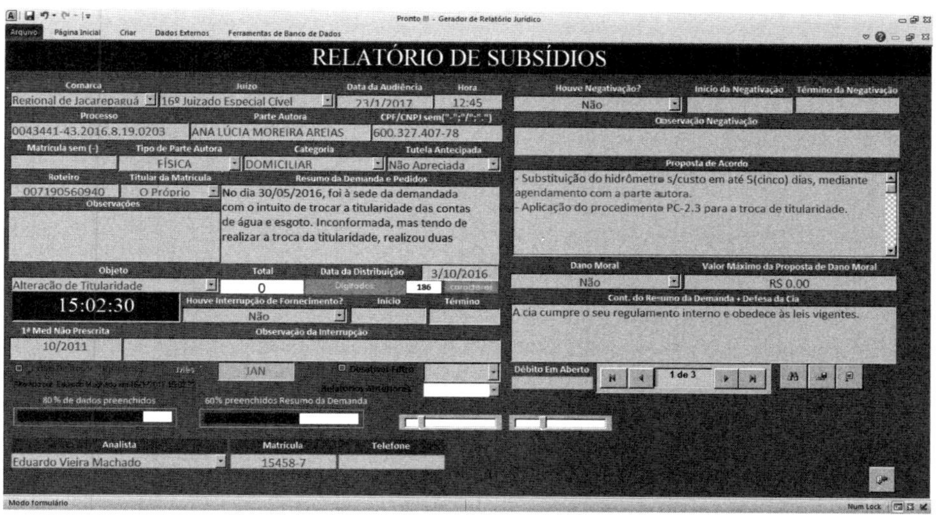


## 2.10 Barra de Progresso para Testar a Quantidade de Caracteres de um Campo

**CASO Nº 2:** Avaliando a quantidade de caracteres no campo do tipo Memorando.

Função Access VBA:

```
Public Function BarraProgressoI() As Boolean
On Error Resume Next
Dim i, k, s As Integer
Dim ctl As control
Dim c As Variant


Dim nponto As Integer
```

```
If Len(Me.ResumoDemanda) > 1 And Len(Me.ResumoDemanda) <= 200 Then
chk11 = -1
k = k + 2
s = s + 1
nponto = Val(s) * 1 * 10
Me.txtPontoI = nponto

 Else
 chk11 = 0
 k = k + 0
s = s + 1
nponto = Val(s) * 0 * 10
Me.txtPontoI = nponto

End If


If Len(Me.ResumoDemanda) > 200 And Len(Me.ResumoDemanda) <= 350 Then
chk11 = -1
chk12 = -1
 k = k + 4
 s = s + 1
nponto = Val(s) * 2 * 10
 Me.txtPontoI = nponto
Else
 chk12 = 0

End If

If Len(Me.ResumoDemanda) > 350 And Len(Me.ResumoDemanda) <= 500 Then
chk11 = -1
chk12 = -1
chk13 = -1
k = k + 6
s = s + 1
nponto = Val(s) * 3 * 10
Me.txtPontoI = nponto
Else
 chk13 = 0
End If

If Len(Me.ResumoDemanda) > 500 And Len(Me.ResumoDemanda) <= 650 Then
chk11 = -1
chk12 = -1
chk13 = -1
chk14 = -1
```

```
k = k + 8
s = s + 1
nponto = Val(s) * 4 * 10
Me.txtPontoI = nponto
 Else
 chk14 = 0
End If
If Len(Me.ResumoDemanda) > 650 And Len(Me.ResumoDemanda) <= 750 Then
chk11 = -1
chk12 = -1
chk13 = -1
chk14 = -1
chk15 = -1
k = k + 10
s = s + 1
nponto = Val(s) * 5 * 10
With Me
    .txtPontoI = nponto
    .ResumoDemanda.Locked = True
    End With
 Else
chk15 = 0
End If

    For Each ctl In Me.Controls
        For I = 1 To k
           If ctl.Tag = -2 Then
            ctl.Enabled = True
            ctl = c & k
            ctl.BackColor = 16711680
            If k = 0 Then
            c1.BackColor = 16777215
            c2.BackColor = 16777215
            c3.BackColor = 16777215
            c4.BackColor = 16777215
            c5.BackColor = 16777215
            c6.BackColor = 16777215
            c7.BackColor = 16777215
            c8.BackColor = 16777215
            c9.BackColor = 16777215
            c10.BackColor = 16777215

            ElseIf k = 1 Then
            c2.BackColor = 16777215
            c3.BackColor = 16777215
            c4.BackColor = 16777215
```

```
c5.BackColor = 16777215
c6.BackColor = 16777215
c7.BackColor = 16777215
c8.BackColor = 16777215
c9.BackColor = 16777215
c10.BackColor = 16777215

ElseIf k = 2 Then
c3.BackColor = 16777215
c4.BackColor = 16777215
c5.BackColor = 16777215
c6.BackColor = 16777215
c7.BackColor = 16777215
c8.BackColor = 16777215
c9.BackColor = 16777215
c10.BackColor = 16777215


ElseIf k = 3 Then
c4.BackColor = 16777215
c5.BackColor = 16777215
c6.BackColor = 16777215
c7.BackColor = 16777215
c8.BackColor = 16777215
c9.BackColor = 16777215
c10.BackColor = 16777215

ElseIf k = 4 Then
c5.BackColor = 16777215
c6.BackColor = 16777215
c7.BackColor = 16777215
c8.BackColor = 16777215
c9.BackColor = 16777215
c10.BackColor = 16777215

ElseIf k = 5 Then
c6.BackColor = 16777215
c7.BackColor = 16777215
c8.BackColor = 16777215
c9.BackColor = 16777215
c10.BackColor = 16777215

ElseIf k = 6 Then
c7.BackColor = 16777215
c8.BackColor = 16777215
c9.BackColor = 16777215
```

```
            c10.BackColor = 16777215

            ElseIf k = 7 Then
            c8.BackColor = 16777215
            c9.BackColor = 16777215
            c10.BackColor = 16777215

            ElseIf k = 8 Then
            c9.BackColor = 16777215
            c10.BackColor = 16777215

            ElseIf k = 9 Then
            c10.BackColor = 16777215

            Else
            c1.BackColor = 16711680
            c2.BackColor = 16711680
            c3.BackColor = 16711680
            c4.BackColor = 16711680
            c5.BackColor = 16711680
            c6.BackColor = 16711680
            c7.BackColor = 16711680
            c8.BackColor = 16711680
            c9.BackColor = 16711680
            c10.BackColor = 16711680
            End If

            ctl = Null
           End If
Next i
    Next ctl
End Function
```

## 2.11 Implementando um Contador de Caracteres com Barra de Progresso

Poderemos implementar uma contagemdos caracteres à medida que são digitados, mudando a seguinte configuração da propriedade da caixa de texto que receberá a digitação de Texto, de Texto sem Formatação para *Rich Text* pela aba Dados, item Formato de Texto.

No entanto, pela propriedade da caixa de texto que receberá a contagem dos caracteres, inseriremos no espaço referente a Fonte de Controle:

=Compr([Corpo])-11 'Onde corpo é o nome da caixa de texto onde digitaremos o texto propriamente dito e (-11) é a quantidade de caracteres da tag html delimitadora de conteúdo(<div></div>)existente neste tipo de formatação Rich Text.

A descrição do código no evento ao alterar dessa mesma caixa, ficou por minha conta assim definido:

```
Private Sub Corpo_Change()
On Error Resume Next
Call AtualizaContagem
DoCmd.RunCommand acCmdSave
End Sub

Public Sub AtualizaContagem()
On Error Resume Next
Dim nCar As Integer
Dim strMsg As String
Dim strTitle As String
Dim intRetVal As Integer

If Not IsNull(Corpo) Or Corpo = "" Then

nCar = Len(Corpo)
nCar = 0
nCar = nCar + 1
Me.txtCar = nCar

DoCmd.RunCommand acCmdSave
End If
End Sub
```

Vejamos como seria a interface-modelo para o nosso projeto Contador de Caracteres com Barra de Progresso:

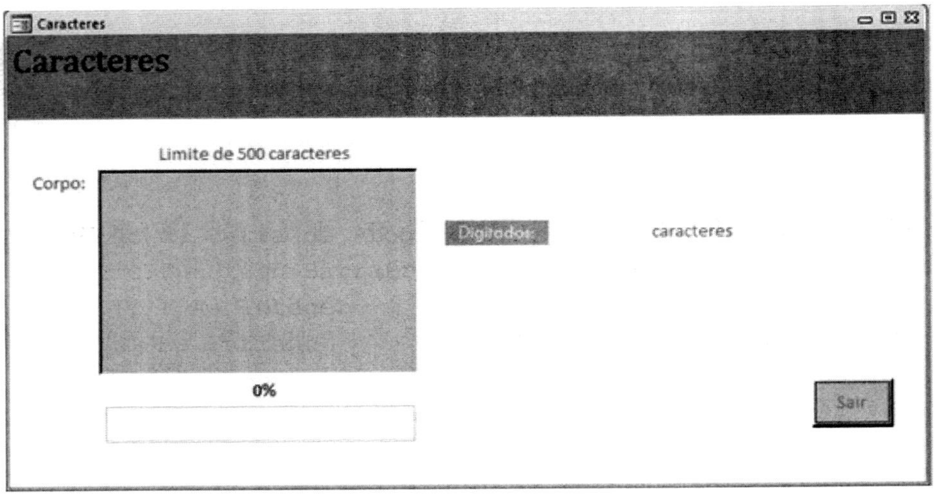


Vamos digitar um texto para visualização para entendermos como funciona.

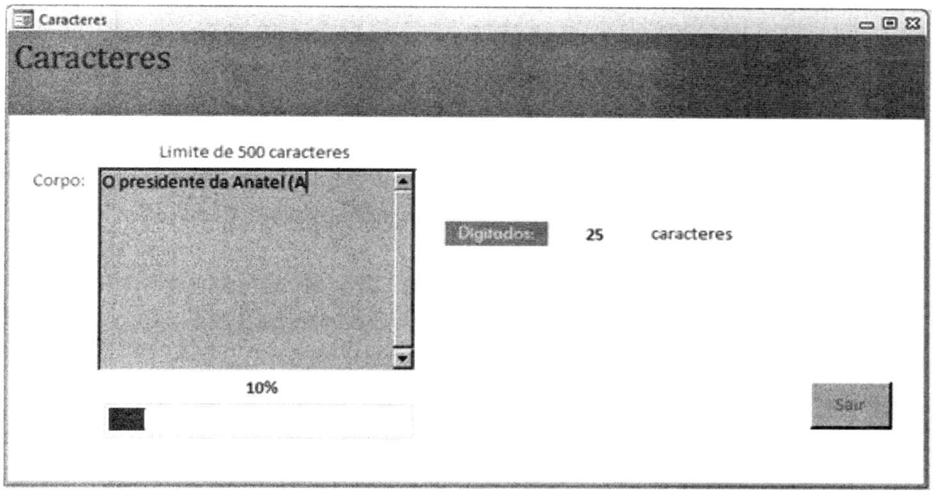


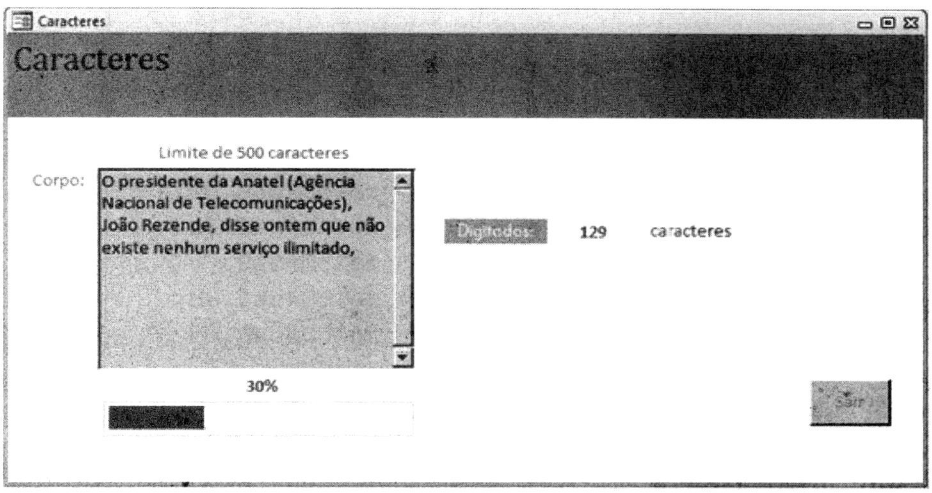


No código veremos que a cada 50 (cinquenta) caracteres a barra progride e o percentual de sua extensão correspondente à quantidade de caracteres também. Ao chegarmos a 250 caracteres, temos um percentual correto e a posição da barra de progresso também.

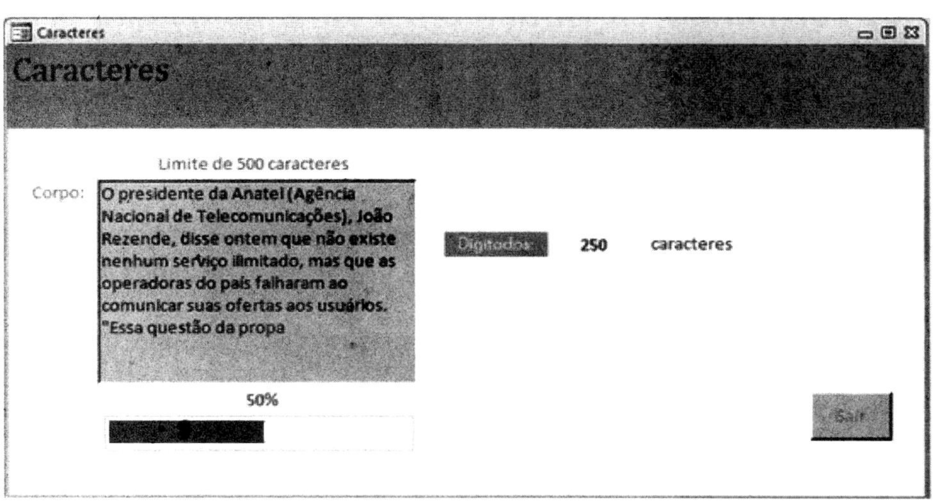

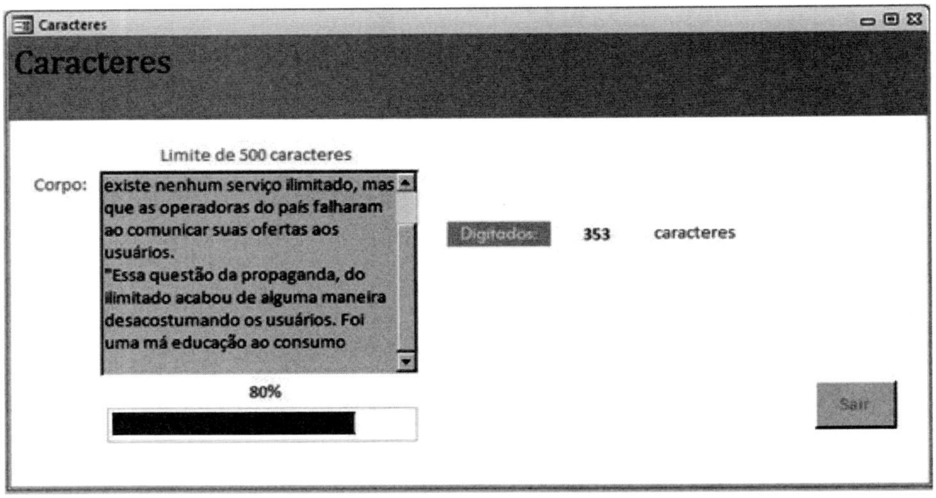


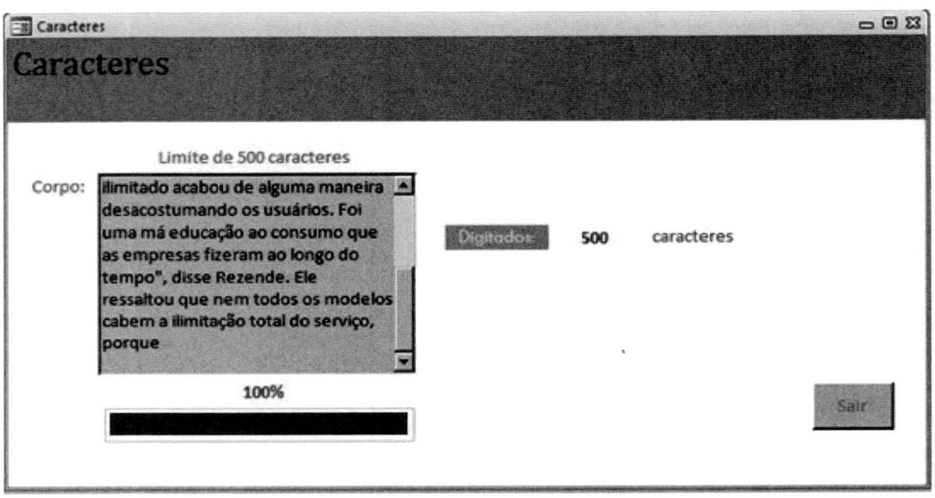


Vamos agora analisar o código que produz este resultado. Como seria a função geradora da barra de progresso? E a do percentual?

1. Função da Barra de Progresso:

```
Public Function BarraProgresso() As Boolean
Dim i, k As Integer
Dim bl As Variant
Dim ctl As Control


If Me.txtCar >= 0 And Me.txtCar <= 50 Then

k = k + 1

End If
If Me.txtCar > 50 And Me.txtCar <= 100 Then
```

```
k = k + 2

End If
If Me.txtCar > 100 And Me.txtCar <= 150 Then

k = k + 3

End If

If Me.txtCar > 150 And Me.txtCar < 250 Then

k = k + 4

End If
If Me.txtCar = 250 Then

k = k + 5

End If
If Me.txtCar > 250 And Me.txtCar <= 300 Then

k = k + 6

End If

If Me.txtCar > 300 And Me.txtCar <= 350 Then

k = k + 7

End If

If Me.txtCar > 350 And Me.txtCar <= 400 Then

k = k + 8


End If

If Me.txtCar > 400 And Me.txtCar < 500 Then

k = k + 9

End If

If Me.txtCar = 500 Then
```

```
k = k + 10
End If

For Each ctl In Me.Controls
For i = 0 To k
If ctl.Tag = -1 Then
         ctl.Enabled = True
         ctl = bl & k
         ctl.BackColor = 16711680

If k = 0 Then
     bl1.BackColor = 16777215     'Código RGB para Access da cor branca
     bl2.BackColor = 16777215
     bl3.BackColor = 16777215
     bl4.BackColor = 16777215
     bl5.BackColor = 16777215
     bl6.BackColor = 16777215
     bl7.BackColor = 16777215
     bl8.BackColor = 16777215
     bl9.BackColor = 16777215
     bl10.BackColor = 16777215

ElseIf k = 1 Then
     bl2.BackColor = 16777215
     bl3.BackColor = 16777215
     bl4.BackColor = 16777215
     bl5.BackColor = 16777215
     bl6.BackColor = 16777215
     bl7.BackColor = 16777215
     bl8.BackColor = 16777215
     bl9.BackColor = 16777215
     bl10.BackColor = 16777215


ElseIf k = 2 Then
         bl3.BackColor = 16777215
         bl4.BackColor = 16777215
         bl5.BackColor = 16777215
         bl6.BackColor = 16777215
         bl7.BackColor = 16777215
         bl8.BackColor = 16777215
         bl9.BackColor = 16777215
         bl10.BackColor = 16777215
```

```
ElseIf k = 3 Then
        bl4.BackColor = 16777215
        bl5.BackColor = 16777215
        bl6.BackColor = 16777215
        bl7.BackColor = 16777215
        bl8.BackColor = 16777215
        bl9.BackColor = 16777215
        bl10.BackColor = 16777215


ElseIf k = 4 Then
        bl5.BackColor = 16777215
        bl6.BackColor = 16777215
        bl7.BackColor = 16777215
        bl8.BackColor = 16777215
        bl9.BackColor = 16777215
        bl10.BackColor = 16777215


ElseIf k = 5 Then
        bl6.BackColor = 16777215
        bl7.BackColor = 16777215
        bl8.BackColor = 16777215
        bl9.BackColor = 16777215
        bl10.BackColor = 16777215


ElseIf k = 6 Then
        bl7.BackColor = 16777215
        bl8.BackColor = 16777215
        bl9.BackColor = 16777215
        bl10.BackColor = 16777215


ElseIf k = 7 Then
        bl8.BackColor = 16777215
bl9.BackColor = 16777215
        bl10.BackColor = 16777215


ElseIf k = 8 Then
        bl9.BackColor = 16777215
        bl10.BackColor = 16777215


ElseIf k = 9 Then
```

```
            bl10.BackColor = 16777215


   Else
            bl1.BackColor = 16711680
            bl2.BackColor = 16711680
            bl3.BackColor = 16711680
            bl4.BackColor = 16711680
            bl5.BackColor = 16711680
            bl6.BackColor = 16711680
            bl7.BackColor = 16711680
            bl8.BackColor = 16711680
            bl9.BackColor = 16711680
            bl10.BackColor = 16711680
'16711680 é o código de cores RGB para a cor azul
End If

            ctl = Null

           End If

        Next i
Next ctl

 End Function
```

2. Código Access VBA para a fonte do controle da caixa de texto que exibe o percentual de evolução da barra de progresso.

```
=SeImed([txtCar]<=50;10;SeImed([txtCar]<=100;20;SeImed([txtCar]<=150;30;SeImed([txtCar]<250;40;SeImed([txtCar]=250;50;SeImed([txtCar]<=300;60;SeImed([txtCar]<=350;70;SeImed([txtCar]<=400;80;SeImed([txtCar]<500;90;SeImed([txtCar]=500;100;0)))))))))) & "%"
```

O parâmetro de cinquenta em cinquenta em cada sintaxe SeImed deve estar em paralelo com a função Access VBA da barra de progresso.

## 2.12 Barra de Progresso para Avaliar Produtividade

Vamos aprender agora a desenvolver barras de progresso para medir a produtividade no banco de dados.

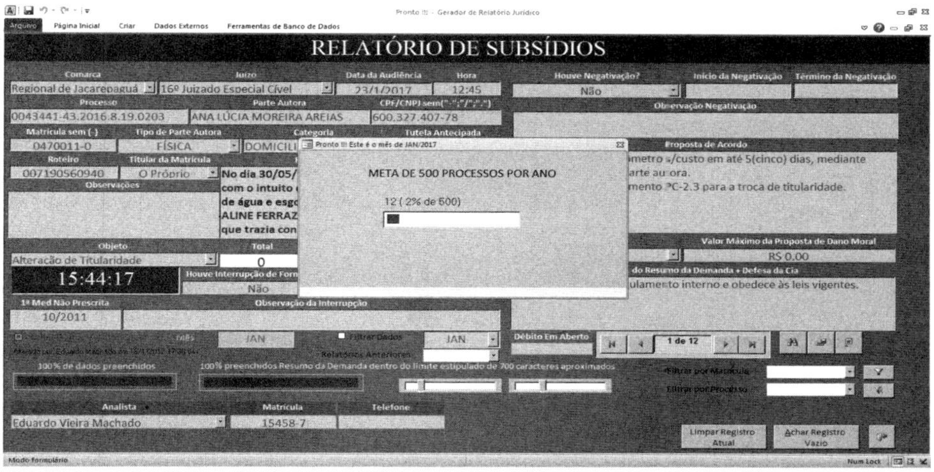


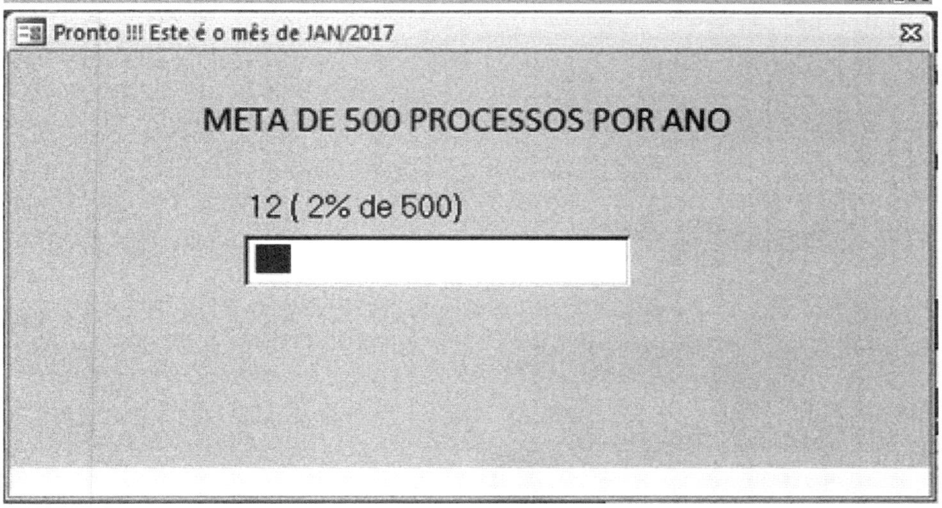


Vamos examinar primeiro o formulário(frmProgresso) acima no modo design(estrutura).

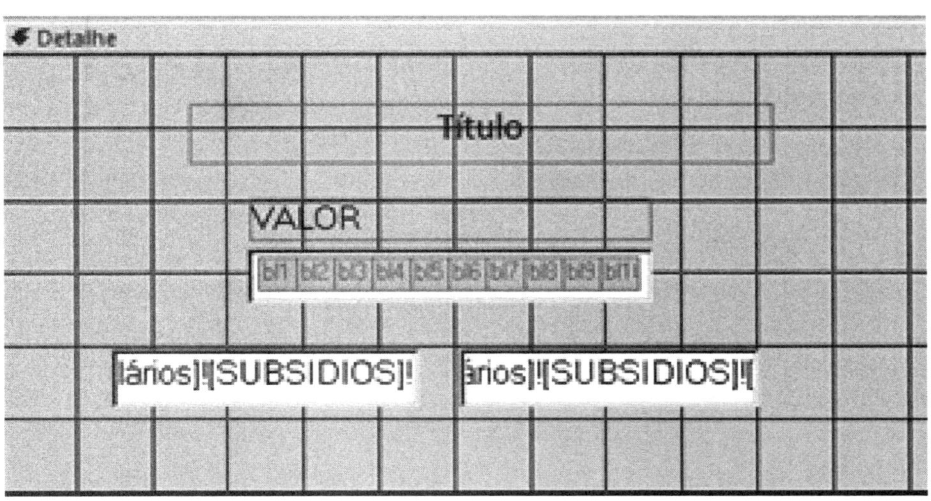


Os nomes dos objetos acima são :

- rótulo: lblTitulo
- rótulo: lblValor

Na fonte de controle: =[Formulários]![SUBSIDIOS]![txtTotal]

- caixa de texto: txtValor

Na fonte de controle: =[Formulários]![SUBSIDIOS]![txtTotal2]

- caixa de texto: txtValor2

Veja a figura do formulário SUBSIDIOS:

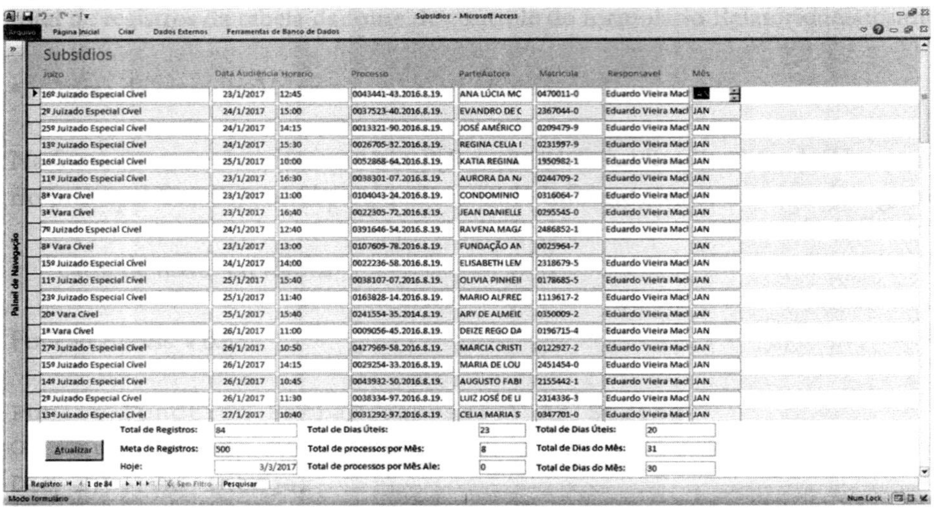

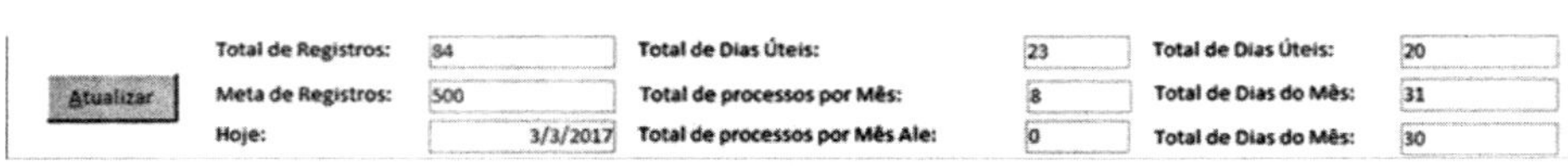


Qual é o campo *txtTotal*?

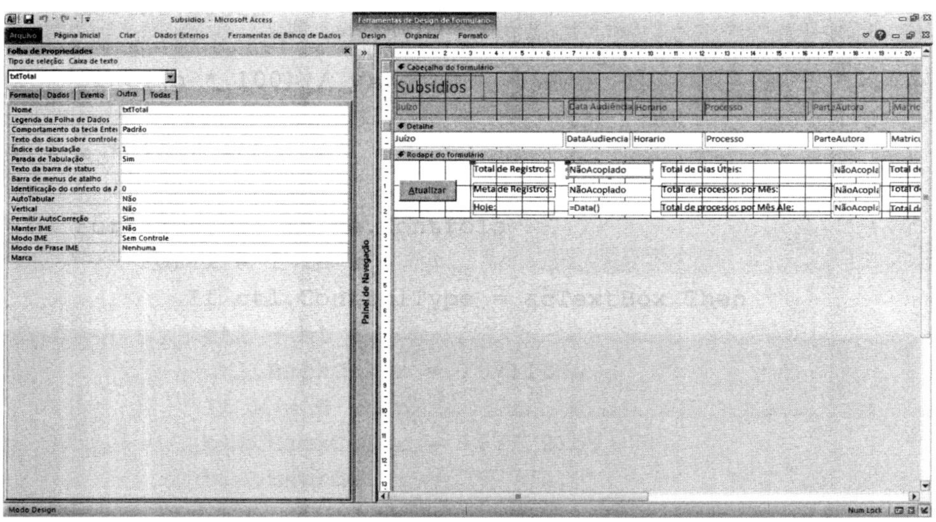

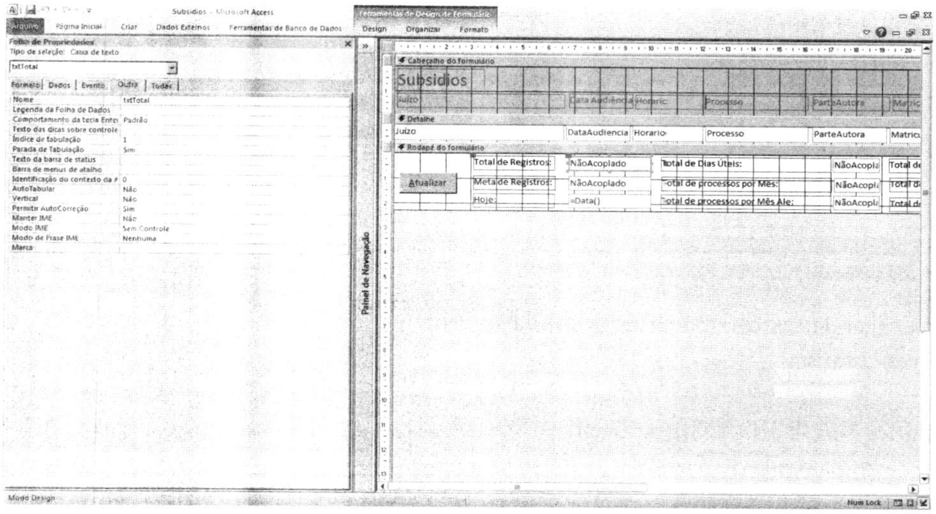


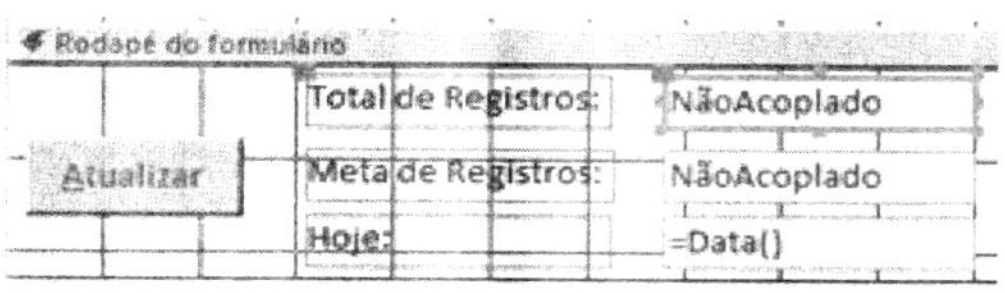


Qual é o campo *txtTotal2*?

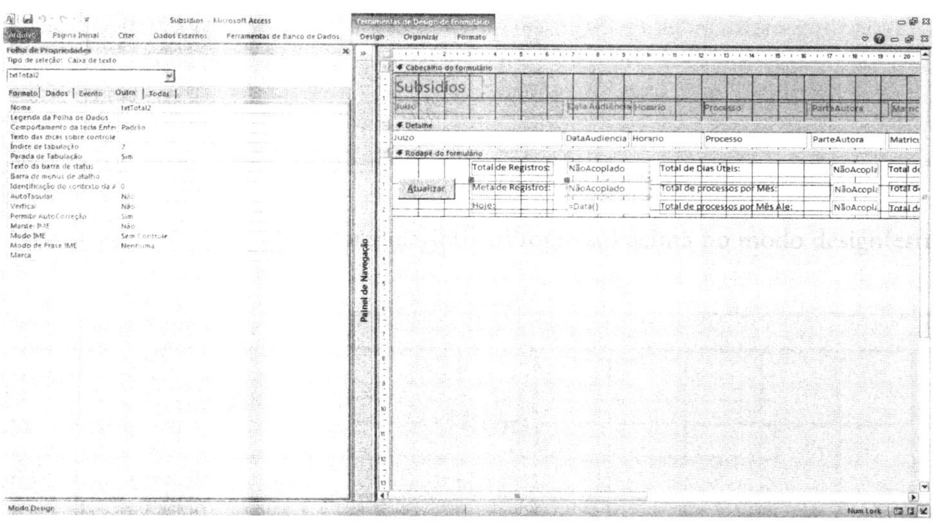

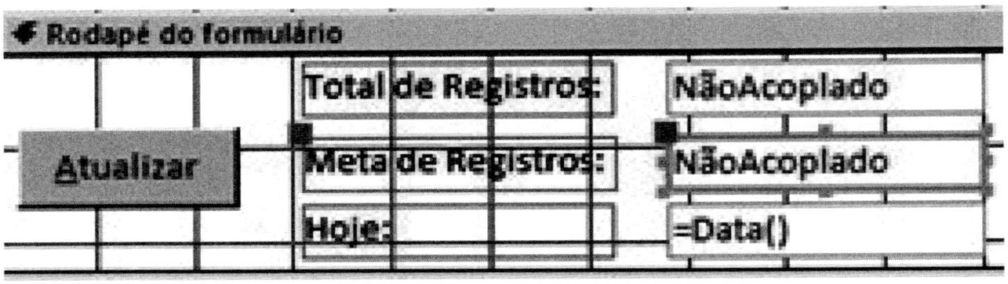


Outra boa sugestão é inserir uma caixa de texto(txtMeta)no formulário principal para que o próprio usuário possa alterar a sua meta de registros preenchidos.

Na fonte de controle: =[Formulários]![SUBSIDIOS]![txtTotal] 'Nesta caixa de texto deste formulário temos o total de registros da tabela da fonte de controle do formulário RelatóriodeSubsidios

- caixa de texto: txtValor

Na fonte de controle: =[Formulários]![RelatóriodeSubsidios]![txtMeta] 'Nesta caixa de texto presente no formulário principal fica disponível para que o usuário informe o valor da meta de registros que desejar

- caixa de texto: txtValor2

Função Access VBA:

```
Public Function BarraProgresso() As String
On Error Resume Next
Dim i, k As Integer
Dim ctl As control
Dim bl As Variant
Dim y As Long


n = Me.txtValor
y = Me.txtValor2

x = Cint((n * 100) / y)

k = x * 10 / 100

    For Each ctl In Me.Controls
        For i = 1 To k
           If ctl.ControlType = acTextBox Then
            ctl = bl & k
            ctl.BackColor = 16711680
            If k = 0 Then
            bl1.BackColor = 16777215
            bl2.BackColor = 16777215
```

```
bl3.BackColor = 16777215
bl4.BackColor = 16777215
bl5.BackColor = 16777215
bl6.BackColor = 16777215
bl7.BackColor = 16777215
bl8.BackColor = 16777215
bl9.BackColor = 16777215
bl10.BackColor = 16777215
lblPerc.left = lblPerc.left + 6
ElseIf k = 1 Then
bl2.BackColor = 16777215
bl3.BackColor = 16777215
bl4.BackColor = 16777215
bl5.BackColor = 16777215
bl6.BackColor = 16777215
bl7.BackColor = 16777215
bl8.BackColor = 16777215
bl9.BackColor = 16777215
bl10.BackColor = 16777215
lblPerc.left = lblPerc.left + 7
ElseIf k = 2 Then
bl3.BackColor = 16777215
bl4.BackColor = 16777215
bl5.BackColor = 16777215
bl6.BackColor = 16777215
bl7.BackColor = 16777215
bl8.BackColor = 16777215
bl9.BackColor = 16777215
bl10.BackColor = 16777215
lblPerc.left = lblPerc.left + 8
ElseIf k = 3 Then
bl4.BackColor = 16777215
bl5.BackColor = 16777215
bl6.BackColor = 16777215
bl7.BackColor = 16777215
bl8.BackColor = 16777215
bl9.BackColor = 16777215
bl10.BackColor = 16777215
lblPerc.left = lblPerc.left + 9
ElseIf k = 4 Then
bl5.BackColor = 16777215
bl6.BackColor = 16777215
bl7.BackColor = 16777215
bl8.BackColor = 16777215
bl9.BackColor = 16777215
bl10.BackColor = 16777215
```

```
            lblPerc.left = lblPerc.left + 10
            ElseIf k = 5 Then
            bl6.BackColor = 16777215
            bl7.BackColor = 16777215
            bl8.BackColor = 16777215
            bl9.BackColor = 16777215
            bl10.BackColor = 16777215
            lblPerc.left = lblPerc.left + 11
            ElseIf k = 6 Then
            bl7.BackColor = 16777215
            bl8.BackColor = 16777215
            bl9.BackColor = 16777215
            bl10.BackColor = 16777215
            lblPerc.left = lblPerc.left + 12
            ElseIf k = 7 Then
            bl8.BackColor = 16777215
            bl9.BackColor = 16777215
            bl10.BackColor = 16777215
            lblPerc.left = lblPerc.left + 13
            ElseIf k = 8 Then
            bl9.BackColor = 16777215
            bl10.BackColor = 16777215
            lblPerc.left = lblPerc.left + 14
            ElseIf k = 9 Then
            bl10.BackColor = 16777215
            lblPerc.left = lblPerc.left + 15
            Else
            bl1.BackColor = 16711680
            bl2.BackColor = 16711680
            bl3.BackColor = 16711680
            bl4.BackColor = 16711680
            bl5.BackColor = 16711680
            bl6.BackColor = 16711680
            bl7.BackColor = 16711680
            bl8.BackColor = 16711680
            bl9.BackColor = 16711680
            bl10.BackColor = 16711680
            End If

            ctl = Null
           End If
        Next i
    Next ctl
Form.Caption = "Pronto !!! Este é o mês de "& Ucase(MonthName(Month(Date),
True)) &"/"& Year(Date) &""
End Function
```

Na abertura do formulário:

```
Private Sub Form_Open(Cancel As Integer)
On Error Resume Next
Dim sMeta As Long

sMeta = Ucase(Forms!Subsidios!txtTotal2)

DoCmd.OpenForm "Subsidios", , , , , acHidden
Call BarraProgresso
Call Acionar
Me.frmBarra.Enabled = True

Me.lblTitulo.Caption = "META DE "& sMeta &" PROCESSOS POR ANO"

End Sub


Public Sub Acionar()
On Error Resume Next
Dim k As String
Dim i As Integer
Dim y, n, x As Long
Dim w As String
Dim ctl As control

n = Me.txtValor
y = Me.txtValor2

If Not IsNull(txtValor2) Or txtValor2 <>"" Then

Call BarraProgresso

Me.lblPerc.Caption = Null
x = (n * 100) / y
If x > 0 Then
    For i = 1 To x
    k = i &"%"
        If i = 100 + 1 Then
        Exit For
        End If
    Me.lblPerc.Caption = n &" (' "& k &" de "& y &")"
    Next i

With Me
    .txtValor = n
```

```
    .txtValor2 = y
    End With
Else
lblPerc.Visible = False
End If
For Each ctl In Me.Controls
            If ctl.ControlType = acTextBox Then
               If ctl.Tag = -1 Then
               ctl.Enabled = True
               End If
            End If
Next ctl
Else

Exit Sub
End If

End Sub
```

## 2.13 Barra de Progresso para Avaliar Registros Vazios ou Duplicados

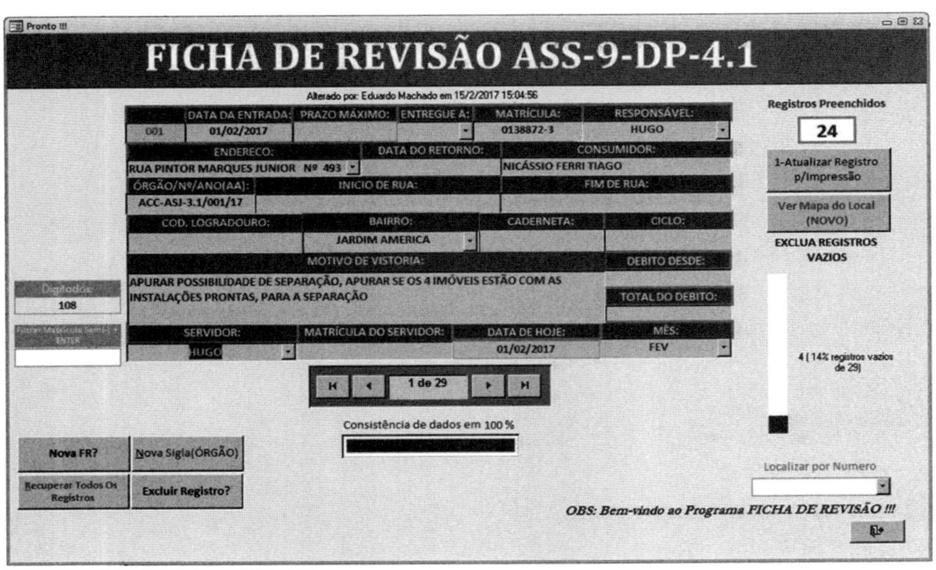


Veja mais de perto:

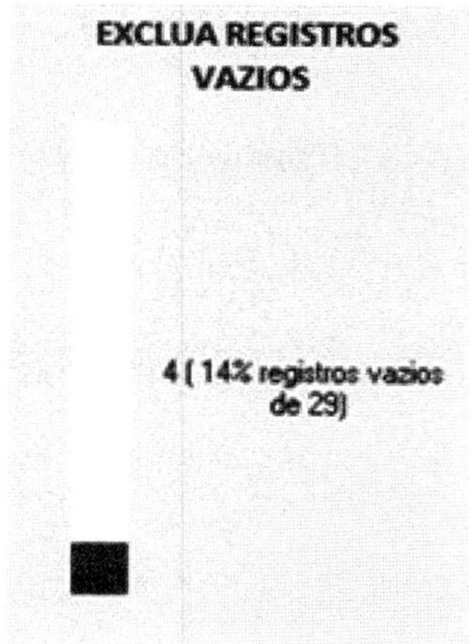


A princípio, criaremos uma consulta (cnsListadeFR2017) em cima da tabela principal(ListadeFR2017), cujo critério para o campo NUM,(que é o primeiro campo neste formulário-exemplo), será:

É Negado Nulo

E para o campo DATADAENTRADA (ou outro campo que normalmente seja preenchido) será:

É Nulo

Esta consulta (cnsListadeFR2017) em nosso exemplo trará como resultado a contagem de registros vazios. Como o campo NUM é de numeração automática ou consequência de uma função que numera os registros sem ser indexado, não há problema se este campo estiver preenchido. Baixe este programa do site da Editora Ciência Moderna, para exercitar esta técnica.

## 2.14 Função Access VBA da Barra de Progresso para Registros Vazios / Duplicados

Neste desenvolvimento, temos uma função e uma subrotina de acionamento da função. A primeira formará a barra de progresso que demonstrará graficamente a evolução ou o crescimento do número de registros vazios, isto é, abertos sem preenchimento.

A subrotina exibirá a porcentagem de registros vazios em relação ao total de registros abertos, independentemente de estarem preenchidos ou não, isto é, o total de registros.

```
Public Function BarraProgressoX(n As Long, y As Long) As Boolean'n e y são os
argumentos da função
On Error Resume Next
Dim i, k As Integer
Dim ctl As control
Dim bl As Variant
Dim s, nPonto As Integer
Dim c As Variant
```

```
Dim x, w As Long

'Coloque 2(duas) caixas de texto no formulário principal com sua propriedade vi-
sible = False

'*************************************
n = Forms![FICHA DE REVISÃO]!txtValor
y = Forms![FICHA DE REVISÃO]!txtValor2
'*************************************

'Na fonte de controle da caixa txtValor:
'=Dcontar("NUM";"cnsListadeFR2017")

'Na fonte de controle da caixa txtValor2:
'=Dcontar("NUM";"ListadeFR2017")
'*************************************

x = Cint((n * 100) / y)

k = x * 10 / 100

If n <= y Then


    For Each ctl In Me.Controls
        For I = 1 To k
           If ctl.Tag = 0 Then
            ctl.enabled = True
            ctl = c & k
            ctl.BackColor = 16711680
            If k = 0 Then
            c1.BackColor = 16777215
            c2.BackColor = 16777215
            c3.BackColor = 16777215
            c4.BackColor = 16777215
            c5.BackColor = 16777215
            c6.BackColor = 16777215
            c7.BackColor = 16777215
            c8.BackColor = 16777215
            c9.BackColor = 16777215
            c10.BackColor = 16777215
            ElseIf k = 1 Then
            c2.BackColor = 16777215
            c3.BackColor = 16777215
            c4.BackColor = 16777215
            c5.BackColor = 16777215
```

```
c6.BackColor = 16777215
c7.BackColor = 16777215
c8.BackColor = 16777215
c9.BackColor = 16777215
c10.BackColor = 16777215
ElseIf k = 2 Then
c3.BackColor = 16777215
c4.BackColor = 16777215
c5.BackColor = 16777215
c6.BackColor = 16777215
c7.BackColor = 16777215
c8.BackColor = 16777215
c9.BackColor = 16777215
c10.BackColor = 16777215
ElseIf k = 3 Then
c4.BackColor = 16777215
c5.BackColor = 16777215
c6.BackColor = 16777215
c7.BackColor = 16777215
c8.BackColor = 16777215
c9.BackColor = 16777215
c10.BackColor = 16777215
ElseIf k = 4 Then
c5.BackColor = 16777215
c6.BackColor = 16777215
c7.BackColor = 16777215
c8.BackColor = 16777215
c9.BackColor = 16777215
c10.BackColor = 16777215
ElseIf k = 5 Then
c6.BackColor = 16777215
c7.BackColor = 16777215
c8.BackColor = 16777215
c9.BackColor = 16777215
c10.BackColor = 16777215
ElseIf k = 6 Then
c7.BackColor = 16777215
c8.BackColor = 16777215
c9.BackColor = 16777215
c10.BackColor = 16777215
ElseIf k = 7 Then
c8.BackColor = 16777215
c9.BackColor = 16777215
c10.BackColor = 16777215
ElseIf k = 8 Then
c9.BackColor = 16777215
```

```
            c10.BackColor = 16777215
            ElseIf k = 9 Then
            c10.BackColor = 16777215
            Else
            c1.BackColor = 16711680
            c2.BackColor = 16711680
            c3.BackColor = 16711680
            c4.BackColor = 16711680
            c5.BackColor = 16711680
            c6.BackColor = 16711680
            c7.BackColor = 16711680
            c8.BackColor = 16711680
            c9.BackColor = 16711680
            c10.BackColor = 16711680
            End If

            ctl = Null
           End If
        Next i

    Next ctl
 End If
Form.Caption = "Pronto !!!"

End Function
```

Se desejar criar uma função para gerar uma barra vertical que indique a porcentagem de registros duplicados:

1. Crie uma consulta que calcule os registros duplicados. O nome da consulta será DupListadeFR2017

2. Altere a sintaxe da caixa de texto *txtValor* para:

Na fonte de controle da caixa *txtValor*:

```
=Dcontar("NUM";"DupListadeFR2017")
```

## 2.15 Subrotina de Acionamento da Barra Vertical

```
Public Sub Acionar()
On Error Resume Next
Dim k As String
Dim i As Integer
Dim y, n, x As Long

Dim ctl As control
```

```
n = Val(Me.txtValor)
y = Val(Me.txtValor2) + 1


If Not IsNull(txtValor2) Or txtValor2 <>"" Then

Call BarraProgressoX(txtValor, txtValor2)

Me.lblPerc.Caption = Null

x = (n * 100) / y

If x > 0 Then
    For i = 1 To x
    k = i &"%"
        If i = 100 + 1 Then
        Exit For
        End If
    Me.lblPerc.Caption = n &" ( "& k &" reçistros vazios de "& y &")"

    Next i


    With Me
    .txtValor = n
    .txtValor2 = y
    End With
Else
lblPerc.visible = False
End If
For Each ctl In Me.Controls
            If ctl.ControlType = acTextBox Then
               If ctl.Tag = -1 Then
               ctl.enabled = True
               End If
            End If
Next ctl
Else

Exit Sub
End If

End Sub
```

## 2.16 Interface com Múltiplos Dados de Textos e Mídia

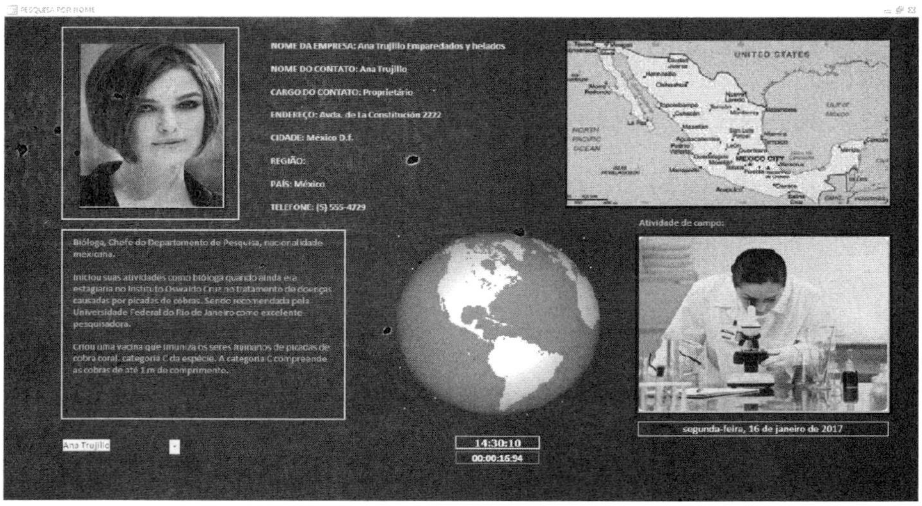


Toda pesquisa começa com uma caixa de texto ou *combobox* onde o usuário digitará o seu objeto de pesquisa. Em nosso exemplo, será um *combobox* no qual, a partir da digitação de um nome, encontraremos informações de uma ou mais tabelas.

Dividi o formulário em quatro seções:

1. Na primeira seção, temos a informação sobre a pessoa pesquisada com sua foto e seus dados pessoais ao lado.
2. Na segunda seção, temosa exibição do histórico profissional dessa pessoa.
3. Na terceira seção, temos a informação da região de onde ela procede ou região onde trabalha.
4. Na quarta e última seção, temos a informação visual, que pode ser uma foto um vídeo, dessa pessoa em sua atividade rotineira.

Vamos agora visualizar a estrutura do formulário:

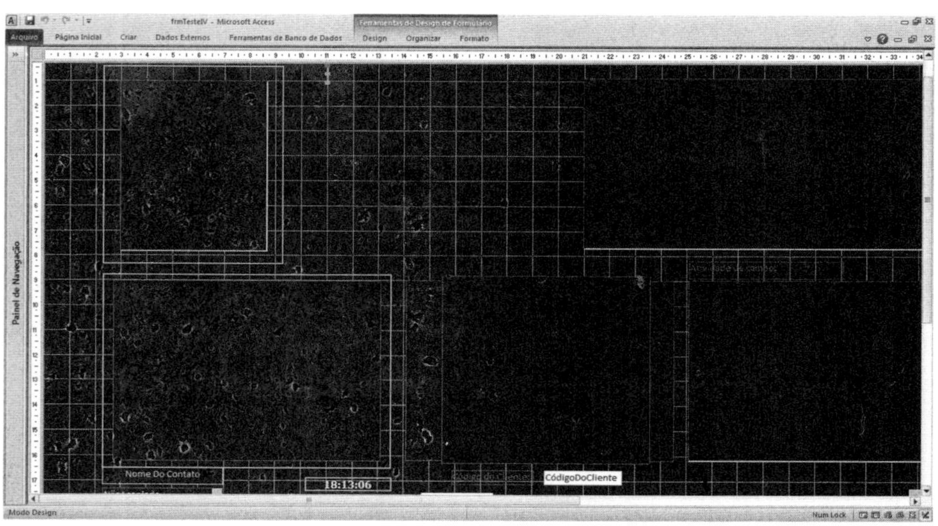

Observe logo acima um traço alaranjado. Trata-se de uma caixa de texto minimizada que se autoexpandirá quando o usuário acabar de digitar o nome da pessoa objeto da pesquisa. Veja o código do evento Before_Update do combobox:

```
Private Sub cboNome_BeforeUpdate(Cancel As Integer)
On Error Resume Next
Call LacoLeitura
Call LacoLeitura2
Call LacoLeitura3

Dim i, x As Double

'TW é uma abreviação de twips que por sua vez é uma unidade de medida em Visual
Basic

Const TW As Integer = 567'twips. Onde 1 cm é igual a 567 twips. Daí a necessida-
de em termos de dimensões no ambiente VBA, da conversão para twips.
X = 0.556 * TW
i = 13.499 * TW
Me.txtInfo.Height = x

Call Dimensionar
With Me
.txtInfo.Width = i
End With
'***********************************
Dim sNome As String

sNome = Me.cboNome.Column(1)

Me.RecordSource = "SELECT * FROM Clientes WHERE NomedoContato = '"& sNome &"'"
'***********************************
End Sub

Public Function Dimensionar()
Dim i, x As Double

Const TW As Integer = 567
x = 0.197 * TW

For i = 1 To x
Me.txtInfo.Height = Val(txtInfo.Height) + Val(i)
Next i
End Function

Private Sub cboNome_AfterUpdate()
```

```
On Error Resume Next
Dim i, x As Double
Dim sNome As String

Const TW As Integer = 567

x = 0.556 * TW
i = 13.499 * TW
Me.txtInfo.Height = x

Call Dimensionar
With Me
.txtInfo.Width = i
.Foto.Visible = True
.Form.Caption = "PESQUISA POR NOME"
.cxFoto.Visible = True
.Info.Visible = True
.FotoGlobo.Visible = True
.FotoArea.Visible = True
.FotoLocacao.Visible = True
.cxPesquisa.Visible = True
.Info2.Visible = False
.lblRelogio.Visible = True
.TempoDecorrido.Visible = True
.lblInformacao.Visible = True
.cmdSair.Visible = False
End With

sNome = Me.cboNome.Column(1)

Me.RecordSource = "SELECT * FROM Clientes WHERE NomedoContato = '"& sNome &"'"

'Inclua um objeto .ocx (Controles ActiveX) chamado Windows Media Player e reno-
meie para "wmp"

Me!wmp.Height = 567 * 7
Me!wmp.Width = 567 * 9

Call ExibeVideo
Call ExibeMapa

End Sub


Private Sub ExibeVideo()
Dim sNome As Variant

sNome = cboNome.Column(1)
```

```
Select Case sNome
Case Is = "Ana Trujillo"
Me.wmp.Visible = True

'Altere para o caminho onde estão os teus videos
Me!wmp.URL = "D:\Users\Public\Videos\Sample Videos\videoAnaTrujillo.wmv"

Case Is = "Eduardo Vieira Machado"
Me.wmp.Visible = True
Me!wmp.URL = "D:\Users\Public\Videos\Sample Videos\videoEduardoMachado.wmv"

..............

End Select
End Sub

Public Sub ExibeMapa()
Dim URL As String

  URL = "https://www.google.com.br/maps/@-22.9260597,-43.2182876,14z"
  FotoArea.Navigate URL    'FotoArea é um objeto Microsoft Web Browser

End Sub
```

Exibindo um GIF animado:
Inclua um objeto .ocx (Controles ActiveX) chamado Microsoft Web Browser e renomeie para "browser"

```
Private Sub Form_Open(Cancel As Integer)
Dim objIE As SHDocVw.InternetExplorer
Set objIE = Me.browser.Object

'Indique o caminho da pasta onde seu objeto .gif se encontra
objIE.Navigate "C:\PastadeMeuAplicativo\globo.gif"

End Sub


Public Function LacoLeitura()
On Error Resume Next
Dim Leitura As String
Dim sCampo1 As String
Dim sCampo2 As String
Dim sCampo3 As String
Dim sCampo4 As String
Dim sCampo5 As String
Dim sCampo6 As String
Dim sCampo7 As String
Dim sCampo8 As String
Dim sCampo9 As String
Dim sNum As String
Dim sCampoX As String
```

```
Dim rs As DAO.Recordset
Dim X As String
Dim x2 As String
Dim x3 As String
Dim x4 As String
Dim x5 As String
Dim x6 As String
Dim x7 As String
Dim x8 As String
Dim x9 As String
Dim x10 As String
Dim ctl As control
Dim sCampoY

sNum = Nz(Me.cboNome.Column(0))

sCampo1 = Nz(Dlookup("NomeDaEmpresa", "Clientes", "CodigoDoCliente = '"& sNum
&"'"))
sCampo2 = Nz(Dlookup("NomeDoContato", "Clientes", "CodigoDoCliente = '"& sNum
&"'"))
sCampo3 = Nz(Dlookup("CargoDoContato", "Clientes", "CodigoDoCliente = '"& sNum
&"'"))
sCampo4 = Nz(Dlookup("Endereço", "Clientes", "CodigoDoCliente = '"& sNum &"'"))
sCampo5 = Nz(Dlookup("Cidade", "Clientes", "CodigoDoCliente = '"& sNum &"'"))
sCampo6 = Nz(Dlookup("Região", "Clientes", "CodigoDoCliente = '"& sNum &"'"))
sCampoX = Nz(Dlookup("NomeDoContato", "Clientes", "CodigoDoCliente = '"& sNum
&"'"))
sCampo7 = Nz(Me.txtInfo)
sCampo8 = Nz(Dlookup("País", "Clientes", "CodigoDoCliente = '"& sNum &"'"))
sCampoY = Nz(Dlookup("Telefone", "Clientes", "CodigoDoCliente = '"& sNum &"'"))

    X = "NOME DA EMPRESA: "& AlternaCaps(sCampo1) &""
    x2 = "NOME DO CONTATO: "& AlternaCaps(sCampo2) &""
    x3 = "CARGO DO CONTATO: "& AlternaCaps(sCampo3) &""
    x4 = "ENDEREÇO: "& AlternaCaps(sCampo4) &""
    x5 = "CIDADE: "& AlternaCaps(sCampo5) &""
    x6 = "REGIÃO: "& AlternaCaps(sCampo6) &""
    x7 = Nz(cboNome.Column(1))
    x8 = "PAÍS: "& AlternaCaps(sCampo8) &""
    x9 = "TELEFONE: "& AlternaCaps(sCampoY) &""
    x10 = sCampo9

    sCampo7 = vbCrLf & X & vbCrLf & vbCrLf & x2 & vbCrLf & vbCrLf & _
    x3 & vbCrLf & vbCrLf & x4 & vbCrLf & vbCrLf & x5 & vbCrLf & vbCrLf &
Ucase(x6) & vbCrLf & _
vbCrLf & x8 & vbCrLf & vbCrLf & x9
```

```
    For Each ctl In Me.Controls
    If Me.cboNome.Column(1) = sCampoX Then
    If ctl.ControlType = acTextBox Then
            ctl.Text = sCampo7
        End If
    End If

    Me.txtInfo = sCampo7
    Me.txtInfo.TextAlign = 1
    Me.txtInfo.FontSize = 11
Next ctl

End Function


Public Function LacoLeitura2()
On Error Resume Next

Dim sCampo, sCampo2 As String
Dim sNum As String
Dim sCampoX As String
Dim rs As DAO.Recordset
Dim X As String

Dim ctl As control
Dim sCampoY

sNum = Nz(Me.cboNome.Column(0))


sCampo = Nz(Dlookup("Detalhes", "Clientes", "CodigoDoCliente = '"& sNum &"'"))
sCampoX = Nz(Dlookup("NomeDoContato", "Clientes", "CodigoDoCliente = '"& sNum
&"'"))
sCampo2 = Nz(Me.Info)

    X = sCampo

sCampo2 = X

    For Each ctl In Me.Controls
    If Me.cboNome.Column(1) = sCampoX Then
    If ctl.ControlType = acTextBox Then
            ctl.Text = sCampo2
        End If
    End If
```

```
    Me.Info = sCampo2
Me.Info.TextAlign = 1
    Next ctl

End Function

Public Function LacoLeitura3()
On Error Resume Next

Dim sCampo, sCampo2 As String
Dim sNum As String
Dim sCampoX As String
Dim rs As DAO.Recordset
Dim X As String

Dim ctl As control
Dim sCampoY

sNum = Nz(Me.cboNome.Column(0))


sCampo = Nz(Dlookup("Detalhes2", "Clientes", "CodigoDoCliente = '"& sNum &"'"))
sCampoX = Nz(Dlookup("NomeDoContato", "Clientes", "CodigoDoCliente = '"& sNum
&"'"))
sCampo2 = Nz(Me.Info)

    X = "Serviço de Inteligência: "& sCampo &""

sCampo2 = X

    For Each ctl In Me.Controls
    If Me.cboNome.Column(1) = sCampoX Then
    If ctl.ControlType = acTextBox Then
            ctl.Text = sCampo2
        End If
    End If

    Me.Info2 = sCampo2
    Me.Info2.TextAlign = 1
    Next ctl

End Function
```

## 2.17 Desenvolvimento de Barra de Progresso para Discriminar Dados e percentuais em Aplicativos

Vamos agora praticar a criação de barra vertical para avaliar o percentual de registros com alguma implicação pré-calculada que você deseja separar para executar algum propósito específico, quer seja para exportar quer seja para deletar ou qualquer outro propósito.

Na verdade ao invés de utilizarmos uma função geradora da barra vamos trabalhar na possibilidade de aumentar a largura de uma caixa de texto através de um looping. Analisemos a figura abaixo:

CASO No 1:

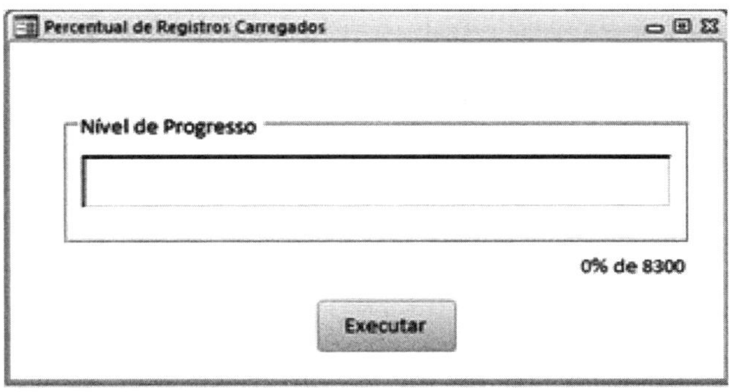


Vamos agora clicar em executar e esperar a execução da barra horizontal:

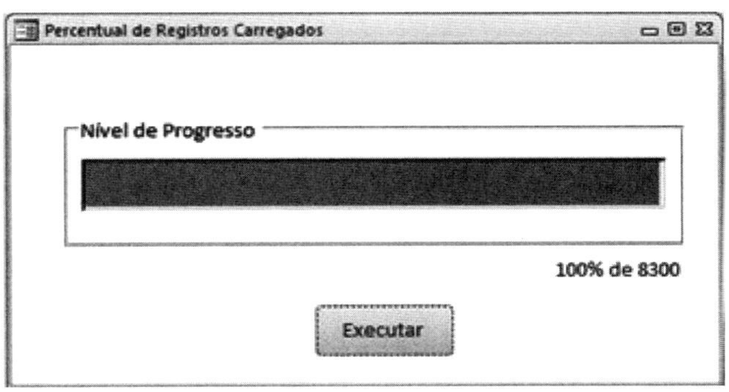


```
Private Sub cmdExecutar_Click()
Call BarraProgresso
End Sub
```

Segue abaixo a função invocada pela instrução Call.

```
Public Function BarProgresso()
On Error Resume Next
Dim rs As DAO.Recordset
Dim db As DAO.Database
Dim sBar As Variant
```

```
Dim nCount, i As Integer
Dim rBar As Variant

Const TW As Integer = 567

Set rs = CurrentDb.OpenRecordset("tblTeste", dbOpenTable)
i = 10
rBar = i * TW

For sBar = 1 To rBar
  Me.txtBar.Width = sBar
Next sBar
Me.Repaint

For nCount = 1 To rs.RecordCount
Me.txtNivelProgresso = ((nCount * 100) * i) / 10 / rs.RecordCount & "%" & " de "
& rs.RecordCount
Next nCount
Me.Repaint
End Function

Private Sub Form_Open(Cancel As Integer)
Dim rs As DAO.Recordset
Set rs = CurrentDb.OpenRecordset("tblTeste", dbOpenTable)
Me.txtNivelProgresso = "0" & "%" & " de " & rs.RecordCount
End Sub
```

CASO Nº 2:

Vamos agora clicar em executar e esperar a execução da barra horizontal para demonstrar o percentual de registros a partir da seguinte pergunta existente em uma *InputBox*:

```
Option Explicit

Dim i As Long

Private Sub cmdExecutar_Click()
On Error Resume Next
i = InputBox("Digite uma quantidade:", "Valor a Filtrar") 'quantidade que se de-
seja averiguar a percentagem.

Call BarraProgresso
End Sub
```

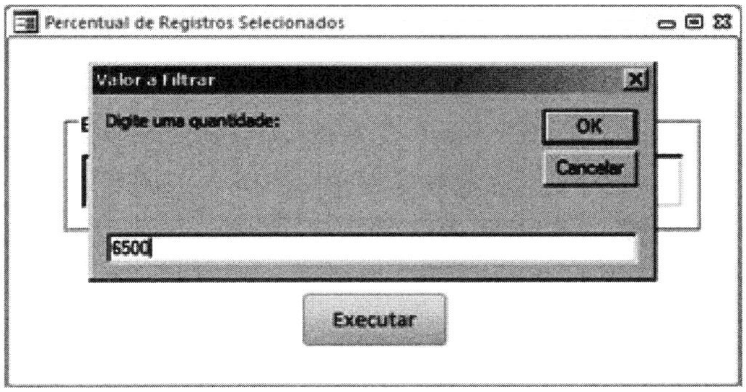


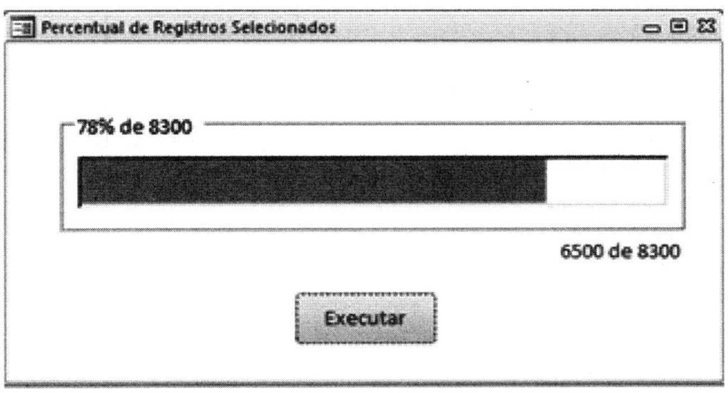


```
Public Function BarraProgresso()
On Error Resume Next
Dim rs As DAO.Recordset
Dim db As DAO.Database
Dim sBar As Variant
Dim nCount As Long
Dim rBar As Variant

Const TW As Integer = 567
Set rs = CurrentDb.OpenRecordset(“tblTeste”, dbOpenTable) ‘tblTeste contém 8300
registros

rBar = CInt(i * 10 / rs.RecordCount) * TW

‘Looping For que expande a caixa txtBar até o limite máximo estabelecido por
rBar

For sBar = 1 To rBar
  Me.txtBar.Width = sBar
Next sBar
Me.Repaint   ‘O método Repaint elimina o travamento causado quando da atualiza-
ção e refinamento do cálculo existente em rBar

Me.txtNivelProgresso = “” & i & “ de ” & rs.RecordCount & “”
```

```
For nCount = 1 To i

      Me.lblProgresso.Caption = CInt(((nCount * 100) / 100 / rs.RecordCount) *
100) & "%" & " de " & rs.RecordCount
Next nCount
Me.lblProgresso.Width = 2.2 * TW
Me.Repaint
End Function
```

CASO No 3:

Neste segundo exemplo, veremos como podemos através da matemática, utilizar a regra de três simples para criar uma função em Access VBA para gerar uma nova barra de progresso que nos forneça um percentual graficamente de registros encontrados com a palavra digitada para pesquisa.

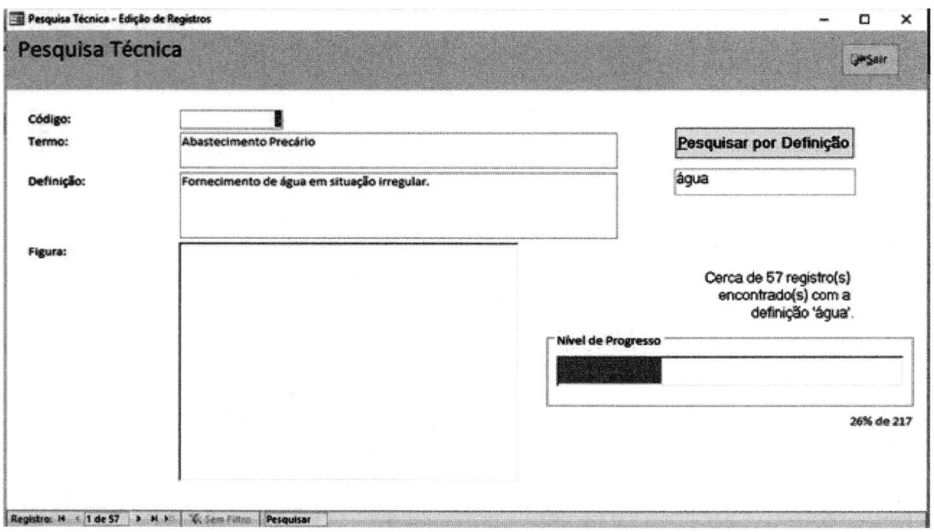


Estudemos a função desenvolvida para esse fim:

```
Public Function BarProgresso()
On Error Resume Next
Dim rs As DAO.Recordset
Dim db As DAO.Database
Dim sBar As Variant
Dim nCount, i As Integer
Dim rBar As Variant

Const TW As Integer = 567
```

```
Set rs = CurrentDb.OpenRecordset("Glossario", dbOpenTable)
i = DCount("Definicao", "cnsProcCom")

rBar = CInt(i * 10 / rs.RecordCount) * TW  'Define a largura máxima ou extensão
da barra horizontal em relação ao total de registros encontrados comparados ao
total de registros existentes.

For sBar = 1 To rBar
  Me.txtBar.Width = sBar   'O looping FOR gerado nos gerará a extensão da barra
graficamente

Next sBar
Me.Repaint

For nCount = 1 To i   'Este é o looping FOR para nos fornecer a informação de
percentagem de registros encontrados.

      Me.txtNivelProgresso = CInt(((nCount * 100) / 100 / rs.RecordCount) * 100)
& "%" & " de " & rs.RecordCount
Next nCount
Me.Repaint
End Function
```

**Procedamos à chamada da função** ***BarProgresso*****:**

```
Private Sub cmdPesquisar_Click()
On Error Resume Next
Dim n As Integer
Dim strPesquisa As String

Me.RecordSource = "SELECT * FROM cnsProcCom" 'No critério desta consulta temos
no campo Definicao
Como "*" & [Forms]![Glossario]![txtPesquisa] & "*", onde Glossario é o nome do
formulário exibido acima.

Call BarProgresso
strPesquisa = Me.txtPesquisa

n = DCount("Definicao", "cnsProcCom")

Me.lblResultado.Caption = "Cerca de " & n & " registro(s) encontrado(s) com a
definição '" & strPesquisa & "'."
Me.lblResultado.visible = True
End Sub
```

## 2.18 Exercícios Propostos

1. Crie um programa que informe, a partir do clique de um botão e o disparo de uma *MsgBox*, a grade de notas de pelo menos cinco disciplinas de um determinado aluno no mês solicitado pelo programa.

2. Crie um programa que informe, a partir do clique de um botão e o disparo de uma *MsgBox*, a média de notas de cinco disciplinas de um determinado aluno naquele semestre.

3. Utilize um array bidimensional para desenvolver um programa que exiba em uma MsgBox o resultado do seguinte : uma empresa tem quatro equipes de vendas (1 a 4) que vendem produtos diferentes (1 a 5). Uma vez por dia, cada vendedor passa uma nota de cada tipo de produto diferente vendido. Cada nota(MsgBox) contém o seguinte:

    1. Número do vendedor(Representante da equipe)
    2. Número do produto
    3. Quantidade do Produto Vendida
    4. Valor total em reais desse produto vendido nesse dia

4. Crie um aplicativo utilizando a técnica da barra de progresso para informar a porcentagem de aprovados com notas acima de 8e a porcentagem de reprovados(em rótulos e uma barra de progresso abaixo do rótulo) em um concurso de um total de cinco mil candidatos. Sabendo de antemão que só existem 50 vagas para quem tirou entre 9 e 10, determine a porcentagem de classificados(por exemplo, 15 classificados) do total de aprovados (por exemplo, 200) e a porcentagem de vagas que sobraram.

5. Crie um programa com uma função que trabalhe uma matriz de dados de produtos e valores, e através de uma MsgBox, exibaas somas de linhas, colunas e soma total.

6. Desenvolva um sistema de academia com fundo transparente que cadastre os dados pessoais de cada participante em uma caixa e em outra caixa avalie o progresso delesem termos de perdas de calorias, perda de peso etc.,com barras de progresso horizontais ou verticais e emita relatórios personalizados.

7. Desenvolva um sistema para uma empresa com fundo transparente, que exiba os dados dos funcionários em uma caixa e em outra suas principais atribuições.

8. Desenvolva um formulário de barra de progresso que determine quantos caracteres são digitados na caixa de texto (PropostaAcordo) do formulário-exemplo (RelatorioSubsidios) com um limite máximo de caracteres pré-estabelecido.

CAPÍTULO 3

# Desenvolvimento e Aninhamento de Loopings III

## 3.1 Escrevendo Valores por Extenso

Conheço algumas funções que trabalham números e exibem o seu valor por extenso. No início, achei que essa tarefa era complicada e exigia muitos anos de estudo e prática. Após alguma prática de programação com o Access VBA, consegui desenvolver a minha função, mas como professor por formação desejei expor a linha de raciocínio de como cheguei aos meus resultados de uma forma simples e prática para o estudante de informática.

Antes de mais nada, aconselho você a adquirir meu primeiro livro sobre Access VBA (TÉCNICAS ESPECIAIS DE ACCESS VBA) se você ainda não domina os laços de repetição, ou loopings, como é conhecido. Quero citar **FOR ... NEXT, DO WHILE...LOOP**seguidos dos principais laços condicionais **IF THEN, ELSE ... END IF**, como os mais simples, mas de difícil compreensão quando são aninhados.

Comecemos pelo looping **FOR... NEXT**. O segredo ao se trabalhar com ele, é perceber o que ele faz com uma variável que serve como cursor ao longo de uma variável do tipo ***String***ou ***Integer/Long*** ou do tipo ***Variant,*** quando não sabemos que tipo de dados é exatamente. Quando o inserimos dentro de uma função, ele percorre letra por letra ou número por número, ou letra e número, umaum, ou de dois em dois, dependendo do passo a ser dado pela variável "i" pertencente a este laço.

De igual maneira, podemos trabalhar também com a função *Mid, Right e Left*em conjunto com os laços condicionais IF... THEN... ELSE... END IF, dentro do laço FOR... NEXT. Vamos estudar então um aplicativo que converte valores com decimais em texto, ou seja, conversão por extenso.

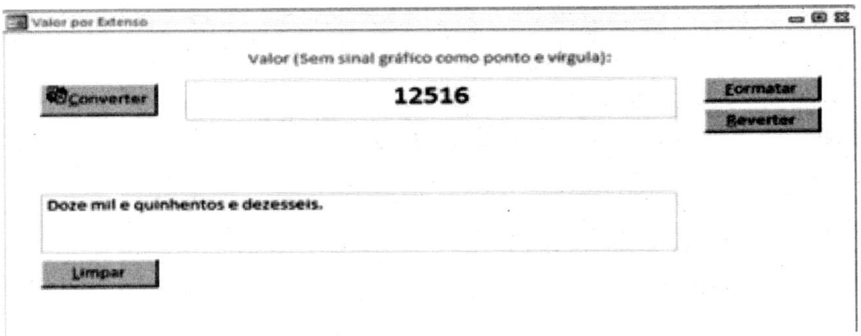


Estude a função abaixo:

```
Function ValorporExtenso(sNumero As Long)
On Error Resume Next
Dim i As Integer
Dim x, y As Integer

For i = 1 To Len(txtValor)

If Len(txtValor) = 1 Then
x = left(txtValor, i)
If x = 0 Then
Extenso = "Zero"
ElseIf x = 1 Then
Extenso = "Um"
ElseIf x = 2 Then
Extenso = "Dois"
ElseIf x = 3 Then
Extenso = "Três"
ElseIf x = 4 Then
Extenso = "Quatro"
ElseIf x = 5 Then
Extenso = "Cinco"
ElseIf x = 6 Then
Extenso = "Seis"
ElseIf x = 7 Then
Extenso = "Sete"
ElseIf x = 8 Then
Extenso = "Oito"
ElseIf x = 9 Then
Extenso = "Nove"
Else
Exit Function
End If
End If
```

```
If Len(txtValor) = 2 Then
x = left(txtValor, i)

If x = 0 Then
Extenso = "Zero"
ElseIf x = 1 Then
Extenso = "Dez"
ElseIf x = 2 Then
Extenso = "Vinte"
ElseIf x = 3 Then
Extenso = "Trinta"
ElseIf x = 4 Then
Extenso = "Quarenta"
ElseIf x = 5 Then
Extenso = "Cinquenta"
ElseIf x = 6 Then
Extenso = "Sessenta"
ElseIf x = 7 Then
Extenso = "Setenta"
ElseIf x = 8 Then
Extenso = "Oitenta"
ElseIf x = 9 Then
Extenso = "Noventa"
Else
Exit Function
End If

y = right(txtValor, i)

'Uso da função Replace para substituir uma frase gerada em outra mais precisa no
seu significado

If y = 0 Then
Extenso = Extenso
ElseIf y = 1 Then
Extenso = Extenso &" e "&"um"
Extenso = Replace(Extenso, "dez e um", "Onze")
ElseIf y = 2 Then
Extenso = Extenso &" e "&"dois"
Extenso = Replace(Extenso, "dez e dois", "Doze")
ElseIf y = 3 Then
Extenso = Extenso &" e "&"três"
Extenso = Replace(Extenso, "dez e três", "Treze")
ElseIf y = 4 Then
Extenso = Extenso &" e "&"quatro"
Extenso = Replace(Extenso, "dez e quatro", "Catorze")
```

```
ElseIf y = 5 Then
Extenso = Extenso &" e "&"cinco"
Extenso = Replace(Extenso, "dez e cinco", "Quinze")
ElseIf y = 6 Then
Extenso = Extenso &" e "&"seis"
Extenso = Replace(Extenso, "dez e seis", "Dezesseis")
ElseIf y = 7 Then
Extenso = Extenso &" e "&"sete"
Extenso = Replace(Extenso, "dez e sete", "Dezessete")
ElseIf y = 8 Then
Extenso = Extenso &" e "&"oito"
Extenso = Replace(Extenso, "dez e oito", "Dezoito")
ElseIf y = 9 Then
Extenso = Extenso &" e "&"nove"
Extenso = Replace(Extenso, "dez e nove", "Dezenove")
Else
Exit Function
End If
End If
Extenso = IIf(txtValor = 1, Extenso &" real", Extenso &" reais")


If Len(txtValor) = 3 Then
x = left(txtValor, i)

If x = 0 Then
Extenso = "Zero"
ElseIf x = 1 Then
Extenso = "Cem"
ElseIf x = 2 Then
Extenso = "Duzentos"
ElseIf x = 3 Then
Extenso = "Trezentos"
ElseIf x = 4 Then
Extenso = "Quatrocentos"
ElseIf x = 5 Then
Extenso = "Quinhentos"
ElseIf x = 6 Then
Extenso = "Seiscentos"
ElseIf x = 7 Then
Extenso = "Setecentos"
ElseIf x = 8 Then
Extenso = "Oitocentos"
ElseIf x = 9 Then
Extenso = "Novecentos"
Else
```

```
Exit Function
End If

y = Mid(txtValor, 2, i)

If y = 0 Then
Extenso = Replace(Extenso, "cem e zero", "Cem")
ElseIf y = 1 Then
Extenso = Extenso &" e "&"dez"
Extenso = Replace(Extenso, "cem e dez", "Cento e dez")
ElseIf y = 2 Then
Extenso = Extenso &" e "&"vinte"
Extenso = Replace(Extenso, "cem e vinte", "Cento e vinte")
ElseIf y = 3 Then
Extenso = Extenso &" e "&"trinta"
Extenso = Replace(Extenso, "cem e trinta", "Cento e trinta")
ElseIf y = 4 Then
Extenso = Extenso &" e "&"quarenta"
Extenso = Replace(Extenso, "cem e quarenta", "Cento e quarenta")
ElseIf y = 5 Then
Extenso = Extenso &" e "&"cinquenta"
Extenso = Replace(Extenso, "cem e cinquenta", "Cento e cinquenta")
ElseIf y = 6 Then
Extenso = Extenso &" e "&"sessenta"
Extenso = Replace(Extenso, "cem e sessenta", "Cento e sessenta")
ElseIf y = 7 Then
Extenso = Extenso &" e "&"setenta"
Extenso = Replace(Extenso, "cem e setenta", "Cento e setenta")
ElseIf y = 8 Then
Extenso = Extenso &" e "&"oitenta"
Extenso = Replace(Extenso, "cem e oitenta", "Cento e oitenta")
ElseIf y = 9 Then
Extenso = Extenso &" e "&"noventa"
Extenso = Replace(Extenso, "cem e noventa", "Cento e noventa")
Else
Exit Function
End If

z = right(txtValor, i)
If z = 0 Then
Extenso = Extenso
ElseIf z = 1 Then
Extenso = Extenso &" e "&"um"
Extenso = Replace(Extenso, "dez e um", "onze")
ElseIf z = 2 Then
Extenso = Extenso &" e "&"dois"
```

```
Extenso = Replace(Extenso, "dez e dois", "doze")
ElseIf z = 3 Then
Extenso = Extenso &" e "&"três"
Extenso = Replace(Extenso, "dez e três", "treze")
ElseIf z = 4 Then
Extenso = Extenso &" e "&"quatro"
Extenso = Replace(Extenso, "dez e quatro", "catorze")
ElseIf z = 5 Then
Extenso = Extenso &" e "&"cinco"
Extenso = Replace(Extenso, "dez e cinco", "quinze")
ElseIf z = 6 Then
Extenso = Extenso &" e "&"seis"
Extenso = Replace(Extenso, "dez e seis", "dezesseis")
ElseIf z = 7 Then
Extenso = Extenso &" e "&"sete"
Extenso = Replace(Extenso, "dez e sete", "dezessete")
ElseIf z = 8 Then
Extenso = Extenso &" e "&"oito"
Extenso = Replace(Extenso, "dez e oito", "dezoito")
ElseIf z = 9 Then
Extenso = Extenso &" e "&"nove"
Extenso = Replace(Extenso, "dez e nove", "dezenove")
Else
Exit Function
End If
End If
```

Ao baixar o aplicativo do site da Editora Ciência Moderna, você terá o código completo para estudar.

Observe que a função executou a leitura do número e exibiu o seu valor por extenso na caixa de texto abaixo pelo exemplo da figura acima,mas ficou faltando algo, como uma boa apresentação visual e com formatação, isto é, com ponto e vírgula para separar o valor em centavos.. Para isso, vamos clicar no botão Formatar:

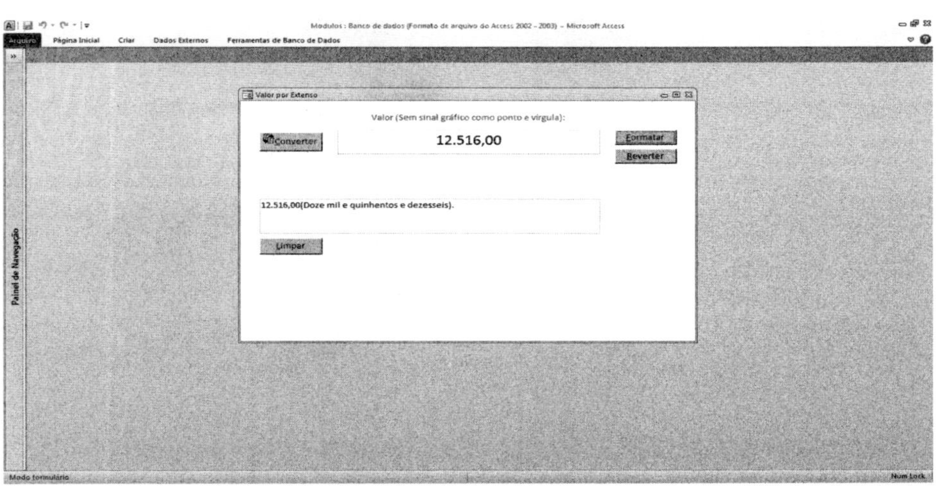

Vamos ver como funciona o código do botão Formatar?

```
Private Sub cmdFormatar_Click()
On Error Resume Next

'txtValor é a caixa de texto que recebe do usuário o número 12516 com a função
Format abaixo

Me.txtValor = Format(txtValor, "###,##0.00")
Me.Extenso = txtValor &"("& Trim(Replace(Me.Extenso, ".", "")) &")."
End Sub


'Extenso é o nome da caixa de texto que recebe o resultado da conversão e é de-
vidamente modificada com a função Replace e Trim que substituem sinais gráficos
anteriores; elimina espaços indesejáveis e insere outros sinais gráficos como o
parêntese " ()" a fim de confinar o texto referente ao valor por extenso, gerado
pela função de mesmo nome ValorporExtenso.
```

Por falar nesta função de conversão, vamos analisá-la cuidadosamente. No primeiro bloco do código, vemos que ela começa com o looping dando o seguinte comando abaixo. Apartir da variável i cujo valor inicial é 1 até o total de dígitos que compõem o número digitado, faça o seguinte:

```
Dim i As Integer
Dim x, y As Integer


'A função Len calcula o número de dígitos existentes na caixa de texto "txtVa-
lor"

For i = 1 To Len(txtValor)      'A partir dc valor 1 da variável i até 5 que é o
total de dígitos que compõem o número 12516

If Len(txtValor) = 1 Then       'Se o total de dígitos for igual a 1 o primeiro
dígito da variável "x" está à esquerda. Se for 0(zero) escreva-se Zero na caixa
de texto Extenso e por aí vai.
```

O próximo passo é desenvolver o mesmo código para descobrir como "ler" os números com dois dígitos, três dígitos e assim por diante.

Observe acima como utilizei a função Replace para substituir no laço os termos "(vinte) e seis" ou "(vinte) e sete" por "Vinte e seis" e "Vinte e sete". Outro exemplo, "dez e seis" por "Dezesseis", "dez e sete" por "Dezessete". Este é o ponto máximo do "raciocínio" do computador que "busca" em seu vocabulário os termos mais corretos de expressão.

Vamos modificar agora o aplicativo para ler também os centavos e aperfeiçoar seu design.

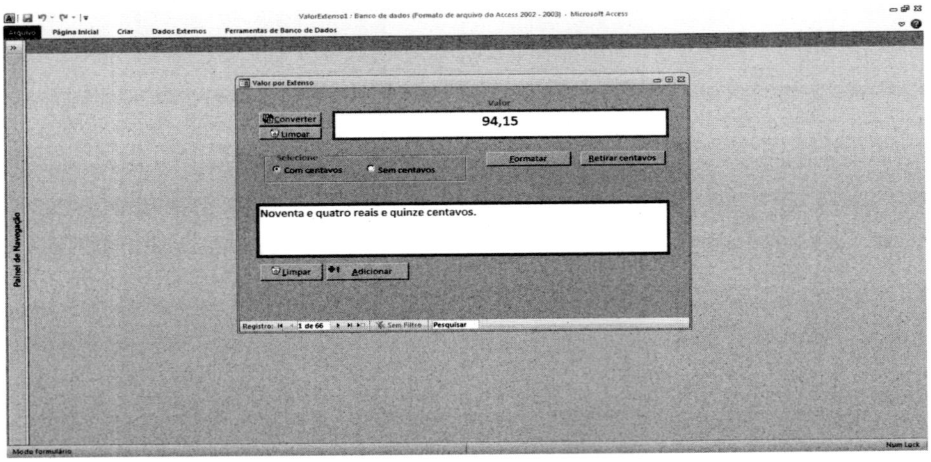


Como seria então o código para ler os centavos?

```
Public Function LeCentavos()
On Error Resume Next
Dim i As Integer
Dim x, y, z, k, p As Integer

For i = 1 To Len(txtValor)

If Len(txtValor) = 1 Then

x = left(txtValor, i)
If x = 0 Then
Extenso2 = "Zero"
ElseIf x = 1 Then
Extenso2 = "um"
ElseIf x = 2 Then
Extenso2 = "dois"
ElseIf x = 3 Then
Extenso2 = "três"
ElseIf x = 4 Then
Extenso2 = "quatro"
ElseIf x = 5 Then
Extenso2 = "cinco"
ElseIf x = 6 Then
Extenso2 = "seis"
ElseIf x = 7 Then
Extenso2 = "sete"
ElseIf x = 8 Then
Extenso2 = "oito"
```

```
ElseIf x = 9 Then
Extenso2 = "nove"
Else
Exit Function
End If
End If
Next i
Extenso2 = IIf(txtValor = 1, Extenso2 &" centavo", Extenso2 &" centavos")
End Function

Public Function LeCentavos2()
On Error Resume Next
Dim i As Integer
Dim x, y,  As Integer

For i = 1 To Len(txtValor)

If Len(txtValor) = 2 Then
x = left(txtValor, i)
y = right(txtValor, i)

If x = 0 And y = 0 Then
Extenso2 = "Zero"
ElseIf x = 0 And y = 1 Then
Extenso2 = "um"
ElseIf x = 0 And y = 2 Then
Extenso2 = "dois"
ElseIf x = 0 And y = 3 Then
Extenso2 = "três"
ElseIf x = 0 And y = 4 Then
Extenso2 = "quatro"
ElseIf x = 0 And y = 5 Then
Extenso2 = "cinco"
ElseIf x = 0 And y = 6 Then
Extenso2 = "seis"
ElseIf x = 0 And y = 7 Then
Extenso2 = "sete"
ElseIf x = 0 And y = 8 Then
Extenso2 = "oito"
ElseIf x = 0 And y = 9 Then
Extenso2 = "nove"
Else
Exit Function
End If
End If
Extenso2 = IIf(txtValor = 1, Extenso2 &" centavo", Extenso2 &" centavos")
```

```
Next i

End Function

Public Function LeCentavos3()
On Error Resume Next
Dim i As Integer
Dim x, y As Integer

For i = 1 To Len(txtValor)
x = left(txtValor, i)
y = right(txtValor, i)


If x = 1 Then
Extenso2 = "dez"
ElseIf x = 2 Then
Extenso2 = "vinte"
ElseIf x = 3 Then
Extenso2 = "trinta"
ElseIf x = 4 Then
Extenso2 = "quarenta"
ElseIf x = 5 Then
Extenso2 = "cinquenta"
ElseIf x = 6 Then
Extenso2 = "sessenta"
ElseIf x = 7 Then
Extenso2 = "setenta"
ElseIf x = 8 Then
Extenso2 = "oitenta"
ElseIf x = 9 Then
Extenso2 = "noventa"
Else
Exit Function
End If

y = right(txtValor, i)

If y = 0 Then
Extenso2 = Extenso2
Extenso2 = Replace(Extenso2, "dez e zero", "um")
Extenso2 = Replace(Extenso2, ".", "")

ElseIf y = 1 Then
Extenso2 = Extenso2 &" e "&"um"&"."
Extenso2 = Replace(Extenso2, "dez e um", "onze")
```

```
Extenso2 = Replace(Extenso2, ".", "")

ElseIf y = 2 Then
Extenso2 = Extenso2 &" e "&"dois"&"."
Extenso2 = Replace(Extenso2, "dez e dois", "doze")
Extenso2 = Replace(Extenso2, ".", "")

ElseIf y = 3 Then
Extenso2 = Extenso2 &" e "&"três"&"."
Extenso2 = Replace(Extenso2, "dez e três", "treze")
Extenso2 = Replace(Extenso2, ".", "")

ElseIf y = 4 Then
Extenso2 = Extenso2 &" e "&"quatro"&"."
Extenso2 = Replace(Extenso2, "dez e quatro", "catorze")
Extenso2 = Replace(Extenso2, ".", "")

ElseIf y = 5 Then
Extenso2 = Extenso2 &" e "&"cinco"&"."
Extenso2 = Replace(Extenso2, "dez e cinco", "quinze")
Extenso2 = Replace(Extenso2, ".", "")

ElseIf y = 6 Then
Extenso2 = Extenso2 &" e "&"seis"&"."
Extenso2 = Replace(Extenso2, "dez e seis", "dezesseis")
Extenso2 = Replace(Extenso2, ".", "")

ElseIf y = 7 Then
Extenso2 = Extenso2 &" e "&"sete"&"."
Extenso2 = Replace(Extenso2, "dez e sete", "dezessete")
Extenso2 = Replace(Extenso2, ".", "")

ElseIf y = 8 Then
Extenso2 = Extenso2 &" e "&"oito"&"."
Extenso2 = Replace(Extenso2, "dez e oito", "dezoito")
Extenso2 = Replace(Extenso2, ".", "")

ElseIf y = 9 Then
Extenso2 = Extenso2 &" e "&"nove"&"."
Extenso2 = Replace(Extenso2, "dez e nove", "dezenove")
Extenso2 = Replace(Extenso2, ".", "")

Else
Exit Function
End If
```

```
Extenso2 = IIf(txtValor = 1, Extenso2 &" centavo", Extenso2 &" centavos")

Next i
End Function
```

Mas a função acima somente tem proveito quando a subrotina abaixo é acionada pelo botão que comanda a conversão do valor com duas casas decimais.

```
Public Sub Conversao()
On Error Resume Next
Dim strValor As String
Dim sValor As String
Dim x As String
Dim nCod As Integer

'***********************
With Me
.Extenso.Visible = False
.Extenso2.Visible = False
.Extenso3.Visible = True
End With

'***********************
'A função InStr procura o símbolo ortográfico "," '(vírgula), se nesta procura
nada é encontrado (=0), 'então temos,

If InStr(1, txtValor, ",") = 0 Then
MsgBox "Não há valores em centavos !!!", vbCritical, "Valor por Extenso"

'Caso ao contrário, isto é, se encontramos um valor, 'temos,

Else
sValor = Forms!ValorExtenso!txtValor

DoCmd.SetWarnings False
strValor = "INSERT INTO tblValores(Valor) VALUES('"& sValor &"')"
CurrentDb.Execute strValor
DoCmd.SetWarnings True

DoCmd.RunCommand acCmdRefresh

Call RemoveInteiros
Call LeCentavos
nCod = Forms!ValorExtenso!Codigo
x =Nz(DLookup("Valor", "tblValores", "Codigo = "& nCod)
Me.txtValor = x
```

```
Call RemoveCentavos
Call ValorExtenso(txtValor)
x =Nz(DLookup("valor", "tblValores", "Codigo = "& nCod)
Me.txtValor = x
Me.Extenso3 = Extenso &" e "& Extenso2
End If
End Sub
```

Como você pode observar, temos pelo menos mais 4(quatro) funções que são invocadas para a exibição do valor com duas casas decimais por extenso. São elas:

1- RemoveInteiros
2- LeCentavos
3- RemoveCentavos
4- ValorExtenso(txtValor)

A segunda e a quarta você já conhece, mas agora vamos estudar a primeira e a terceira:

```
Public Function RemoveInteiros()
On Error Resume Next
Dim nValor As Variant
Dim strTexto As String
Dim intPos As String
nValor = txtValor
intPos = InStr(1, nValor, ",")    'Localiza a vírgula na numeração
strTexto = Trim(Right(nValor, intPos))    'Remove os números inteiros
txtValor = Replace(strTexto, ",", "")

End Function

Public Function RemoveCentavos()
On Error Resume Next
Dim nValor As Variant
Dim strTexto As String
Dim intPos As String

nValor = txtValor
intPos = InStr(1, nValor, ",")    'Localiza a vírgula na string de endereço

strTexto = Trim(Left(nValor, intPos))    'Remove os centavos
txtValor = Replace(strTexto, ",", "")

End Function
```

Vamos entender como isto funciona. Para que possamos "ler" os números inteiros, é preciso que removamos os centavos e, em seguida, para "lermos" os centavos, é preciso que removamos os inteiros.

Com o passar do tempo você poderá evoluir para desenvolver um formulário mais sofisticado e funções mais complexas para trazer resultados mais apurados e mais extensos de números por extenso como este abaixo:

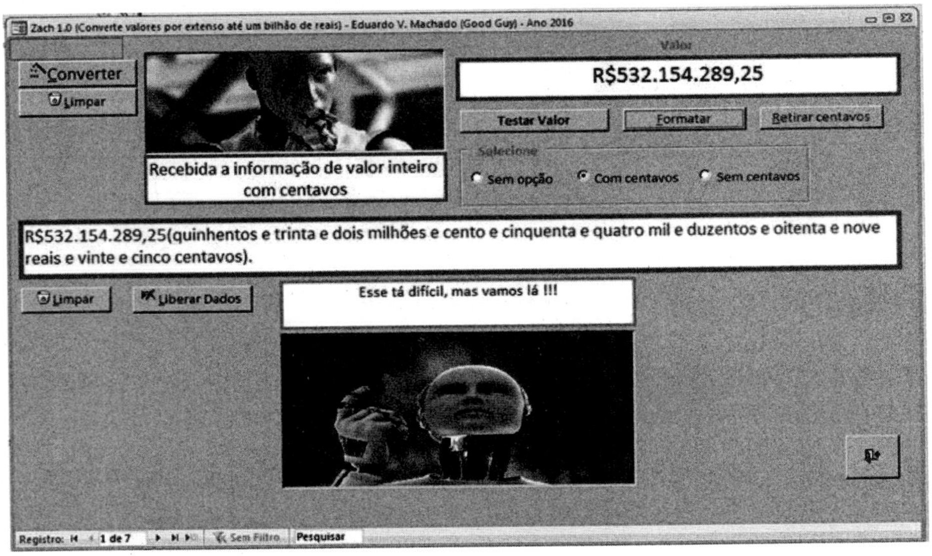


## 3.2 Aninhamento de Loopings For ... Next, um Exemplo Prático com Funções em Análise de Laboratório

Recentemente em determinado fórum surgiu uma dúvida interessante e que achei ser interessante para por meus conhecimentos de Lógica de Programação em ação:

Trabalho em uma clínica e atualmente checo o número de infecções usando MS Access. Uma das perguntas que tem surgido frequentemente é contar o número de organismo em um relatório. Isto segue normalmente, mas com frequência parece que os dados sobre infecção para um paciente estão aparecendo duas vezes no bd,mas na verdade o que está entrando duas vezes é o número de espécime para a cultura (informação de um mesmo paciente).

Por exemplo, um paciente pode ter seu sangue retirado duas vezes no mesmo dia, 12/03/2014. Os resultados do laboratório podem mostrar o organismo *StrepViridan* crescer, mas mostra dois diferentes números de *especimens* indicando duas retiradas de sangue separadas, portanto, a informação sobre o paciente e o organismo aparecem duas vezes no bd(banco de dados)devido aos dois números de espécimens diferentes.

### 3.2.1 Calculando o Número de Infecções em Pesquisa de Laboratório

Veja a figura:

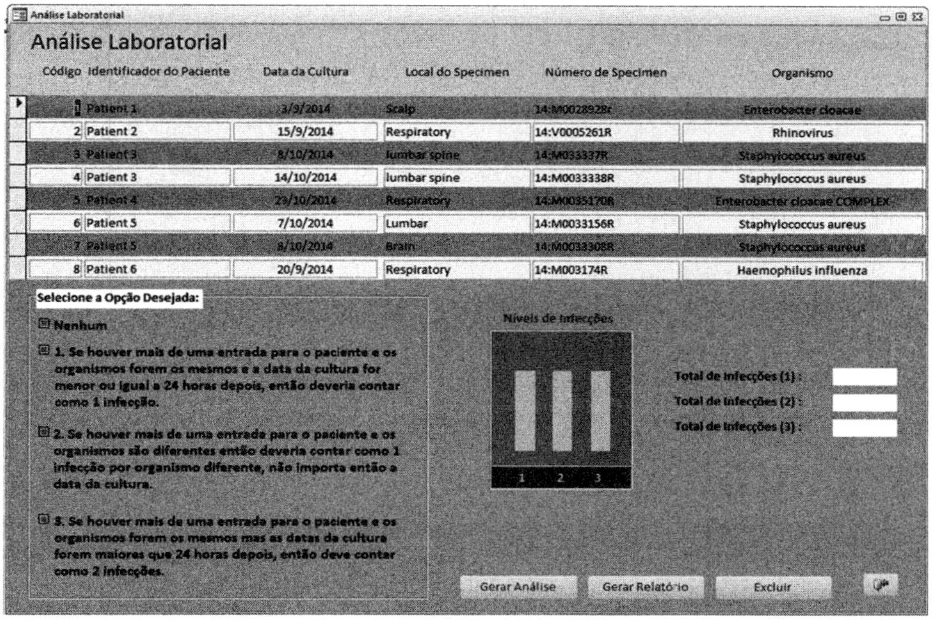


A lógica que estou procurando escrever é olhar para o nome de um organismo para um paciente:

1. Se houver mais de uma entrada para o paciente e os organismos forem os mesmos e a data da cultura for menor ou igual 24 horas depois, então deveria contar como 1 infecção.

   ```
   Registros encontrados que atendem à1ª condição:
   ```

2. Se houver mais de uma entrada para o paciente e os organismos são diferentes, então deveria contar como 1 infecção por organismo diferente, não importa então a data.

   ```
   Registros encontrados que atendem à2ª condição:
   ```

3. Se houver mais de uma entrada para o paciente e os organismos forem os mesmos mas as datas da cultura forem maiores que 24 horas depois, então deve contar como 2 infecções.

   ```
   Registros encontrados que atendem à3ª condição:
   ```

SOLUÇÃO:

A primeira coisa a fazer é desenvolver a subrotina ou função que fará o cálculo de acordo com as condições apresentadas. Estude a evolução do código para entender a sua lógica com base na proposição do usuário.

Primeiramente, a partir de um formulário contínuo com os principais campos, sendo o último o campo *Organismo* que escolhi por considerar o ideal para uma subrotina de cálculo. Na saída do campo-chave presente nas funções, desenvolveremos uma rotina na saída do campo para contabilizar o total geral das infecções de acordo com cada condição. Pode-se também criar uma subrotina à parte e utilizar a instrução *Call* para evocá-la.

Nome do formulário: Analise

```
Private Sub Organismo_Exit(Cancel As Integer)
On Error Resume Next
Dim sData As Date
Dim sContar As Integer
Dim X, i As Integer
Dim Y, y1, y2, z As String
Dim p As Integer
Dim xData As Date
Dim xPac As String
Dim nCond As Integer
Dim nInf As Integer
Dim strSQL As String
Dim strSQLTotal As String
Dim nDataCultura As Date
Dim strOrganismo As String
Dim nTotalInfec As Integer

If chkCond0 = -1 Then
Me.txtNome = ""
Me.txtContar = 0
Else

    If chkCond1 = -1 Then
Me.txtNome = ""

    X = Abs(CInt(Forms!Analise!Codigo) - 1)

    y1 = Forms!Analise!Organismo 'y1 é a Variável de Organismos

    y2 =Nz(DLookup("Organismo", "Analise", "Codigo = " & X) 'Exibe Organismos do
mesmo tipo

    Y =Nz(DLookup("Paciente", "Analise", "Codigo = " & X)

    z = Forms!Analise!Paciente

    xData =Nz(DLookup("DatadaCultura", "Analise", "Codigo = " & X) 'Exibe a úl-
tima Data da Cultura

    sData = Forms!Analise!DatadaCultura 'Exibe a Data da Cultura atual

If xData <> sData Then
        p = Abs(DateDiff("d", xData, sData))

        If y1 = y2 Then
            If p <= 1 Then
```

```
                If Y = z Then
                Call Contador
                Me.txtNome = Y

                xPac = Forms!Analise!txtNome

nInf = Forms!Analise!txtContar

                nCond = 1

                strOrganismo = Forms!Analise!txtNome1

                nTotalInfec = Forms!Analise!Inf1

nDataCultura = Forms!Analise!DatadaCultura

                strSQL = "INSERT INTO tblSelecao(Paciente,Infecções,Condição,Dat
adaÚltimaCultura)VALUES ('" & xPac & "','" & nInf & "','" & nCond & "','" & nDa-
taCultura & "')"
                strSQLTotal = "INSERT INTO tblRelatorio(Organismo,TotaldeInfecçõ
es)VALUES ('" & strOrganismo & "','" & nTotalInfec & "')"
                CurrentDb.Execute strSQL
                CurrentDb.Execute strSQLTotal
                Me.lstRelatorio.Requery

End If


            End If

        End If

End If
End If

If chkCond2 = -1 Then
Me.txtNome = ""

    X = Abs(CInt(Forms!Analise!Codigo) - 1)

    y1 = Forms!Analise!Organismo 'Variável de Organismos

    i = Forms!Analise!Codigo

    y2 =Nz(DLookup("Organismo", "Analise", "Codigo = " & X) 'Exibe Organismos do
mesmo tipo
```

```
    Y =Nz(DLookup("Paciente", "Analise", "Codigo = " & X)

    z = Forms!Analise!Paciente

    xData =Nz(DLookup("DatadaCultura", "Analise", "Codigo = " & X) 'Exibe a úl-
tima Data da Cultura

    sData = Forms!Analise!DatadaCultura 'Exibe a Data da Cultura atual

If xData <> sData Then
        p = DateDiff("d", xData, sData)

        If y1 <> y2 Then

              If Y = z Then
                 Call Contador
                 Me.txtNome = Y

                 xPac = Forms!Analise!txtNome

                 nInf = Forms!Analise!txtContar

                 nCond = 2

                 nDataCultura = Forms!Analise!DatadaCultura
                 strOrganismo = Forms!Analise!txtNome1
nTotalInfec = Forms!Analise!Inf2

                 strSQL = "INSERT INTO tblSelecao(Paciente,Infecções,Condição,Dat
adaÚltimaCultura)VALUES ('" & xPac & "','" & nInf & "','" & nCond & "','" & nDa-
taCultura & "')"
                 CurrentDb.Execute strSQL
                 strSQLTotal = "INSERT INTO tblRelatorio(Organismo,TotaldeInfecçõ
es)VALUES ('" & strOrganismo & "','" & nTotalInfec & "')"
                 CurrentDb.Execute strSQLTotal
                 Me.lstRelatorio.Requery

End If

        End If

        End If
End If

If chkCond3 = -1 Then
```

```
Me.txtNome = ""
Me.txtContar = 0

    X = Abs(CInt(Forms!Analise!Codigo) - 1)
    y1 = Forms!Analise!Organismo 'Variável de Organismos
    i = Forms!Analise!Codigo

    y2 =Nz(DLookup("Organismo", "Analise", "Codigo = " & X) 'Exibe Organismos do
mesmo tipo
    Y =Nz(DLookup("Paciente", "Analise", "Codigo = " & X)
    z = Forms!Analise!Paciente
    xData =Nz(DLookup("DatadaCultura", "Analise", "Codigo = " & X) 'Exibe a úl-
tima Data da Cultura
    sData = Forms!Analise!DatadaCultura 'Exibe a Data da Cultura atual

If xData <> sData Then
        p = DateDiff("d", xData, sData)

        If y1 = y2 Then

            If p > 1 Then
             Call Contador
                If Y = z Then
                Call Contador
                Me.txtNome = Y
                xPac = Forms!Analise!txtNome
                nInf = Forms!Analise!txtContar
                nCond = 3
                nDataCultura = Forms!Analise!DatadaCultura
                strOrganismo = Forms!Analise!txtNome1
nTotalInfec = Forms!Analise!Inf3
                strSQL = "INSERT INTO tblSelecao(Paciente,Infecções,Condição,Dat
adaÚltimaCultura)VALUES ('" & xPac & "','" & nInf & "','" & nCond & "','" & nDa-
taCultura & "')"
                CurrentDb.Execute strSQL
                strSQLTotal = "INSERT INTO tblRelatorio(Organismo,TotaldeInfecçõ
es)VALUES ('" & strOrganismo & "','" & nTotalInfec & "')"
                CurrentDb.Execute strSQLTotal
                Me.lstRelatorio.Requery
Else
                Exit Sub
                End If
            Else
                Exit Sub
            End If
       Else
```

```
            Exit Sub
            End If
         Else
            Exit Sub
            End If
      End If
    End If

    End Sub
```

tblSelecao

| Nome do campo | Tipo de dados |
|---|---|
| Código | Numeração Automátic |
| Paciente | Texto |
| Infecções | Número |
| Condição | Número |
| DatadaÚltimaCultura | Data/Hora |

Veja o resultado das cláusulas INSERT das funções estudadas.

tblSelecao

| Paciente | Infecções | Condição | DatadaÚltimaCultura | Clique para Adicionar |
|---|---|---|---|---|
| Patient 5 | 1 | 1 | 8/10/2014 | |
| Patient 6 | 2 | 2 | 22/9/2014 | |
| Patient 8 | 2 | 2 | 28/9/2014 | |
| Patient 12 | 2 | 2 | 28/9/2014 | |
| Patient 3 | 2 | 3 | 14/10/2014 | |
| Patient 10 | 2 | 3 | 8/10/2014 | |

1ª CONDIÇÃO: Se houver mais de uma entrada para o paciente e os organismos forem os mesmos e a data da cultura for menor ou igual a 24 horas depois, então deveria contar como 1 (uma) infecção.

```
Public Function CalculaInfeccao()
On Error Resume Next
Dim sData As Date
    Dim sContar As Integer
    Dim X As Integer
Dim y1, y2 As String
    Dim p As Integer
Dim xData As Date
Dim rs As DAO.Recordset

Set rs = CurrentDb.OpenRecordset("Analise", dbOpenTable)

y1 = Forms!Analise!Organismo 'Variável de Organismos
```

```
    For X = 1 To rs.RecordCount
        xData =Nz(DLookup("[DatadaCultura]", "Analise", "Codigo = " & X) 'Exibe
a última Data da Cultura
        sData = Forms!Analise![DatadaCultura] 'Exibe a Data da Cultura atual

If xData <> sData Then
            p = Nz(DateDiff("d", xData, sData))

y2 =Nz(DLookup("Organismo", "Analise", "Codigo = " & X) 'Exibe Organismos do
mesmo tipo
If y1 = y2 Then
                    If p <= 1 Then
Me.Inf1 = DCount("Paciente", "tblSelecao", "Condição=1")
Me.txtNome1 = y1
                    End If
                End If

        End If

    Next X

End Function
```

2ª CONDIÇÃO: Se houver mais de uma entrada para o paciente e os organismos são diferentes, então deveria contar como 1 infecção por organismo diferente, não importa então a data.

```
Public Function CalculaInfeccao2()
On Error Resume Next
Dim sData As Date
    Dim TempoDecorrido As Date
    Dim sContar As Integer
    Dim X As Integer
Dim Y, y1, y2 As String
Dim p As Integer
    Dim xData As Date
Dim rs As DAO.Recordset

    Set rs = CurrentDb.OpenRecordset("Analise", dbOpenTable)

y1 = Forms!Analise!Organismo 'Variável de organismos

    For X = 1 To rs.RecordCount
    xData =Nz(DLookup("DatadaCultura", "Analise", "Codigo = " & X) 'Exibe a úl-
tima Data da Cultura
```

```
    sData = Forms!Analise!DatadaCultura 'Exibe a Data da Cultura atual

If xData <> sData Then
        p = Nz(DateDiff("d", xData, sData))

y2 =Nz(DLookup("Organismo", "Analise", "Codigo = " & X) 'Exibe Organismos do
mesmo tipo
If y1 = y2 Then
              Me.Inf2 = DCount("Paciente", "tblSelecao", "Condição=2")
              Me.txtNome1 = y1

            End If

    End If
Next X
End Function
```

3ª CONDIÇÃO: Se houver mais de uma entrada para o paciente e os organismos forem os mesmos, mas as datas da cultura forem maiores que 24 horas depois, então deve contar como 2 infecções.

```
Public Function CalculaInfeccao3()
On Error Resume Next
Dim sData As Date
Dim TempoDecorrido As Date
Dim sContar As Integer
Dim X As Integer
Dim Y, y1, y2 As String
Dim p As Integer
Dim xData As Date
Dim rs As DAO.Recordset

    Set rs = CurrentDb.OpenRecordset("Analise", dbOpenTable)

y1 = Forms!Analise!Organismo 'Variável de Organismos


    For X = 1 To rs.RecordCount
    xData =Nz(DLookup("DatadaCultura", "Analise", "Codigo = " & X) 'Exibe a úl-
tima Data da Cultura
    sData = Forms!Analise!DatadaCultura 'Exibe a Data Atual da Cultura

If xData <> sData Then
        p = Nz(DateDiff("d", xData, sData))

y2 =Nz(DLookup("Organismo", "Analise", "Codigo = " & X) 'Exibe organismos do
```

```
mesmo tipo
If y1 = y2 Then
                If p > 1 Then

Me.Inf3 = DCount("Paciente", "tblSelecao", "Condição=3")
Me.txtNome1 = y1

                End If

            End If

    End If

   Next X

End Function
```

Pronto!Desenvolvidas as funções, vamos criar um grupo de opções para fazê-las funcionar segundo cada condição imposta.

```
Private Sub frmOption_AfterUpdate()
Select Case frmOption
Case Is = 1
Exit Sub
Case Is = 2
Call CalculaInfeccao
Case Is = 3
Call CalculaInfeccao2
Case Is = 4
Call CalculaInfeccao3
End Select
End Sub
```

### 3.2.2 Função Geradora do Percentual de Infecção por Condição

```
Public Function PercentInfeccao()

Dim xInf1, xInf2, xInf3 As Double
Dim I As Integer

For I = 1 To 7
    If Not IsNull(Inf1) Then
I = I + 1
```

```
    xInf1 = Int((Inf1 * i)) / 100
    Me.txtCond1 = xInf1
    End If
Next i
For I = 1 To 7
    If Not IsNull(Inf2) Then
I = I + 1
    xInf2 = Int((Inf2 * i)) / 100
    Me.txtCond2 = xInf2
    End If
Next i

For I = 1 To 7
    If Not IsNull(Inf3) Then
I = I + 1
    xInf3 = Int((Inf3 * i)) / 100
    Me.txtCond3 = xInf3
    End If
Next i
End Function
```

Agora vejamos a função que nos levará ao resultado final.

```
Public Function GerarAnalise()
On Error Resume Next
Dim rs As DAO.Recordset
Dim strAnalise As String
Dim intRetVal As Integer
Dim strTitulo As String
Dim Reg As Long

Set rs = CurrentDb.OpenRecordset("Analise", dbOpenTable)

If Me.chkCond0 = 0 Then
Exit Function
End If

strTitulo = "Seleção de Análise"
strAnalise = "Deseja analisar qual condição? Sim para a primeira, Não para a se-
gunda e Cancelar para a terceira"
intRetVal = MsgBox(strAnalise, vbQuestion + vbYesNoCancel, strTitulo)

Select Case intRetVal
Case Is = vbYes
If Me.chkCond1 = -1 Then
```

```
Me.txtNome = ""
Me.txtContar = 0

    Do While Not rs.EOF
    Me.Organismo.SetFocus
        If Not IsNull(Organismo) Then
        DoCmd.RunCommand acCmdRecordsGoToNext
        Call CalculaInfeccao
        Call BarraProgressoA
        Call PercentInfeccao
        Else
        Exit Do
        End If
    Loop

DoCmd.RunCommand acCmdRecordsGoToFirst
Reg = rs.RecordCount
MsgBox "" & Reg & " registros percorridos !!!", vbInformation, "Total de regis-
tros"
Else
Exit Function
End If
Case Is = vbNo
If Me.chkCond2 = -1 Then

Me.txtNome = ""
Me.txtContar = 0

    Do While Not rs.RecordCount
        Me.Organismo.SetFocus
        If Not IsNull(Organismo) Then
        DoCmd.RunCommand acCmdRecordsGoToNext
        Call CalculaInfeccao2
        Call BarraProgressoB
        Call PercentInfeccao
        Else
        Exit Do
        End If
Loop

DoCmd.RunCommand acCmdRecordsGoToFirst
Reg = rs.RecordCount
MsgBox "" & Reg & " registros percorridos !!!", vbInformation, "Total de regis-
tros"
Else
Exit Function
```

```
End If
Case Is = vbCancel
If Me.chkCond3 = -1 Then
On Error Resume Next
Me.txtNome = ""
Me.txtContar = 0

    Do While Not rs.RecordCount
        Me.Organismo.SetFocus
        If Not IsNull(Organismo) Then
        DoCmd.RunCommand acCmdRecordsGoToNext
        Call CalculaInfeccao3
        Call BarraProgressoC
        Call PercentInfeccao
        Else
        Exit Do
        End If

    Loop

DoCmd.RunCommand acCmdRecordsGoToFirst
Reg = rs.RecordCount
MsgBox "" & Reg & " registros percorridos !!!", vbInformation, "Total de regis-
tros"
Else
Exit Function
End If
End Select
End Function

Private Sub cmdGerarAnalise_Click()
Call GerarAnalise
End Sub
```

Veja o resultado da análise das três condições de pesquisa:

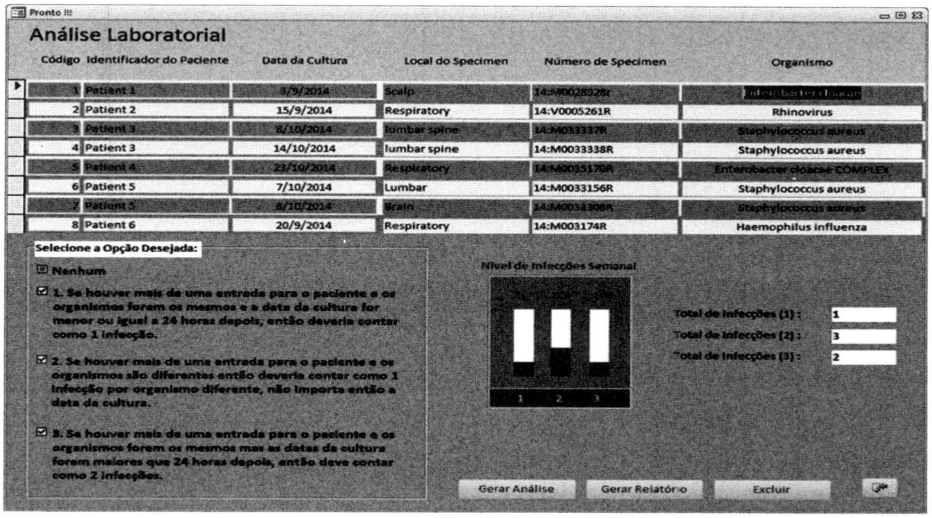


## 3.2.3 Funções das Barras de Progresso dos Níveis de Infecções

1ª Barra:

Criamos uma tabela auxiliar chamada *tblSelecao*que receberá os dados calculados pelas funções na saída do campo Organismo.

tblSelecao

| Nome do campo | Tipo de dados |
|---|---|
| Código | Numeração Automátic |
| Paciente | Texto |
| Infecções | Número |
| Condição | Número |
| DatadaÚltimaCultura | Data/Hora |

tblSelecao

| Paciente | Infecções | Condição | DatadaÚltimaCultura | Clique para Adicionar |
|---|---|---|---|---|
| Patient 5 | 1 | 1 | 8/10/2014 | |
| Patient 6 | 2 | 2 | 22/9/2014 | |
| Patient 8 | 2 | 2 | 28/9/2014 | |
| Patient 12 | 2 | 2 | 28/9/2014 | |
| Patient 3 | 2 | 3 | 14/10/2014 | |
| Patient 10 | 2 | 3 | 8/10/2014 | |

```
Public Function BarraProgressoA() As Boolean
On Error Resume Next
Dim i, k, s As Integer
Dim ctl As control
```

```
Dim c As Variant
Dim Y As Long

Dim z As Integer

If Forms!Analise!frmOption!opt2 Then
chk1 = 0
 z = DCount("Paciente", "tblSelecao", "Condição=1")

If z <= 2 Then
    k = k + 1
    ElseIf z > 2 And z <= 3 Then
    k = k + 2
    ElseIf z > 3 And z <= 4 Then
    k = k + 3
    ElseIf z > 4 And z <= 6 Then
    k = k + 4
    ElseIf z > 6 Then
    k = k + 5
    Else
    k = k + 0
    End If
 Else
 chk1 = 0
 k = k + 0
End If

    For Each ctl In Me.Controls
        For I = 1 To k
           If ctl.Tag = 0 Then
            ctl.Enabled = True
            ctl = c & k
            ctl.BackColor = 16711680
            If k = 0 Then
            c1.BackColor = 16777215
            c2.BackColor = 16777215
            c3.BackColor = 16777215
            c4.BackColor = 16777215
            c5.BackColor = 16777215

            ElseIf k = 1 Then
            c2.BackColor = 16777215
            c3.BackColor = 16777215
            c4.BackColor = 16777215
            c5.BackColor = 16777215
```

```
            ElseIf k = 2 Then
            c3.BackColor = 16777215
            c4.BackColor = 16777215
            c5.BackColor = 16777215

            ElseIf k = 3 Then
            c4.BackColor = 16777215
            c5.BackColor = 16777215

            ElseIf k = 4 Then
            c5.BackColor = 16777215

            Else
            c1.BackColor = 16711680
            c2.BackColor = 16711680
            c3.BackColor = 16711680
            c4.BackColor = 16711680
            c5.BackColor = 16711680

            End If

            ctl = Null
           End If
        Next i
    Next ctl
Form.Caption = "Pronto !!!"

End Function
```

2ª Barra:

```
Public Function BarraProgressoB() As Boolean
On Error Resume Next
Dim i, k, s As Integer
Dim ctl As control
Dim d As Variant
Dim Y As Long

Dim z As Integer

If Forms!Analise!frmOption!opt3 Then
chk2 = -2
    z = DCount("Paciente", "tblSelecao", "Condição=2")

If z <= 2 Then
```

```
    k = k + 1
    ElseIf z > 2 And z <= 3 Then
    k = k + 2
    ElseIf z > 3 And z <= 4 Then
    k = k + 3
    ElseIf z > 4 And z <= 6 Then
    k = k + 4
    ElseIf z > 6 Then
    k = k + 5
    Else
    k = k + 0
    End If
    Else
    chk2 = 0
    k = k + 0

End If


    For Each ctl In Me.Controls
        For i = 1 To k
           If ctl.Tag = -2 Then
            ctl.Enabled = True
            ctl = d & k
            ctl.BackColor = 16711680
            If k = 0 Then
            d1.BackColor = 16777215
            d2.BackColor = 16777215
            d3.BackColor = 16777215
            d4.BackColor = 16777215
            d5.BackColor = 16777215

            ElseIf k = 1 Then
            d2.BackColor = 16777215
            d3.BackColor = 16777215
            d4.BackColor = 16777215
            d5.BackColor = 16777215

            ElseIf k = 2 Then
            d3.BackColor = 16777215
            d4.BackColor = 16777215
            d5.BackColor = 16777215

            ElseIf k = 3 Then
            d4.BackColor = 16777215
            d5.BackColor = 16777215
```

```
            ElseIf k = 4 Then
            d5.BackColor = 16777215

            Else
            d1.BackColor = 16711680
            d2.BackColor = 16711680
            d3.BackColor = 16711680
            d4.BackColor = 16711680
            d5.BackColor = 16711680

            End If

            ctl = Null
           End If
        Next i
    Next ctl
Form.Caption = "Pronto !!!"
End Function
```

3ª Barra:

```
Public Function BarraProgressoC() As Boolean
On Error Resume Next
Dim i, k, s As Integer
Dim ctl As control
Dim e As Variant
Dim Y As Long

Dim z As Integer

If Forms!Analise!frmOption!opt4 Then

chk3 = -3
z = DCount("Paciente", "tblSelecao", "Condição=3")
Me.Inf3 = z
    If z <= 2 Then
    k = k + 1
    ElseIf z > 2 And z <= 3 Then
    k = k + 2
    ElseIf z > 3 And z <= 4 Then
    k = k + 3
    ElseIf z > 4 And z <= 6 Then
    k = k + 4
    ElseIf z > 6 Then
```

```
    k = k + 5
    Else
    k = k + 0
    End If
 Else
 chk3 = 0

End If

    For Each ctl In Me.Controls
        For i = 1 To k
           If ctl.Tag = -3 Then
            ctl.Enabled = True
            ctl = e & k
            ctl.BackColor = 16711680
            If k = 0 Then
            e1.BackColor = 16777215
e2.BackColor = 16777215
            e3.BackColor = 16777215
            e4.BackColor = 16777215
e5.BackColor = 16777215

            ElseIf k = 1 Then
            e2.BackColor = 16777215
e3.BackColor = 16777215
            e4.BackColor = 16777215
            e5.BackColor = 16777215

ElseIf k = 2 Then
            e3.BackColor = 16777215
            e4.BackColor = 16777215
            e5.BackColor = 16777215

            ElseIf k = 3 Then
            e4.BackColor = 16777215
            e5.BackColor = 16777215

            ElseIf k = 4 Then
e5.BackColor = 16777215

            Else
e1.BackColor = 16711680
            e2.BackColor = 16711680
            e3.BackColor = 16711680
e4.BackColor = 16711680
            e5.BackColor = 16711680
```

```
End If

           ctl = Null
          End If
Next i
Next ctl

End Function
```

NOTA: Para cada condição escolhida, deve-se retornar ao primeiro registro, selecionando-se a opção Nenhum.

```
Private Sub lstRelatorio_Click()
On Error Resume Next
Dim frm As Form, ctl As Control
Dim varItm As Variant

Set frm = Forms!Analise
Set ctl = frm!lstRelatorio

For Each varItm In ctl.ItemsSelected
Me.txtNome2 = IIf(Not IsNull(txtNome2), Ucase(ctl.Column(1, varItm)), "NãoEncon-
trado")
Next varItm

End Sub

Private Sub lstRelatorio_DblClick(Cancel As Integer)
On Error Resume Next
Dim sNome As String
sNome = Forms!Analise!txtNome2

If Not IsNull(Forms!Analise!txtNome2) Then
DoCmd.OpenForm "FiltroPacientes", , , "Paciente = '"&sNome&"'"
DoCmd.CloseacForm, "Analise"
End If
End Sub

Private Sub Paciente_Click()
On Error Resume Next
If Not IsNull(Me.Paciente) And Me.Codigo = 1 Then
Me.txtNome2 = ""
Me.txtContar = 0
End If
End Sub
```

```
Private Sub txtNome2_Change()
Me.lstRelatorio.Requery
End Sub

Public Function Contador()
On Error Resume Next
Dim n As Integer
n = Me.txtContar
n = n + 1
Me.txtContar = n

End Function


Private Sub cmdExcluir_Click()
Dim strSQL As String

strSQL = "DELETE * FROM tblSelecao"
CurrentDb.ExecutestrSQL
Me.lstRelatorio.Requery
End Sub
```

## 3.3 Localizar e Substituir

Vamos aprender a trabalhar juntamente com o looping *Do While* e a função *Array*.

O recurso do office de *Localizar* e *Substituir* no MSWord e MSExcel é bem conhecido. Como seria a função com este recurso ao se trabalhar com registros do MSAccess?

1º Caso: Localizar e substituir em todos os registros com a função ***Array***.

```
Public Function SubstituirTodosCaracteres(sChar As Variant)  'Variant porque pode
ser um caracter, palavra ou uma frase
On Error Resume Next

Dim i As Integer
Dim rs As DAO.Recordset
Dim strMsg As String
Dim intRetVal As Integer
Dim sCharAtual As Variant  'Variant porque pode ser um símbolo ou uma frase
Dim Count As Integer
Dim MinhaArray As Variant
Dim Total As String

sChar = Nz(Me.txtLocalizar)
sCharAtual = Nz(Me.txtSubstituir)
```

```
Set rs = CurrentDb.OpenRecordset("tblTeste", dbOpenDynaset)

strMsg = "Deseja substituir o(s) caracter(es) informado(s)?"
intRetVal = MsgBox(strMsg, vbQuestion + vbYesNo, "Localizar e Substituir")

Select Case intRetVal

Case Is = vbYes
Do While Not rs.EOF

If Not IsNull(Memo) Then

Memo = Replace(Memo, sChar, sCharAtual)
Me.Refresh
    If Memo > 0 Then
      Count = Count + 1
    End If

'Looping For Next com a função Array
'*********************************************
MinhaArray = Array(sChar, sCharAtual)

For i = LBound(MinhaArray) To UBound(MinhaArray)
Total = Total & "Termo(" & i & ")= " & MinhaArray(i) & vbCrLf
Next i
'*********************************************

Else
Exit Do
End If
DoCmd.RunCommand acCmdRecordsGoToNext
Loop
MsgBox "Concluída a operação solicitada com " & Count & " alteração(ões) !!!
Termos alterados foram: " & vbCrLf & Total & "", vbExclamation, "Localizar e
Substituir"
DoCmd.RunCommand acCmdRecordsGoToFirst
Case Is = vbNo
Exit Function
End Select

rs.Close
Set rs = Nothing


End Function
```

Esta função trabalha, porém, com esta outra:

```
Public Sub PercorrerRegistros()
On Error Resume Next
Dim rs As DAO.Recordset

Set rs = CurrentDb.OpenRecordset("tblTeste", dbOpenDynaset)

rs.MoveFirst
Do While Not rs.EOF

If Not IsNull(Memo) Then 'Com a 'estrutura de controle de fluxo If… Then Else … End 'If, crio uma condição para gerar o posicionamento do 'cursor para o registro seguinte enquanto durar o 'loopingDo While
Call SubstituirTodosCaracteres(Memo)
    DoCmd.RunCommand acCmdRecordsGoToNext

    Else 'Caso a condição de preenchimento do campo Memo não seja satisfeita. Um campo nulo, por exemplo, o laço Do While termina e o cursor para de percorrer os registros.
Exit Do
    End If
Loop
rs.MoveLast
End Sub
```

No botão Localizar, evocamos:

```
Private Sub cmdSubstituir_Click()
On Error Resume Next

Dim strMsg As String
Dim intRetVal As Integer

strMsg = "Deseja substituir em um só registro ou em todos?"
intRetVal = MsgBox(strMsg, vbYesNoCancel, "Localizar e Substituir")
Select Case intRetVal
Case Is = vbYes
Call SubstituirCaracteres(Memo)
Case Is = vbNo
Call PercorrerRegistros
Call SubstituirTodosCaracteres(Memo)
Case Is = vbCancel
Exit Sub
End Select

End Sub
```

Com estas funções, você poderá fazer revisões de texto em todos os registros da tabela, quer seja palavra como parte dela ou em sentenças completas:

Suponhamos que é preciso alterar uma palavra impondo um acento como no exemplo acima. Considere que o verbete *voce* (sem acento circunflexo) aparece em pelo menos dois registros em um formulário contínuo.

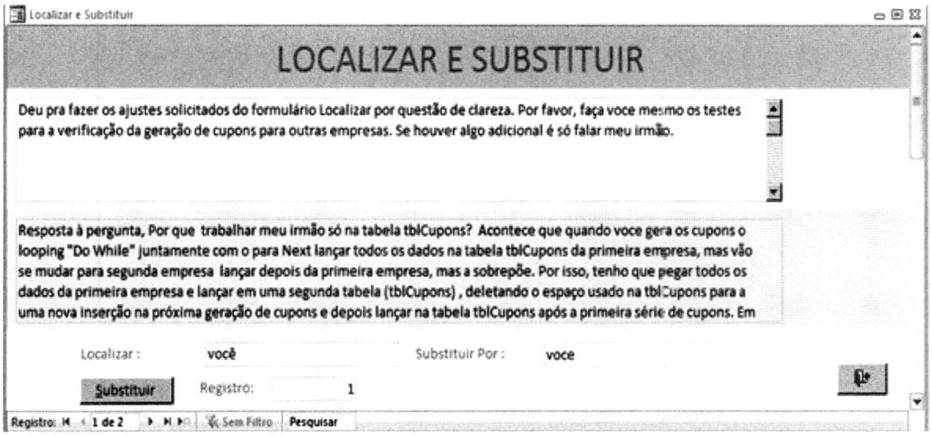


O que acontece quando clicamos no botão Substituircom a finalidade substituir todos os registros?

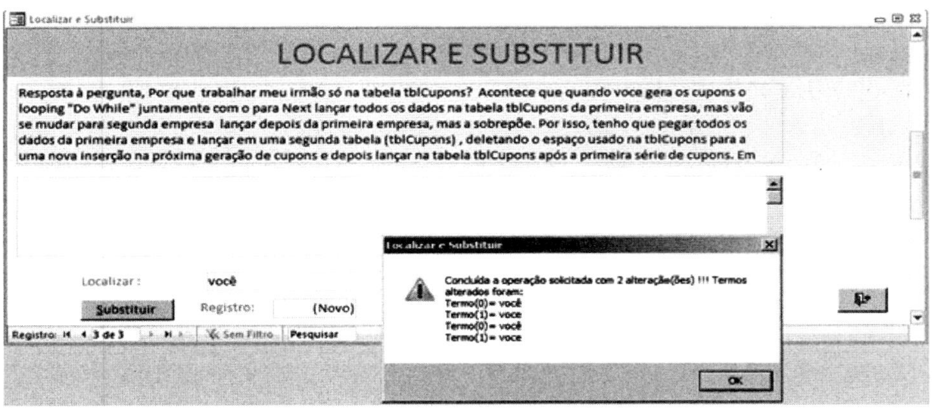


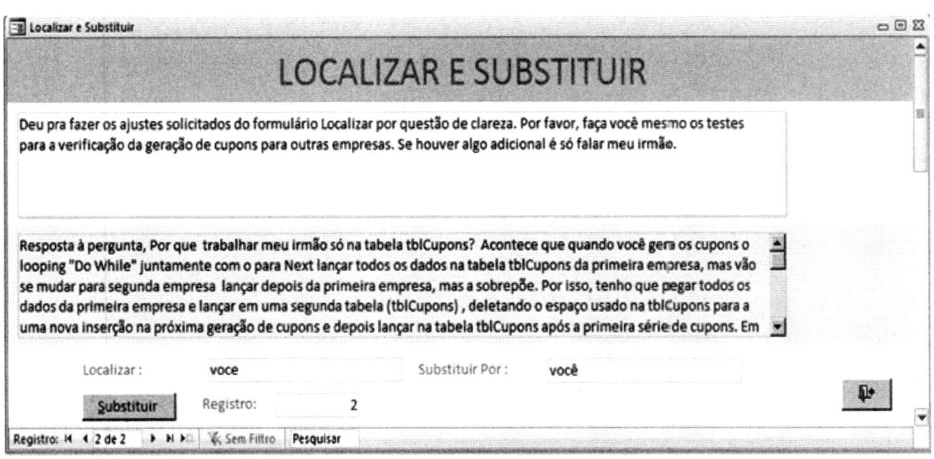

Atente que em todos os registros o verbete você já aparece acentuado devidamente.

CUIDADO: No entanto, para partes de um verbete, você terá que informar o verbete com o erro de grafia para que não haja uma substituição sem prejuízo de troca de caracteres em verbetes com sua ortografia correta que tenham as mesmas letras com grafia errada do verbete supracitado.

2º Caso:Localizando e substituindo somente em um registro específico.

Veja como fica a função:

```
Public Function SubstituirCaracteres(sChar As Variant) 'Variant porque pode ser
um caracter, palavra ou uma frase
On Error Resume Next
Dim I As Integer
Dim rs As DAO.Recordset
Dim strMsg As String
Dim intRetVal As Integer
Dim sCharAtual As Variant 'Variant porque pode ser um símbolo, palavra ou uma
frase
Dim sCod As Integer

sCod = Forms![Localizar e Substituir]!Codigo
sChar = Nz(Me.txtLocalizar)
sCharAtual = Nz(Me.txtSubstituir)

Set rs = CurrentDb.OpenRecordset("tblTeste", dbOpenDynaset)

strMsg = "Deseja substituir o(s) caracter(es) informado(s)?"
intRetVal = MsgBox(strMsg, vbQuestion + vbYesNo, "Localizar e Substituir")

Select Case intRetVal

Case Is = vbYes

If Not IsNull(Memo) And sCod = Me.CodigoThen   'Quando condicionamos ao código
do registro limitamos a ação de substituição a este registro apenas

Memo = Replace(Memo, sChar, sCharAtual)
Me.Refresh

Else
Exit Function
End If
MsgBox "Concluída a operação solicitada !!!", vbExclamation, "Localizar e Subs-
tituir"
DoCmd.RunCommand acCmdRecordsGoToFirst
```

```
Case Is = vbNo
Exit Function
End Select

rs.Close
Set rs = Nothing


End Function
```

3º Caso: Localizar e Substituir com BeginTrans e CommitTrans (com Do Until... Loop)

(1)

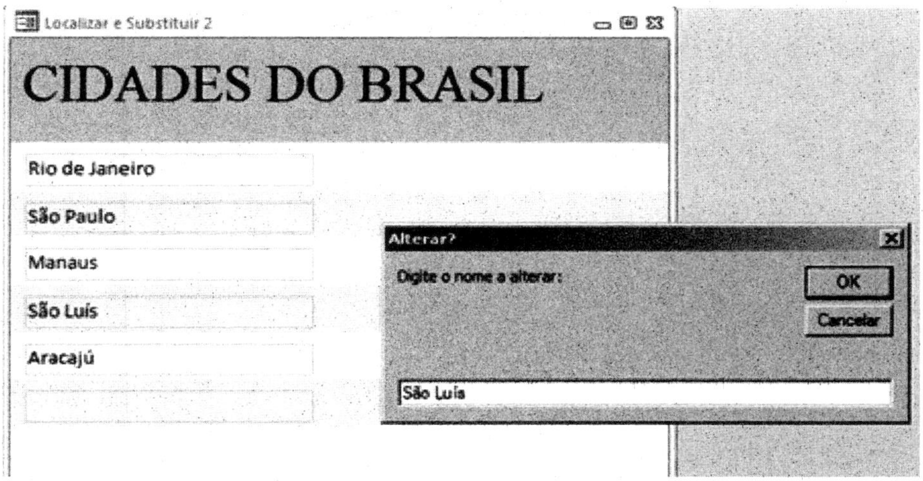


(2)

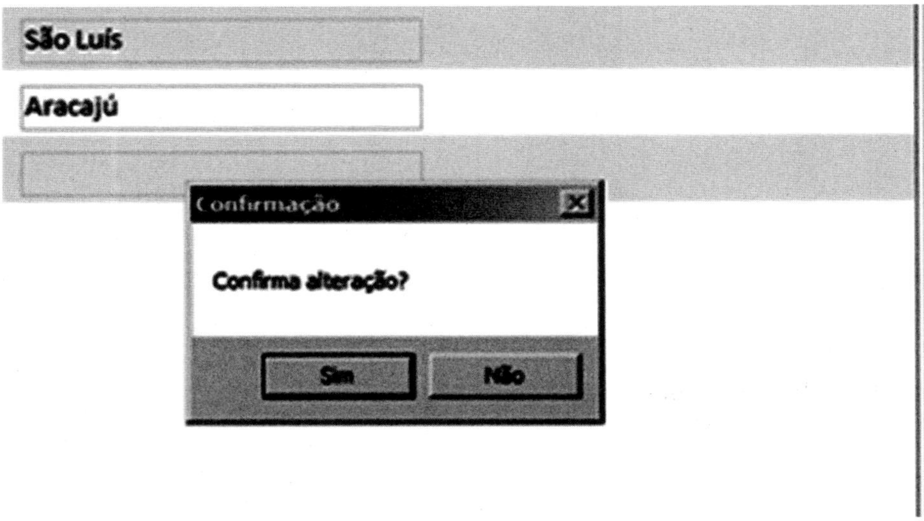

Resultado:

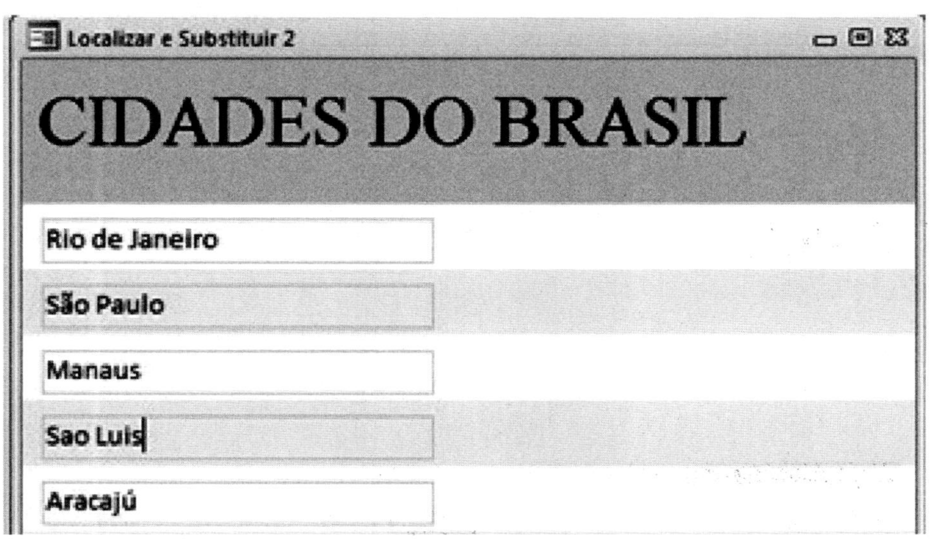


Veja como fica a função:

```
Private Sub cmdLocalizar_Click()
```

```
Dim ws As DAO.Workspace
Dim db As DAO.Database
Dim rs As DAO.Recordset
Dim Trans As Boolean
Dim sMens As String
Dim sNome As String
Dim tNome As String

On Error GoTo Erro

Trans = False
Set ws = DBEngine.Workspaces(0) 'Referir-se ao Workspace padrão
Set db = CurrentDb 'Banco de Dados corrente
Set rs = db.OpenRecordset("Teste", dbOpenDynaset) 'Verificar sempre na proprie-
dade do formulário qual é o tipo de conjunto de registros e utilizar o acesso
apropriado, caso contrário ocorrerá um erro indicado por uma mensagem de texto

ws.BeginTrans
Trans = True

sNome = InputBox("Digite o nome a alterar:", "Alterar?")  'Substituir por uma
caixa de texto
tNome = InputBox("Digite o novo nome: ", "Alterar?")
'Substituir por uma caixa de texto como alternativa
rs.MoveFirst 'Garantir que iniciará no primeiro registro

Do Until rs.EOF'Faça enquanto não chegar ao final da Tabela
  If rs.Fields("Cidade") = sNome Then
  'Me!Cidade = rs.Fields("Cidade") ' Ou rs!Cidade

  sMens = MsgBox("Confirma alteração?", vbYesNo, "Confirmação")

   If sMens = vbYes Then
   rs.Edit 'Abre para alterações
   rs.Fields("Cidade") = tNome
   rs.Update
   End If
  End If
rs.MoveNext 'Mover para o próximo registro
Loop

If MsgBox("Salvar alterações?", vbQuestion - vbYesNo, "Salvar") = vbYes Then
ws.CommitTrans 'Salva alterações
Me.Requery
Else
ws.Rollback 'Desfaz alterações
```

```
End If

Sair:
rs.Close
Set db = Nothing
Set ws = Nothing
Exit Sub

Erro:
MsgBox "Erro"
If Trans = True Then
Exit Sub
End If

Resume Sair
End Sub
```

## 3.4 Torre de Hanoi – Progressão Geométrica

É um jogo que exercita o usuário nos princípios da matemática, muitas vezes inconscientemente. É utilizado nas redes de ensino do país para exercitar a capacidade cognitiva das crianças e adolescentes. O seu algoritmo, no entanto, em muito auxilia o profissional de programação no desenvolvimento de aplicativos que envolvam loopings de sequência com FOR (STEP)...NEXT.

Segundo o Wikipedia «é um quebra-cabeça inventado pelo matemático francês Édouard Lucas. Ele teve inspiração de uma lenda para construir o jogo das Torres de Hanói em 1883. Já seu nome foi inspirado na torre símbolo da cidade de Hanói, no Vietnã.

Regras do Jogo: Constitui-se de uma torre com oito discos, inicialmente empilhados por tamanhos decrescentes em três pinos dados. O objetivo é transferir a torre inteira para um dos outros pinos, movendo apenas um disco de cada vez e nunca colocando um disco maior em cima de um menor.

É interessante observar que o número mínimo de "movimentos" para conseguir transferir todos os discos da primeira estaca à terceira é $2^n$-1, sendo n o número de discos. Logo:

Para solucionar um Hanói de 4 discos, são necessários 15 movimentos
Para solucionar um Hanói de 7 discos, são necessários 127 movimentos
Para solucionar um Hanói de 15 discos, são necessários 32.767 movimentos
Para solucionar um Hanói de 64 discos, como diz a lenda, são necessários 18.446.744.073.709.551.615 movimentos.
Para mover o primeiro disco da torre original, 1 movimento é gasto. Para mover o segundo da torre original, sendo que o primeiro já foi movido e será construída uma torre com os 2 menores discos, são gastos 2 movimentos. Para deslocar o terceiro disco formando nova torre com os três menores discos, tendo a torre com os dois menores já formada, são gastos 4 movimentos.

Assim se sucede com os próximos discos até que o enésimo disco (o último) seja deslocado compondo uma torre com os outros discos tendo uma torre com o penúltimo disco e os demais juntos já formada. A sucessão formada pela soma dos movimentos é uma sucessão ( 1 , 2 , 4 , 8...2 n ) {\displaystyle (1,2,4,8...2^{n})}(1,2,4,8...$2^n$)

A fórmula $2^n$-1 2 n − 1 {\displaystyle 2^{n}-1} é provinda da soma de uma progressão geométrica.

Sabe-se que em uma progressão geométrica a soma de seus termos equivale a [a * (q^n - 1)]/(q-1)[ a ∗ ( q n − 1 ) ] / ( q − 1 ) {\displaystyle [a*(q^{n}-1)]/(q-1)}, onde "a" é o primeiro termo e "q" é a razão.

Já que a razão é 2 e o primeiro termo é 1 temos que [a * (q^n-1)]/(q-1)=[1*($2^n$-1)]/(2-1)=$2^n$-1[ a ∗ ( q n − 1 ) ] / ( q − 1 ) = [ 1 ∗ ( 2 n − 1 ) ] / ( 2 − 1 ) = 2 n − 1 {\displaystyle [a*(q^{n}-1)]/(q-1)=[1*(2^{n}-1)]/(2-1)=2^{n}-1}

Uma solução **iterativa** em **Access VBA** para as Torres de Hanoi. A letra **A** representa o primeiro pino mais à esquerda, a letra **C** o pino central e a letra **B** representa o último pino para o qual todos os Discos devem estar no final do algoritmo."

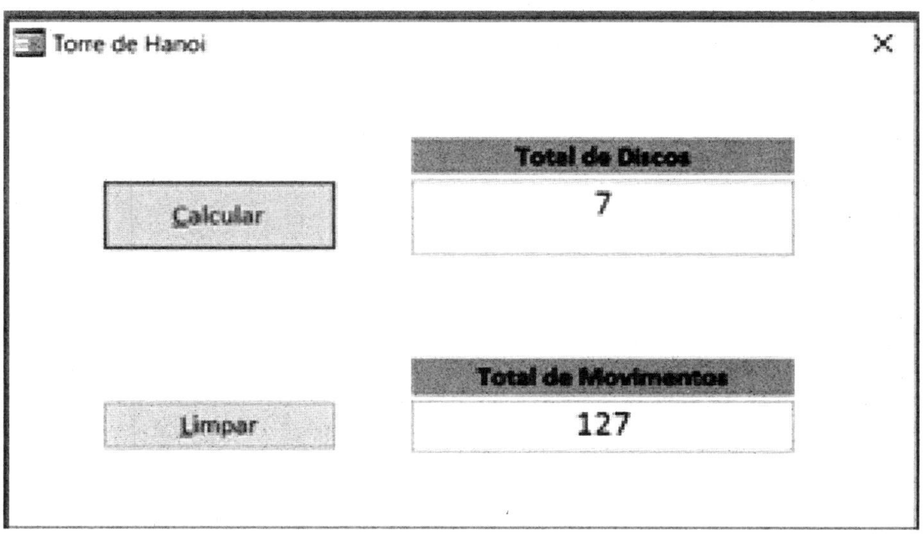

## 3.5 Função em Access VBA da Torre de Hanoi

```
Public Function TorredeHanoi(lngDiscos As Long)
On Error Resume Next
Dim lngPrimeiro As Long
Dim lngPulos, lngn As Long
Dim lngInicial As Long

lngDiscos = Me.txtTotalDiscos

If Not IsNull(Me.txtTotalDiscos) Then

'*******************************
If lngDiscos Mod 2 = 0 Then
lngn = Me.txtTotalDiscos
lngPulos = 2 ^ lngn - 1

lngInicial = 2      '{"A-->B", "B-->C", "C-->A"};//para pares
Else
lngn = Me.txtTotalDiscos
lngPulos = 2 ^ lngn - 1
lngInicial = 1      '{"A-->C","C-->B","B-->A"};//para impares
End If
'*******************************

For lngPrimeiro = lngInicial To lngDiscos Step lngPulos

Me.txtSequencia = Me.txtSequencia & lngPulos

Next lngPrimeiro

Else

MsgBox "Não esqueça de informar o total de discos", vbCritical, "Torre de Hanói"
End If
End Function
```

Para chamar esta função criamos um botão com o seguinte código:

```
Private Sub cmdCalcular_Click()
On Error Resume Next
Me.txtSequencia = ""
CallTorredeHanoi(txtTotalDiscos)
End Sub
```

## 3.6 Exercícios Propostos

1. Em determinada escola, no final de cada semestre há uma avaliação dos professores de cada aluno em cada disciplina. Supondo que em uma turma de 30 alunos, no cômputo geral só 10 alunos tiraram notas entre 8 e 10, 15 alunos tiraram notas entre 5 e 8 e por último, 5 alunos tiraram notas abaixo da média.

   Crie um programa que exiba em um formulário contínuo por seleção em um grupo de opções, os alunos com suas respectivas notas por categoria de aprovação, percentual em relação ao total de alunos e uma barra horizontal de progresso ao lado no formulário ou no rodapé do mesmo uma barra vertical que determine o nível da nota em relação a nota máxima.

2. Crie um programa que descreva em três barras verticais e em um rótulo ao lado, o nível de água limpa, o nível de água com areia e o nível de água com terra, baseado nos seguintes dados:

   (1) um químico abriu uma válvula de contenção e despejou em um contêiner 500 litros de água que atingiram 2 m de profundidade;

   (2) Em seguida, despejou 100 kg de areia na água que ficaram assentadas uniformemente e atingiram 30 cm de profundidade no contêiner;

   (3) Por último, despejou 150 kg de terra na água que ficaram assentadas uniformemente acima do nível de areia e atingiram 40 cm de altura no conteiner.

CAPÍTULO 4

# Manipulação de Strings I

## 4.1 Validando DV de PIS/PASEP (São Paulo)

A proposta é criar um aplicativo que encontre o DV correto de um número PIS dado. Encontrei este algoritmo de validação do PIS do site Macoratti.net e a partir dele desenvolvi a função que atende a essa solicitação:

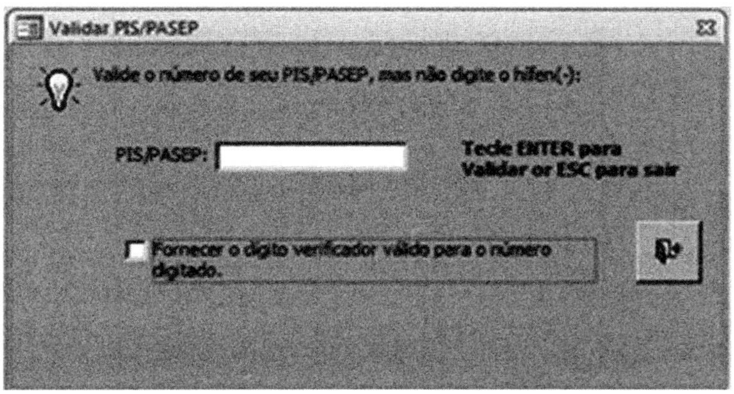


## 4.2 Algoritmo do PIS/PASEP*

O formato do PIS é NNNNNNNNNNND, em que,NNNNNNNNNN é o número do Identificador e D oDígito Verificador.

a) Multipliqueos 11 últimos algarismos pelos pesos conforme abaixo:

Pesos: 3, 2, 9, 8, 7, 6, 5, 4, 3, 2
Digitos: NNNNNNNNNN

Cálculo

X1 = N * 3
X2 = N * 2
X3 = N * 9
X4 = N * 8
X5 = N * 7
X6 = N * 6
X7 = N * 5

X8 = N * 4
X9 = N * 3
X10 = N * 2

D (posição do dígito)

b) Sometodos os produtos obtidos no item «a».

Soma = X1 + X2 + X3 + X4 + X5 + X6 + X7 + X8 + X9 + X10

c) Dividao somatório do item «b» por 11.

Divisão = Soma / 11

d) Subtraia de 11 o resto da divisão do item «c».

Resultado = 11 - resto da Divisão

O resultado será o dígito verificador.

Caso o resultado da subtração seja 10 ou 11, o dígito será 0.

Vamos criar a função em Access VBA, seguindo a mesma metodologia ensinada no desenvolvimento da função para calcular o DV do CPF e do CNPJ ensinada no livro *Técnicas Especiais de Access VBA* de minha autoria.

SOLUÇÃO:

```
Public Function ValidaPISPASEP(PIS As Variant) As Boolean
On Error Resume Next
Dim Dig1, Dig2, Dig3, Dig4, Dig5, Dig6, Dig7, Dig8, Dig9, Dig10, Dig11 As Long
Dim Soma, Soma1, DigVer As Integer
Dim chkExibirDigitos As Boolean
Dim strMsg As String
Dim Total, Total1 As Integer

PIS = Format(PIS, "00000000000")
'Pega os digitos verificador da cadeia
DigVer = right(PIS, 1)
'Localização do Digito Verificador

Dig1 = Mid(PIS, 1, 1) * 3
Dig2 = Mid(PIS, 2, 1) * 2
Dig3 = Mid(PIS, 3, 1) * 9
Dig4 = Mid(PIS, 4, 1) * 8
Dig5 = Mid(PIS, 5, 1) * 7
Dig6 = Mid(PIS, 6, 1) * 6
```

```
Dig7 = Mid(PIS, 7, 1) * 5
Dig8 = Mid(PIS, 8, 1) * 4
Dig9 = Mid(PIS, 9, 1) * 3
Dig10 = Mid(PIS, 10, 1) * 2

'Soma os valores dos digitos já multiplicados
Soma = (Dig1) + (Dig2) + (Dig3) + (Dig4) + (Dig5) + (Dig6) + (Dig7) + (Dig8) +
(Dig9) + (Dig10)
'Divide a Soma por 11
Soma1 = Soma Mod 11  'Soma1 é o resto da divisão por 11
Total1 = 11 - Soma1
If Not IsNull(Forms!ValidaPISPASEP!txtPIS.Text) And DigVer = Total1 Then
MsgBox "PIS válido!", vbInformation
Else
MsgBox "PIS inválido!", vbCritical
   If (Forms!ValidaPIS!chkExibirDigitos) Then
   strMsg = strMsg & vbCrLf & vbCrLf
   strMsg = strMsg &"(Para a Matrícula "& Forms!ValidaPIS!txtPIS.Text
   strMsg = strMsg &" o dígito verificador correto é "& Total1 &")"
   End If
MsgBox strMsg, vbQuestion, "PIS?"
End If
DoCmd.CancelEvent
End Function

Private Sub txtPIS_BeforeUpdate(Cancel As Integer)
On Error Resume Next
Dim PIS As String
If IsNull(Me.txtPIS.Text) Or IsEmpty(Me.txtPIS.Text) Then
MsgBox ("Campo em Branco. Digite um número válido"), vbInformation
Else
PIS = Format(txtPIS, "00000000000")
Call ValidaPISPASEP(PIS)
End If
End Sub
```

A máscara de entrada da caixa de texto txtPIS no formulário terá 11(onze) zeros:

```
Máscara de Entrada: 00000000000
```

Vamos testar com um número PIS como exemplo:

Exemplo:170.33259.50-4 (Dígito correto é 4)

Vamos digitar: 17033259502

Após clicar em OK, teremos a seguinte informação:

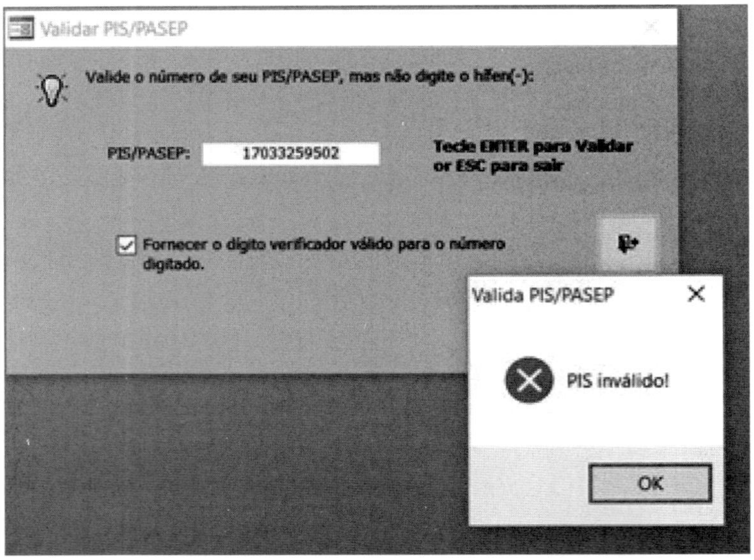


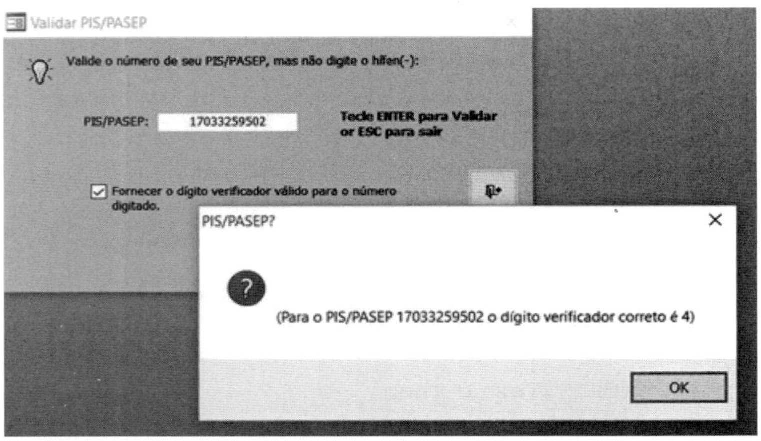


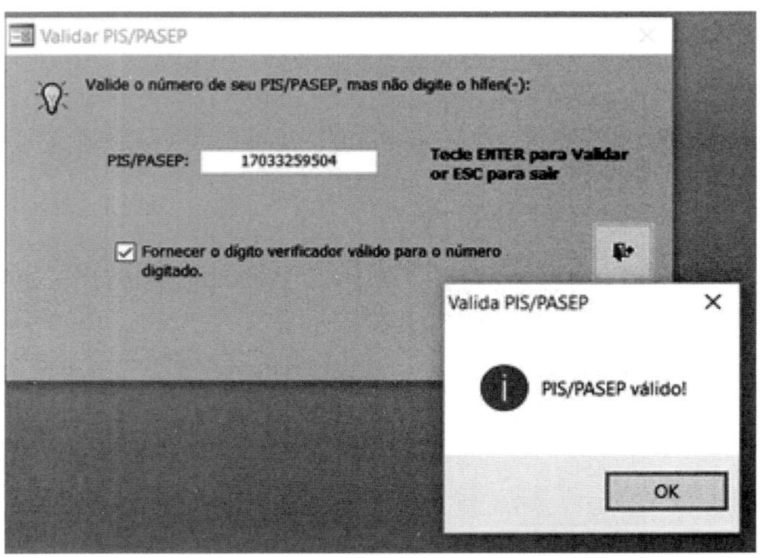

## 4.3 Validando o RG e Descobrir seu DV (São Paulo)

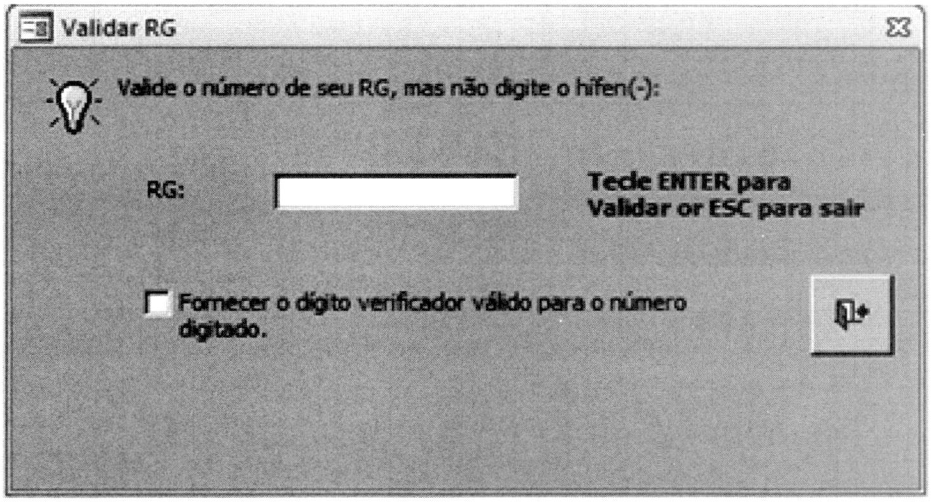


Vamos primeiramente estudar o algoritmo do RG do estado de São Paulo e depois o do Rio de Janeiro com base no mesmo raciocínio.

Oalgoritmo abaixo foi extraído do site do Prof. Cardy: http://www.profcardy.com/cardicas/rg.php

Antes, é importante destacar que o grupo numérico completo de tal documento é algo do tipo abcdefgh-i, em queos algarismos {a, b, c, d, e, f, g, h}, dispostos na ordem indicada, formam o número de RG abcdefgh.

O i é chamado de dígito verificador do número de RG (rigorosamente não faz parte do número do RG, estando este apenas associado ao RG). Entretanto, observando o uso prático, é extremamente comum que o número do RG seja todo associado ao grupo abcdefgh – i, incluindo também o dígito verificador... ficando abcdefghi.

Para evitar ambiguidade nesta explicação, estipulo como:

- abcdefgh **:::** **número** do RG;
- i **:::** **dígito verificador** do RG;
- abcdefghi **:::** **número completo** do RG.

Cada elemento do número completo do RG, abcdefghi, será organizado assim:

| a | b | . | c | d | e | . | f | g | h | i |
|---|---|---|---|---|---|---|---|---|---|---|

Cada um dos elementos deve ser multiplicado pelas respectivas constantes:

| a | b | . | c | d | e | . | f | g | h | i |
|---|---|---|---|---|---|---|---|---|---|---|
| x2 | x3 | | x4 | x5 | x6 | | x7 | x8 | x9 | x100 |

Indicando-se os resultados obtidos,

| a | b | . | c | d | e | . | f | g | h | i |
|---|---|---|---|---|---|---|---|---|---|---|
| x2 | x3 | | x4 | x5 | x6 | | x7 | x8 | x9 | x100 |
| = A | = B | | **= C** | **= D** | **= E** | | **= F** | **= G** | **= H** | **= I** |

devemos somá-los e obter o **Total = A + B + C + D + E + F + G + H + I.**

| a | b | . | c | d | e | . | f | g | h | i |
|---|---|---|---|---|---|---|---|---|---|---|
| x2 | x3 | | x4 | x5 | x6 | | x7 | x8 | x9 | x100 |
| = A | = B | | **= C** | **= D** | **= E** | | **= F** | **= G** | **= H** | **= I** |
| **Total = A + B + C + D + E + F + G + H + I** | | | | | | | | | | |

Sendo o número do RG válido, o Total deverá ser divisível por 11 (ou seja, se dividir por onze o resto será zero).

Repare: o dígito verificador só verifica matematicamente **a correta disposição dos algarismos do RG**. Isto segundo as regras deste órgão emissor que foram aqui apresentadas!

O dígito, claro, não identificará se o número corresponde a algum documento realmente registrado no banco de dados da Secretaria de Segurança Pública de São Paulo (SSP-SP).

**Exemplo**:

| 9 | 1 | . | 1 | 2 | 2 | . | 5 | 3 | 4 | 1 |
|---|---|---|---|---|---|---|---|---|---|---|
| x2 | x3 | | x4 | x5 | x6 | | x7 | x8 | x9 | x100 |
| = 18 | = 3 | | **= 4** | **= 10** | **= 12** | | **= 35** | **= 24** | **= 36** | **= 100** |
| **Total = 18 + 3 + 4 + 10 + 12 + 35 + 24 + 36 + 100** | | | | | | | | | | |

O total **18 + 3 + 4 + 10 + 12 + 35 + 24 + 36 + 100 = 242 é divisível por 11**. Então, **91.122.534-1** é, matematicamente, um RG autêntico.

Vamos agora a partir deste algoritmo desenvolver uma função em Access VBA que nos informe o DV de um RG no estado de São Paulo.

```
Public Function ValidaRGdeSP(RG As Variant)
On Error Resume Next
Dim Dig1, Dig2, Dig3, Dig4, Dig5, Dig6, Dig7, Dig8, Dig9 As Long
Dim Soma, Soma1, DigVer, i As Integer
Dim chkExibirDigitos As Boolean
Dim strMsg As String
Dim Total1, k As Integer
RG = Format(RG, "000000000")
```

```
'Localização do Digito Verificador
'Multiplica cada digito da cadeia pelo coeficiente crescente
Dig1 = Mid(RG, 1, 1) * 2
Dig2 = Mid(RG, 2, 1) * 3
Dig3 = Mid(RG, 3, 1) * 4
Dig4 = Mid(RG, 4, 1) * 5
Dig5 = Mid(RG, 5, 1) * 6
Dig6 = Mid(RG, 6, 1) * 7
Dig7 = Mid(RG, 7, 1) * 8
Dig8 = Mid(RG, 8, 1) * 9
Dig9 = Mid(RG, 9, 1) * 100
'Soma os valores dos digitos já multiplicados
Soma = (Dig1) + (Dig2) + (Dig3) + (Dig4) + (Dig5) + (Dig6) + (Dig7) + (Dig8) +
(Dig9)
'Divide a Soma por 11
Soma1 = Soma Mod 11
'*****************************************
'Looping para calcular o DV
For I = 0 To 9

If ((Dig1) + (Dig2) + (Dig3) + (Dig4) + (Dig5) + (Dig6) + (Dig7) + (Dig8) + (I *
100)) Mod 11 = 0 Then
DigVer = i
End If
Next i
  '*******************************************

  If Not IsNull(Forms!ValidaRG!txtRG.Text) And Soma1 = 0 Then
  MsgBox "RG Válido!", vbInformation

  Else
  MsgBox "RG Inválido!", vbCritical
  If (Forms!ValidaRG!chkExibirDigitos) Then
  strMsg = strMsg & vbCrLf & vbCrLf
  strMsg = strMsg &"(Para a Matrícula "& Forms!ValidaRG!txtRG.Text
  strMsg = strMsg &" o dígito verificador correto é "& DigVer &")"
  End If
  MsgBox strMsg, vbQuestion, "RG?"
  End If
DoCmd.CancelEvent
End Function

CERTO:
```

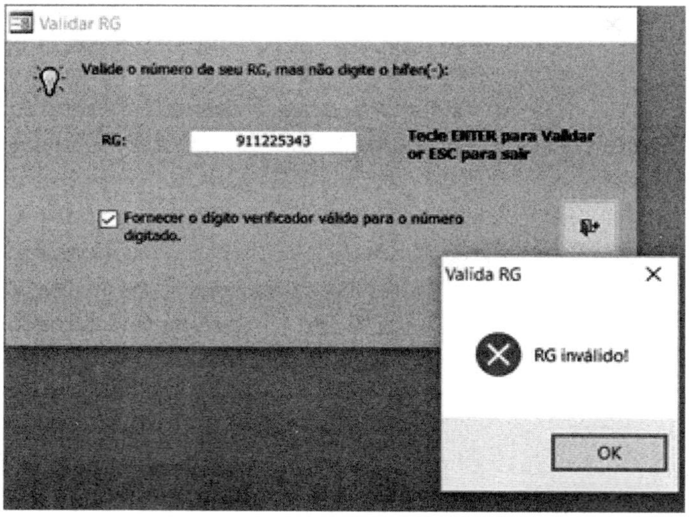


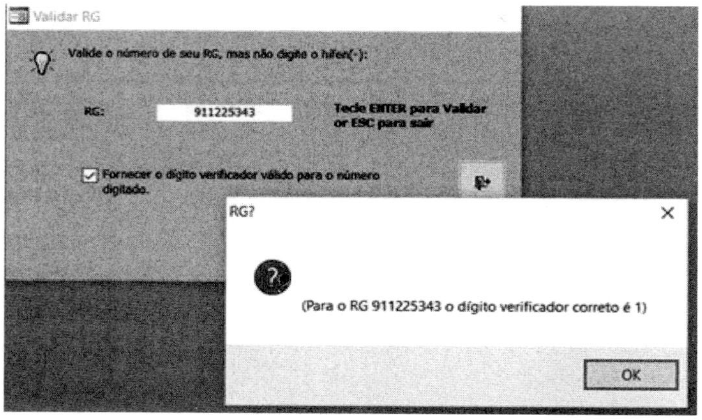


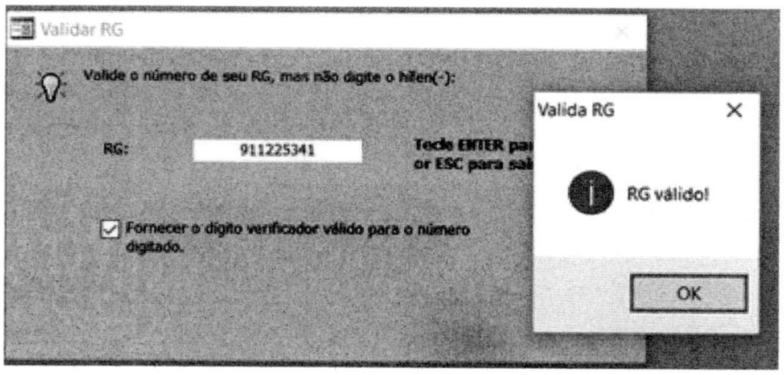


## 4.4 Criando Relatórios com Níveis em Cadeia

Vamos aprender como acrescentar níveis de numeração de tópicos e subtópicos com a função Mid.

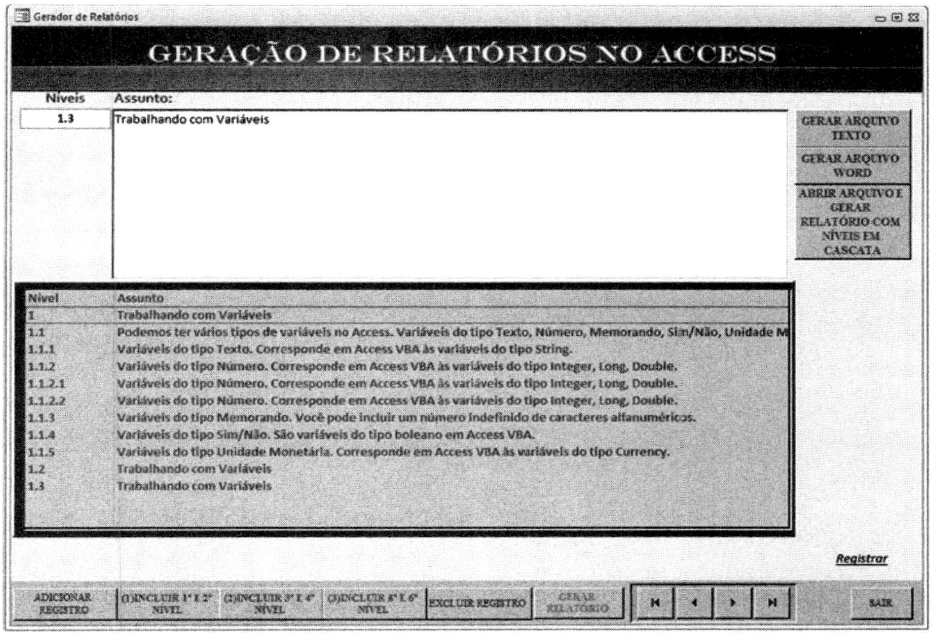


A primeira operação de criação de níveis do primeiro botão (INCLUIR 1º E 2º NÍVEL)vem da função abaixo. O que ela faz?

```
Public Sub AcrescentarNivel()
On Error Resume Next
Dim strRegistro As String
Dim strAssunto As String
Dim strStatus As String
Dim n As Integer
Dim strMsg As String
Dim strTitle As String
Dim intRetVal As Integer


strTitle = "Criar Relatório"
strMsg = "Deseja acrescentar um Nível?"
intRetVal = MsgBox(strMsg, vbQuestion + vbYesNo, strTitle)
Select Case intRetVal
Case vbYes
If Nível = Format(Nível, "0.0") Then 'Se o formato do código for com ponto,
acrescenta o próximo Nível
n = Mid(Forms!CriarRelatorio!Nível, 3, 3)'Pega o último dígito do último código
n = n + 1

strRegistro = Mid(Forms!CriarRelatorio!Nível, 1, 1) &"."& n 'Formata o código e
acrescenta uma unidade ao valor depois do ponto
strRegistro = Replace(strRegistro, ",", ".") 'Corrige e reformata o código, tro-
```

```
cando a vírgula pelo ponto
strAssunto = Assunto

'Crie uma tabela com dois campos, Nível e Assunto
DoCmd.SetWarnings False
strRegistro = "INSERT INTO Pai(Nível,Assunto) VALUES('"& strRegistro &"', '"&
strAssunto &"')"
DoCmd.RunSQL strRegistro
DoCmd.RunCommand acCmdRefresh
DoCmd.SetWarnings True
MsgBox "Dados Alterados com sucesso !!!", vbExclamation, "Criar Relatorio"
Else 'Caso o contrário
n = Mid(Forms!CriarRelatorio!Nível, 3, 3) 'Pega o último dígito do último código
n = n + 1
strRegistro = Mid(Forms!CriarRelatorio!Nível, 1, 1) &"."& n 'Formata o código e
acrescenta uma unidade ao valor depois do ponto
strRegistro = Replace(strRegistro, ",", ".")
strAssunto = Assunto

DoCmd.SetWarnings False
strRegistro = "INSERT INTO Pai(Nível,Assunto) VALUES('"& strRegistro &"', '"&
strAssunto &"')"
DoCmd.RunSQL strRegistro
DoCmd.RunCommand acCmdRefresh
DoCmd.SetWarnings True
MsgBox "Dados Alterados com sucesso !!!", vbExclamation, "CriarRelatorio"
End If
Case vbNo
Exit Sub
End Select
End If
```

Observe os dois últimos níveis na figura acima. Vou escolher o primeiro e adicionar níveis ao tópico. Clico no primeiro botão (1) INCLUIR 1º e 2º NÍVEL.

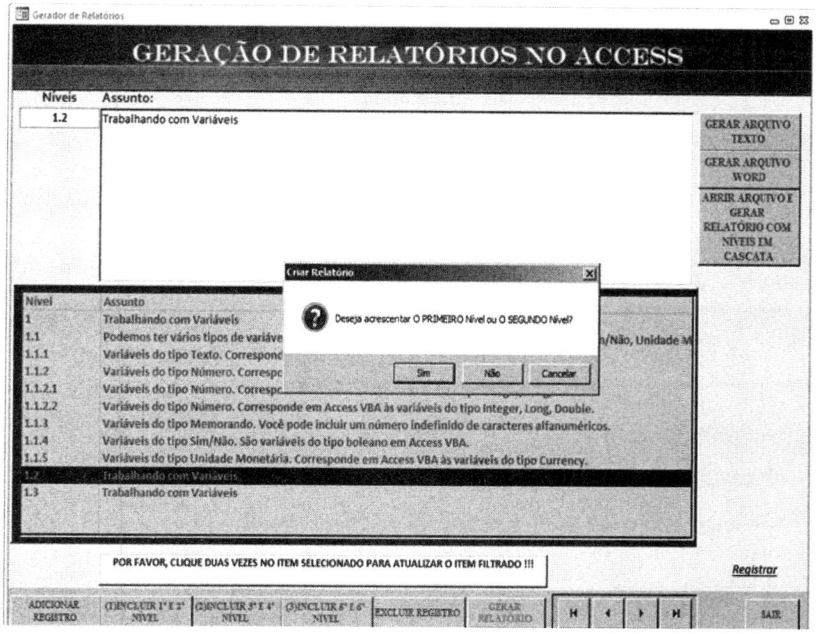


Clico em Sim para acrescentar o segundo nível.

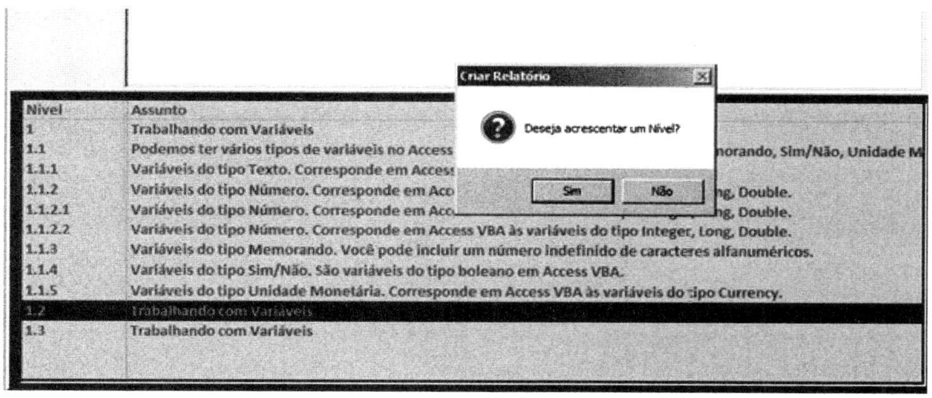


Veja o resultado:

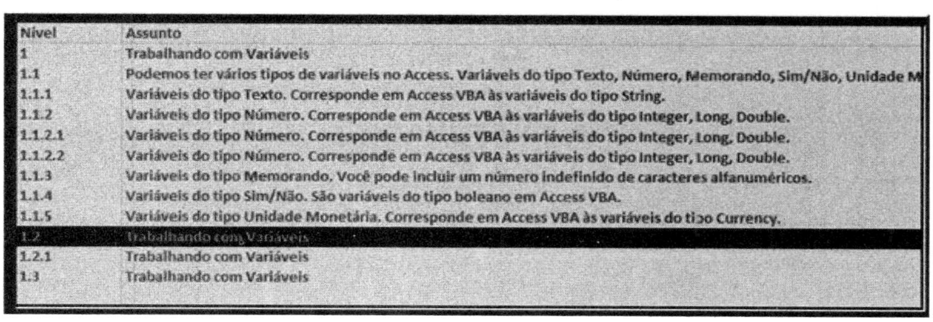

Ao final das nossas operações de acréscimo de níveis, geramos o relatório.

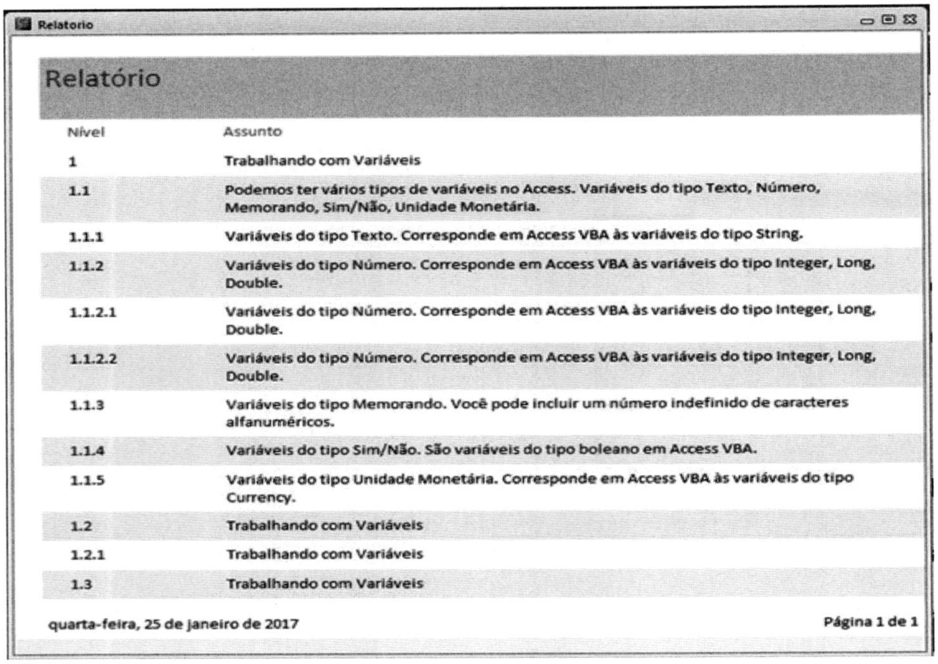

Relatorio

Relatório

| Nível | Assunto |
|---|---|
| 1 | Trabalhando com Variáveis |
| 1.1 | Podemos ter vários tipos de variáveis no Access. Variáveis do tipo Texto, Número, Memorando, Sim/Não, Unidade Monetária. |
| 1.1.1 | Variáveis do tipo Texto. Corresponde em Access VBA às variáveis do tipo String. |
| 1.1.2 | Variáveis do tipo Número. Corresponde em Access VBA às variáveis do tipo Integer, Long, Double. |
| 1.1.2.1 | Variáveis do tipo Número. Corresponde em Access VBA às variáveis do tipo Integer, Long, Double. |
| 1.1.2.2 | Variáveis do tipo Número. Corresponde em Access VBA às variáveis do tipo Integer, Long, Double. |
| 1.1.3 | Variáveis do tipo Memorando. Você pode incluir um número indefinido de caracteres alfanuméricos. |
| 1.1.4 | Variáveis do tipo Sim/Não. São variáveis do tipo boleano em Access VBA. |
| 1.1.5 | Variáveis do tipo Unidade Monetária. Corresponde em Access VBA às variáveis do tipo Currency. |
| 1.2 | Trabalhando com Variáveis |
| 1.2.1 | Trabalhando com Variáveis |
| 1.3 | Trabalhando com Variáveis |

quarta-feira, 25 de janeiro de 2017 Página 1 de 1

## 4.5 Usos Especiais das Funções de Informação *MsgBox* e *InputBox*

O uso de MsgBox com a instrução Eval coloca em negrito a informação exibida pela **MsgBox** veiculada pela **InputBox.**

```
Private Sub IniciarPesquisa()
On Error Resume Next
Dim intRetVal As Integer
Dim strMsg As String
Dim strTitle As String
Dim Perguntas As String

Perguntas = InputBox("Digite abaixo a sua dúvida:", "CIDASA - Consulta Instantânea de Dados do SASB", Default:="Regras Básicas")

Select Case Perguntas

Case Is = "Abastecimento Precario"
Eval ("MsgBox ('Fornecimento de água em situação irregular !' " & "&
chr(13)&chr(10)&" & " '@" & "Pesquisa Especial CIDASA @ ',0,'Ajuda')")

Case Is = "Atualizacao da Ufir" 'A função Eval com 'esta sintaxe especial com @
(arroba) deixa em 'Negrito a MsgBox
Eval ("MsgBox ('Você pode atualizar o valor da Ufir anualmente no formulário de
atualização para posteriores consultas !' " & "&chr(13)&chr(10)&" & " '@" &
```

```
"Pesquisa Especial CIDASA @ ',0,'Ajuda')")
strTitle = "Dúvida"
strMsg = «Deseja abrir o formulário de atualização? É necessário cadastrar-se e
incluir senha individual, ou encerre sua pesquisa. Selecione ‹Sim› para a pri-
meira opção e ‹Não› para a segunda opção.»
intRetVal = MsgBox(strMsg, vbYesNo + vbQuestion, strTitle)
         Select Case intRetVal
                Case vbYes
                strTitle = "Dúvida"
strMsg = "Deseja cadastrar-se ou já é cadastrado? Selecione 'Sim' para a primei-
ra opção e 'Não' para a segunda opção."
intRetVal = MsgBox(strMsg, vbYesNo + vbQuestion, strTitle)
Select Case intRetVal
                    Case vbYes
                    DoCmd.OpenForm "Cadastro de Usuários", acNormal
Case vbNo
                    DoCmd.OpenForm "Form_Ufir", acNormal
                    End Select
                Case vbNo
                strTitle = "Dúvida"
strMsg = "Deseja encerrar a pesquisa ou iniciar uma nova? Selecione 'Sim' para a
primeira opção e 'Não' para a segunda opção."
intRetVal = MsgBox(strMsg, vbYesNo + vbQuestion, strTitle)
                    Select Case intRetVal
                    Case vbYes
                    DoCmd.CancelEvent

Case vbNo
               Perguntas = InputBox(Prompt:="Digite abaixo a sua dúvida:",
Title:="CIDASA - Consulta Instantânea de Dados do SASB", Default:="Por favor,
repita a operação !!!")
End Select
          End Select
Case Is = "Abastecimento Predial"
Eval ("MsgBox ('Abastecimento de prédio ou de parte de prédio dotado de insta-
lação autônoma!' " & "& chr(13)&chr(10)&" & " '@" & "Pesquisa Especial CIDASA @
',0,'Ajuda')")
..........
End Sub
```

(1) **Pesquisa com *InputBox*:**

**Retorno com *MsgBox* e a Instrução *Eval***

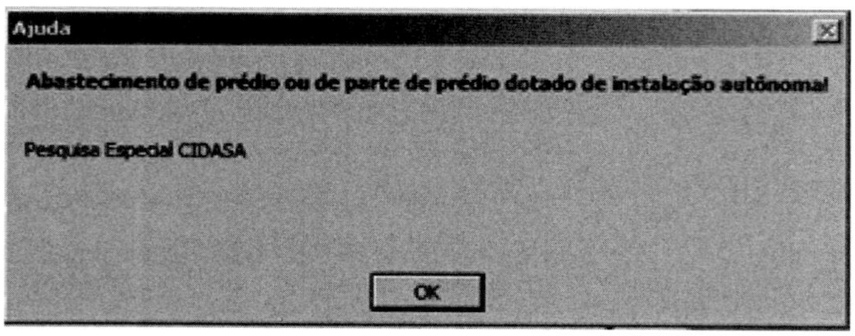


Nota: **intRetVal** é uma variáveldo tipo Integer que significa *valor de retorno do tipo inteiro*porque trabalha com códigos representados por *vbYesNo, vbOkOnly, vbInformation, vbCritical, vbExclamation, vbQuestion, etc.*

Obs: Algumas formas são aceitáveis nesta elaboração, como o uso de "+" entre os parâmetros nesta sintaxe quando se quer acrescentar um ícone à MsgBox que identifica de que tipo de MsgBox se trata. Exemplos:

```
intRetVal = MsgBox(strMsg,vbYesNo+ vbInformation,strTitle)
```
OU

```
intRetVal = MsgBox(strMsg,vbYesNo+ vbCritical,strTitle)
```
OU

```
intRetVal = MsgBox(strMsg,vbYesNo+ 16,strTitle)
```
* Constantes para função MsgBox()

| Valor | Constante | Significado |
|---|---|---|
| 0 | VbOKOnly | Exibe apenas o botão OK |
| 1 | VbOKCancel | Exibe os botões OK e Cancelar |
| 2 | VbAbortRetryIgnore | Exibe os botões Abortar, Repetir e Ignorar |
| 3 | VbYesNoCancel | Exibe os botões Sim, Não e Cancelar |
| 4 | VbYesNo | Exibe os botões Sim e Não |
| 5 | VbRetryCancel | Exibe os botões Repetir e Cancelar |

| Valor | Constante | Ícone a ser exibido | Ícone |
|---|---|---|---|
| 16 | VbCritical | Exibe o ícone de mensagem crítica | X |
| 32 | VbQuestion | Exibe o ícone de interrogação | ? |
| 48 | VbExclamation | Exibe o ícone de mensagem de aviso | ! |
| 64 | VbInformation | Exibe o ícone de mensagem de informação | i |

## 4.6 Exemplo de uma MsgBox com Seleção de Itens

```
Private Sub IdentificarPeca()
On Error Resume Next
Dim IdErro As String

IdErro = InputBox("Selecione o tipo de mau funcionamento do Aparelho: " & vbCrLf
& _
"1 - Desgaste das Peças Internas " & vbCrLf & _
"2 - Defeito de Fabricação " & vbCrLf & _
"3 - Perda da Capacidade de Magnetização " & vbCrLf & _
"4 - Violação ou Danificação do Medidor " & vbCrLf & _
"5 - Vazamento na Cúpula do Aparelho", "Defeitos do Aparelho")

Select Case IdErro
Case Is = 1
Eval ("MsgBox('É ocasionada pelo tempo de uso ou pela passagem da água em uma "
& vbCrLf & _
"vazão elevada (acima da capacidade nominal do medidor " & vbCrLf & _
'.........................................
"de +8,0%.!)@" & "Identificação do Aparelho.@',0,'Informação')") 'O uso de Eval ao
lado de uma MsgBox deixa em negrito esta linha. Acompanha o arroba na forma como
é colocado seguido de zero entre vírgulas

Case Is = 2
Eval ("MsgBox('Quando acarreta folga nos roletes da relojoaria ou " & vbCrLf & _
"permite que seueixo caia de seus mancais quando submetido " & vbCrLf & _
...........................
"@" & "Identificação do Aparelho.@',0,'Informação')")

Case Is = 3
Eval ("MsgBox('Quando se trata de perda da capacidade de magnetização " & vbCrLf
& _
"dos imãs do sistema de transmissão o medidor tende a parar, ou apresentar " &
vbCrLf & _
'.............................................
"@" & "Identificação do Aparelho.@',0,'Informação')")

Case Is = 4
```

```
Eval ("MsgBox('Na violação ou danificação do medidor com o objetivo de  " & vb-
CrLf & _
"alterar a leitura, sendo o mais comum: " & vbCrLf & _
"1 - Furar a cúpula da relojoaria e utilizar uma agulha para trancar " & vbCrLf
& _
"os roletes, retirando-a quando na época de leitura. " & vbCrLf & _
"2 - Retirar o aparelho, retirar o filtro e injetar no " & vbCrLf & _
"mesmo impurezas(como cola, pedrinhas, barbante, etc.) " & vbCrLf & _
"ou furar a câmara de medida com o objetivo de parar a turbina. " & vbCrLf & _
"3 - Inverter o aparelho no quadro, deixando-o funcionar apenas " & vbCrLf & _
"metade do tempo no sentido correto. " & vbCrLf & _
"4 - Romper o lacre, abrir o aparelho e frear os roletes com calços " & vbCrLf &
_
"(palitos, pregos, etc.). " & vbCrLf & _
"5 - Golpear ou queimar a cúpula do aparelho com a intenção " & vbCrLf & _
"de danificá-lo." & vbCrLf & _
"@" & "Identificação do Aparelho.@',0,'Informação')")

Case Is = 5
Eval ("MsgBox('Vazamento na cúpula do aparelho, a água sai por cima do medidor.:
" & vbCrLf & _
"* O aperto dado no anel da cúpula quando da montagem não foi suficiente " & vb-
CrLf & _
'.........................................
"** É bastante comum o usuário confundir os vazamentos no quadro ou cavalete, "
& vbCrLf & _
"informando que é o aparelho que está vazando. Sem dúvida, a troca de um " & vb-
CrLf & _
'.........................................
"@" & "Identificação do Aparelho.@',0,'Informação')")
End Select
End Sub
```

Veja como fica o resultado do código na caixa de diálogo suspensa:
Recepção de Dados

(1)

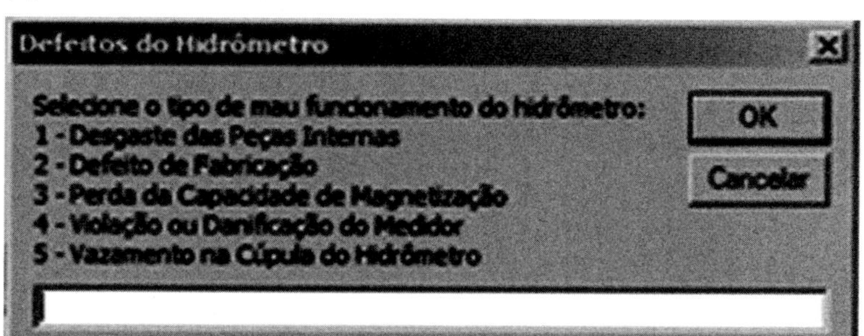

(2)

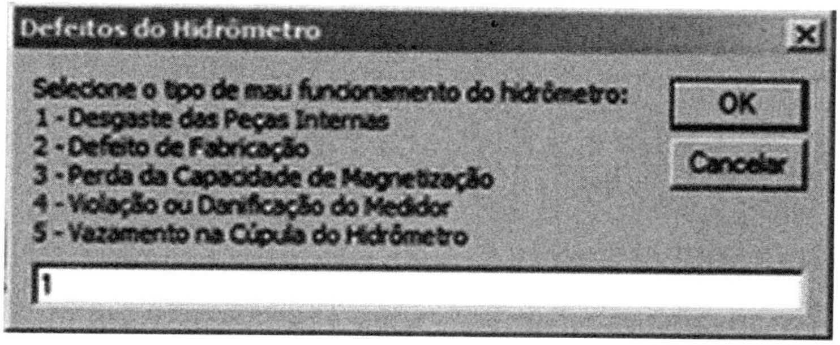


Informação de Dados

(3)

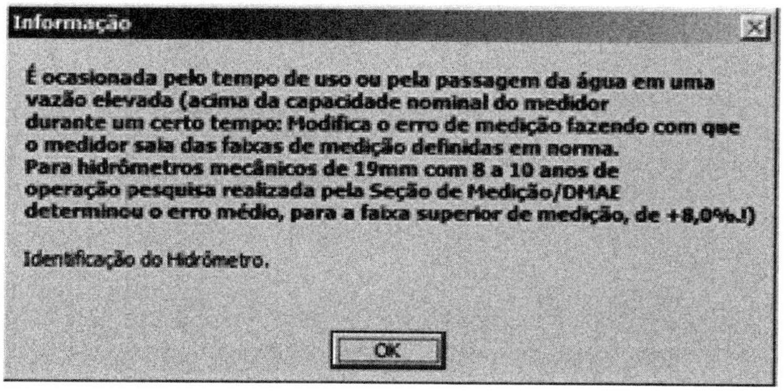


## 4.7 Exercícios Propostos

1. Desenvolva uma função com base na função estudada acima para descobrir o DV do RG do Rio de Janeiro.

2. Pesquise na internet sobre o algoritmo do número de processo judicial e desenvolva um programa que descubra o seu DV e/ou possa gerar um número de processo com DV diferente de cada número de processo gerado.

3. Crie um menu de controle para um sistema no estilo *InputBox* com um número x de opções disponíveis para o usuário para abertura do formulário escolhido ou para exibir uma informação.

CAPÍTULO 5

# Aprendendo a Desenvolver Aplicativos com Controles ActiveX (.OCX)

## 5.1 Controle ActiveX: *Treeview*

Vejamos esta treeview que desenvolvi para o departamento jurídico da minha empresa.

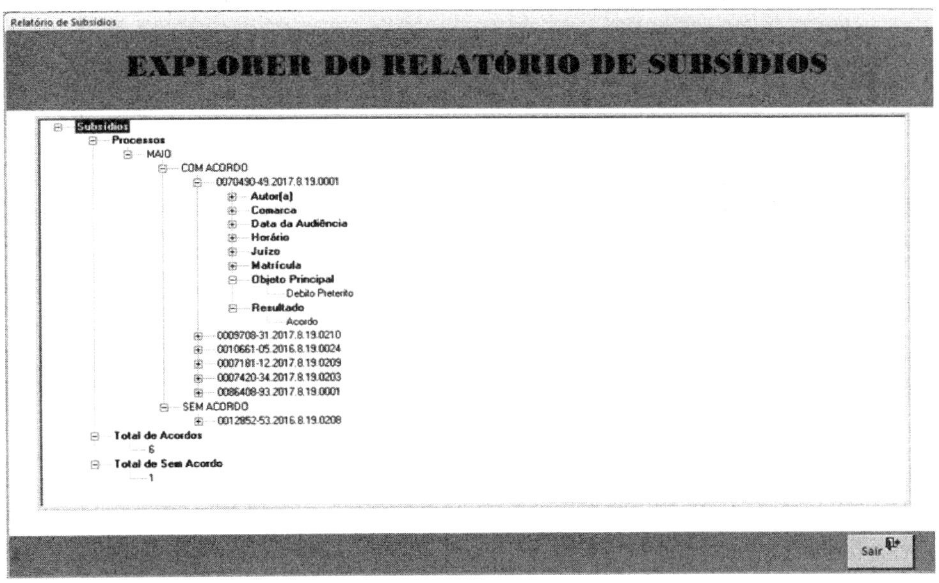


Primeiro, vamos aprender a inserir um objeto *treeview* em nosso projeto. No modo Design(Estrutura) do formulário, acessamos a barra de ferramentas. Ao descermos a barra de rolamento vertical, encontraremos o item Controles ActiveX. Desses que surgirão selecionaremos Microsoft Treeview Control, version 6.0.

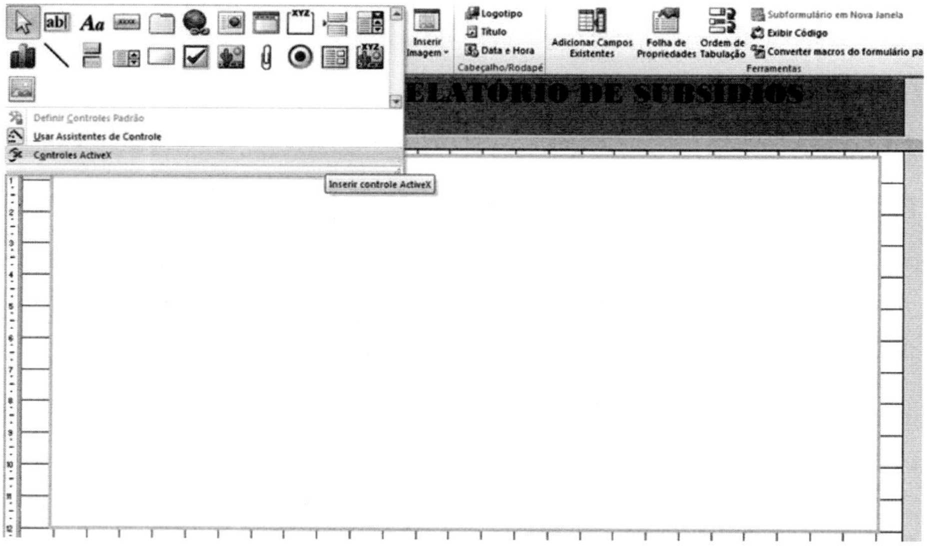

Após inserirmos este controle ou objeto ActiveXcom um só clique em OK ou dando um duplo-clique no item referente à treeview, teremos:

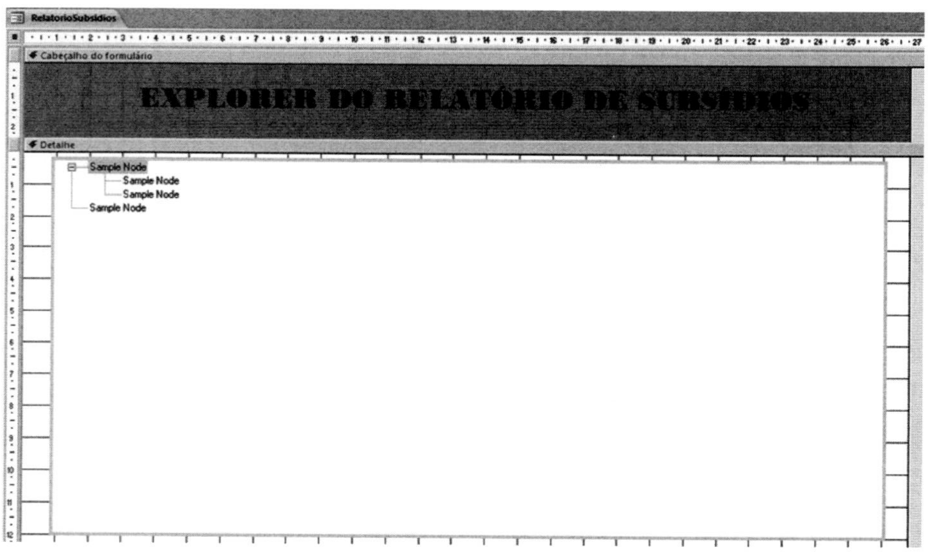


## 5.2 Controle ActiveX: *Treeview* (Árvore Hierárquica de tópicos)

**Referências de uma Biblioteca da Microsoft para a Criação de Uma *Treeview***

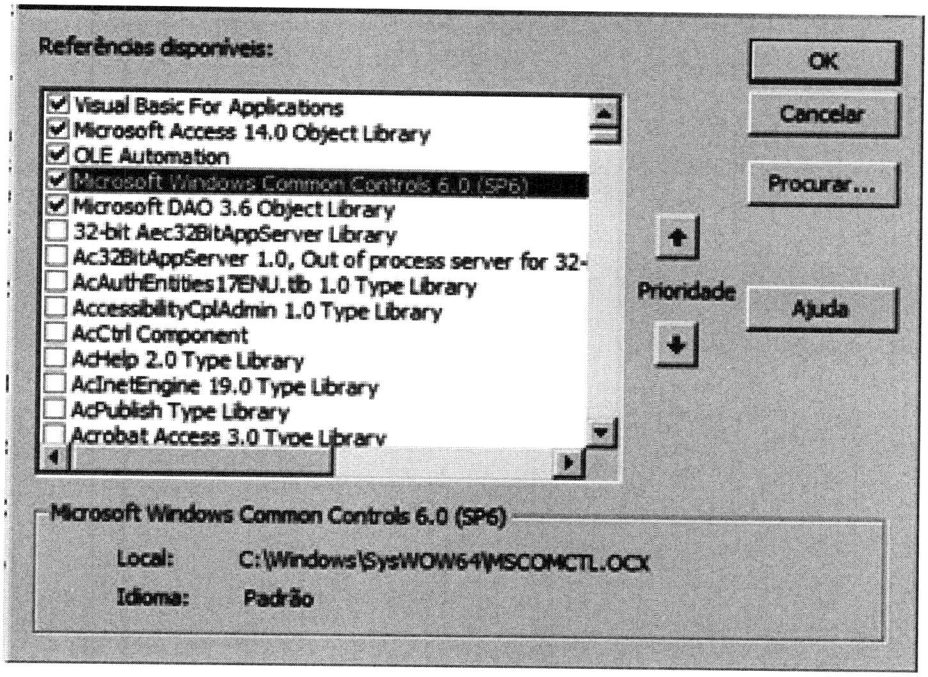


Vamos agora criar um módulo e dentro dele vamos inserir o seguinte código:

**Subrotinas da *Treeview:* Relatório de Subsidios**

```
Public Sub LoadTreeviewRS()
On Error Resume Next
'Código de Anders Ebro - TheSmileyCoder.com
Dim tv As MSComctlLib.TreeView
Dim rsReqs As DAO.Recordset
Dim strFind As String
Dim nodX As MSComctlLib.Node
Dim strBook As String


Set tv = Forms("RelatorioSubsidios").treeReqs.Object

tv.Nodes.Clear

Set rsReqs = CurrentDb.OpenRecordset("SELECT * FROM tblElementos ORDER BY rela-
cao, ordem", dbOpenDynaset)

strFind = "CodSequencia=1"
rsReqs.FindFirst strFind

    Do While Not rsReqs.NoMatch
```

```
        Set nodX = tv.Nodes.Add(, , , rsReqs!Corpo)
        nodX.Bold = True
        strBook = rsReqs.Bookmark

        addChildren tv, nodX, rsReqs, rsReqs!CodCategoria
        rsReqs.FindNext strFind
    Loop

End Sub
```

Rotina de nós filhos:

```
Private Sub addChildren(tv As TreeView, nodParent As Node, rsReqs As DAO.Record-
set, lngParentID As Long)

Dim strFind As String
Dim nodX As Node
Dim strBook As String

strFind = "relacao=" & lngParentID
rsReqs.FindFirst strFind

Do While Not rsReqs.NoMatch
    Set nodX = tv.Nodes.Add(nodParent, tvwChild, , Left(rsReqs!Corpo, 50))
Select Case rsReqs!CodSequencia

            Case 1 'Documento

            Case 2 'Cabeçalho
                nodX.Bold = True

            Case 3 'Requisitos

Case 4 'Guia
                nodX.ForeColor = vbBlue

        End Select

    strBook = rsReqs.Bookmark
    addChildren tv, nodX, rsReqs, rsReqs!CodCategoria

    rsReqs.Bookmark = strBook
    rsReqs.FindNext strFind

Loop

End Sub
```

E quanto aos ícones de pastas ou semelhantes para melhor designar as subseções que caracterizam a árvore hierárquicaou treeview?

Vamos incluir agora um novo componente ou objeto ActiveX chamado Microsoft ImageList Control, version 6.0.

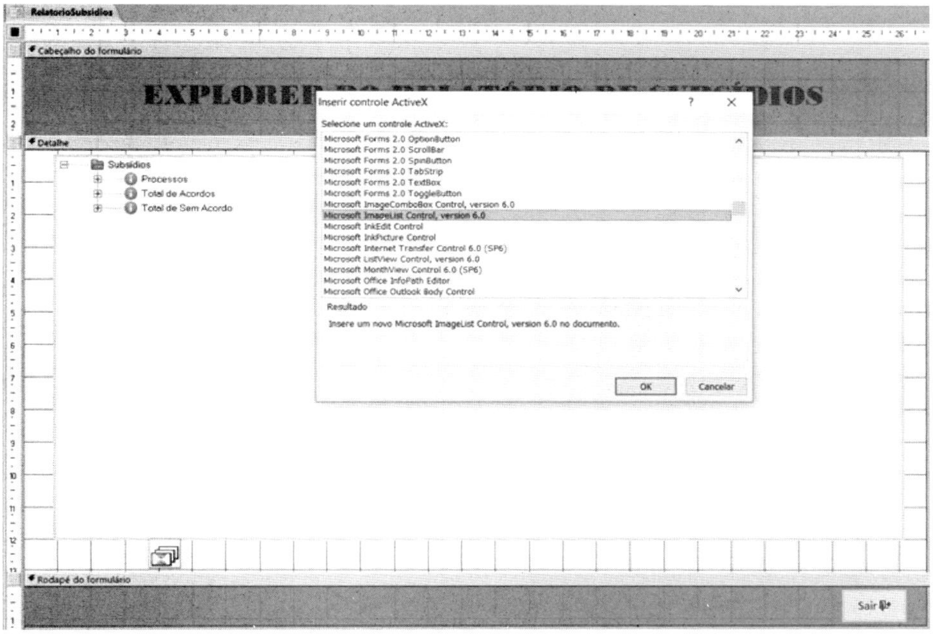


Renomeie este controle a seu gosto pela caixa de propriedades e em seguida com o botão direito do mouse acesse o item Objeto *ImageListCtrl, Properties*. A partir daí, vamos configurar os ícones e suas dimensões para a nossa *treeview*.

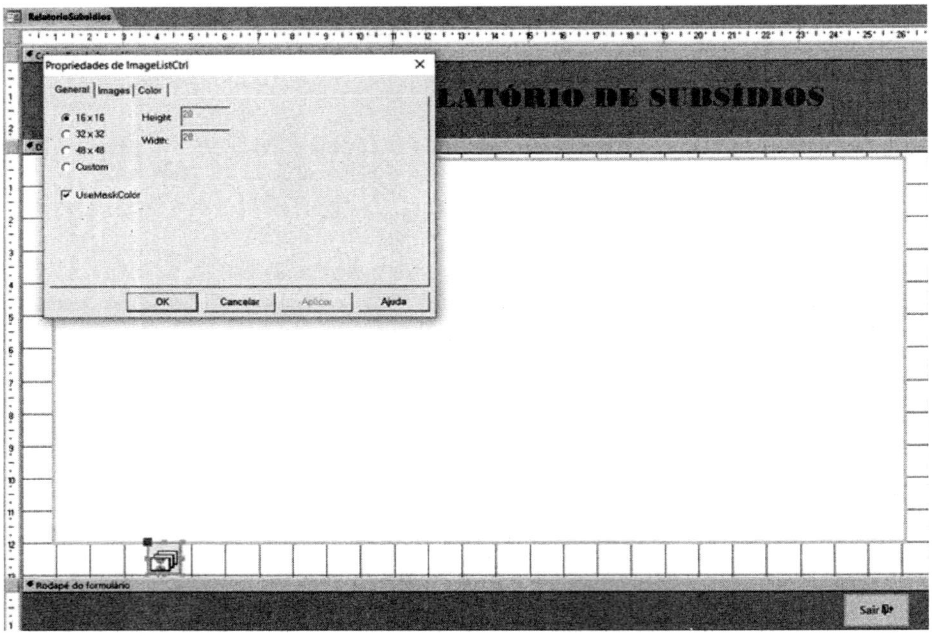


Em seguida, clique na aba *Images* e insira os ícones e nomeie cada ícone conforme sua correspondência na sub-rotina *AddChildren*, a saber:

1. Documento
2. Cabeçalho
3. Requisitos
4. Guia

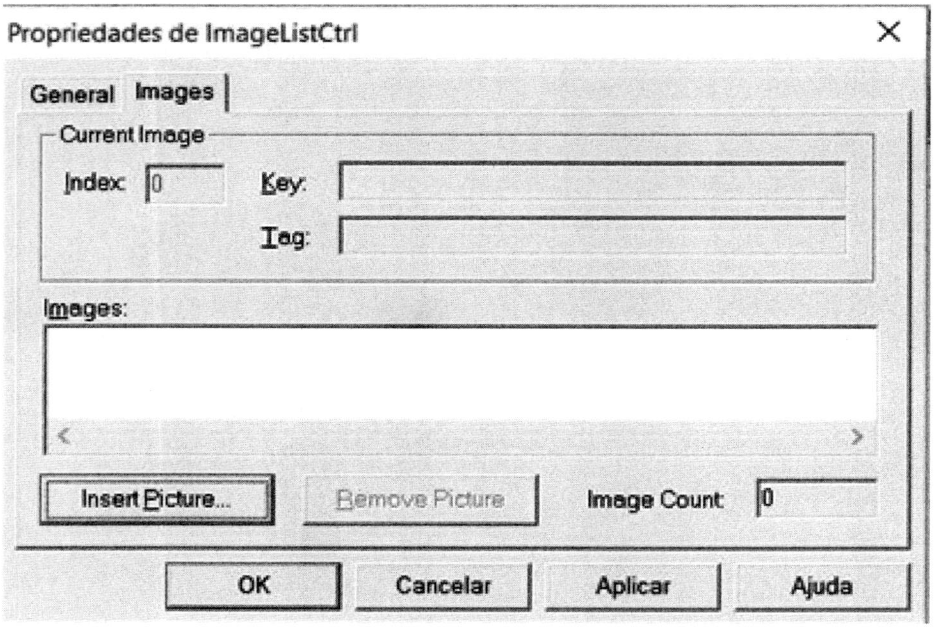

Clique em *Insert Picture*e procure pela pasta onde estão os ícones. Para o primeiro ícone associe-o à chave *Key*, ao nomear este ícone como Documento. Para cada ícone incluído, nomeie a chave Key com seu nome correspondente.

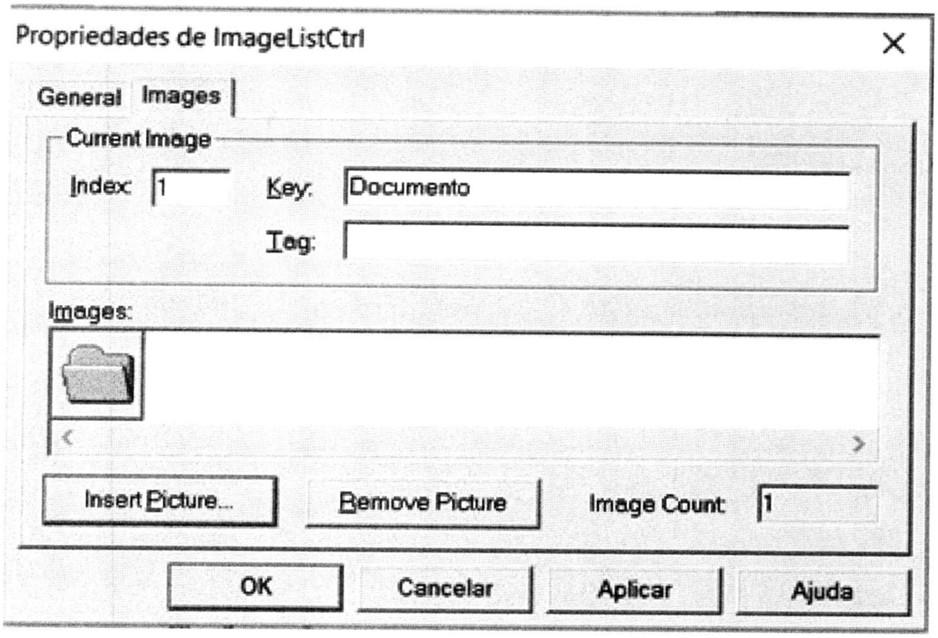


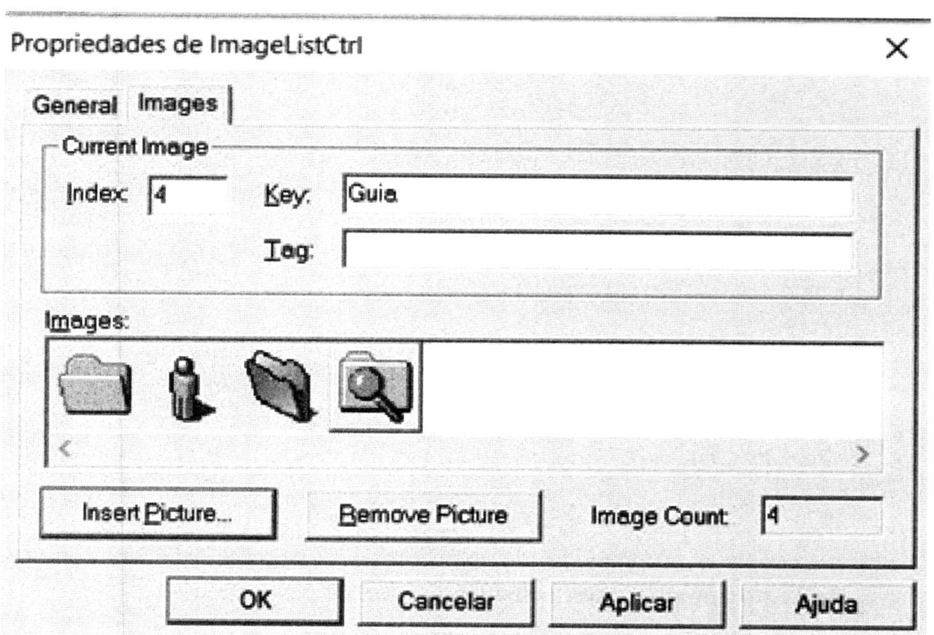


Acrescente agora o método de inserção dos ícones na sub-rotina supracitada.

```
Private Sub addChildren(tv As TreeView, nodParent As Node, rsReqs As DAO.Record-
set, lngParentID As Long)

Dim strFind As String
Dim nodX As Node
Dim strBook As String

strFind = "relacao=" & lngParentID
rsReqs.FindFirst strFind

Do While Not rsReqs.NoMatch
    Set nodX = tv.Nodes.Add(nodParent, tvwChild, , Left(rsReqs!Corpo, 50))
Select Case rsReqs!CodSequencia

Case 1 'Documento
nodX.Image = "Documento"
            Case 2 'Cabeçalho
                nodX.Bold = True
nodX.Image = "Cabeçalho"
            Case 3 'Requisitos
nodX.Image = "Requisitos"
Case 4 'Guia
                nodX.ForeColor = vbBlue
nodX.Image = "Guia"
        End Select

    strBook = rsReqs.Bookmark
    addChildren tv, nodX, rsReqs, rsReqs!CodCategoria

    rsReqs.Bookmark = strBook
    rsReqs.FindNext strFind

Loop

End Sub
```

Por último, precisamos incluir em nossa treeview as propriedades de nosso controle *imagelist.* Selecione o nosso objeto Treeview com o botão direito e accesse suas propriedades, exatamente como no passo anterior.

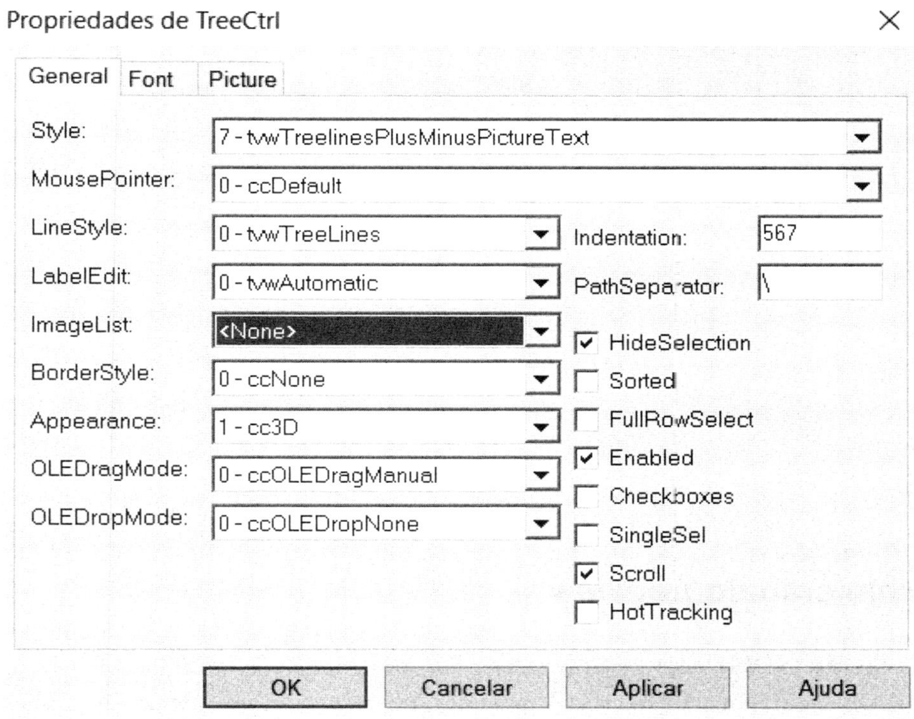


Selecione agora sua ImageList.

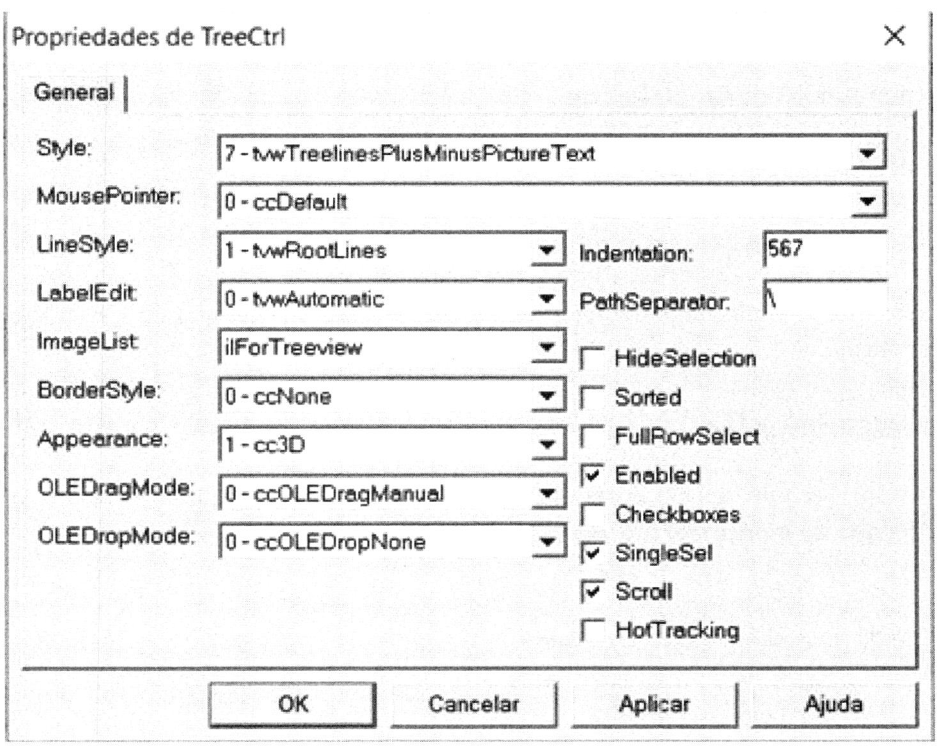

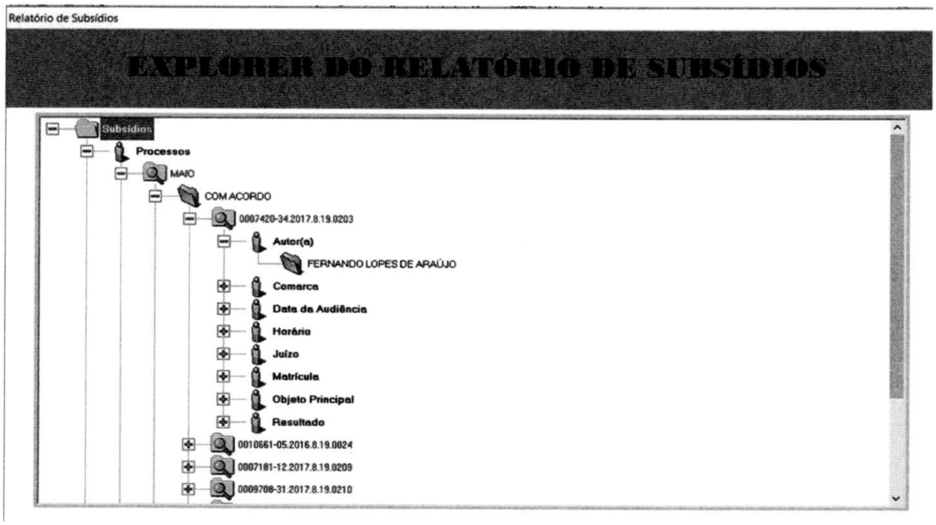


## 5.3 Fórmula de Preenchimento da *Treeview*

Essas regras valem para todos os títulos(NÓS PAI), com exceção para os dois primeiros.Ex.: Subsídios e Processo. Assim, com a técnica que você aprenderá aqui, poderá desenvolver qualquer aplicativo com *treeview*em seus projetos. Para isso, valem essas mesmas disposições ou normas.

TÍTULO (NÓ PAI)

1. No campo **Relação**, o valor é sempre igual a 3 ou, neste caso, o valor do código de categoria do processo.

2. No campo **Ordem**, o valor é sempre crescente, isto é, de 1 em 1. Ex.: 1,2,3...

3. No campo **CodSequencia**, o valor é sempre igual a 2.

RESPOSTA (NÓ FILHO)

1. No campo **Relação**, o valor referente ao título(nó pai) é sempre de 2 em 2 e o de resposta(nó filho), o código da categoria do título correspondente.

2. No campo **Ordem**, o valor é sempre igual a 1.

3. No campo **CodSequencia**, o valor é sempre igual a 2para um título(nó da treeview) ou igual a 4 (para ficar com a cor azul). Neste caso, trata-se do número do processo. Quando for uma resposta(nó filho), o valor será sempre igual a 3.

Vamos visualizar agora o formulário de preenchimento da ***treeview:***

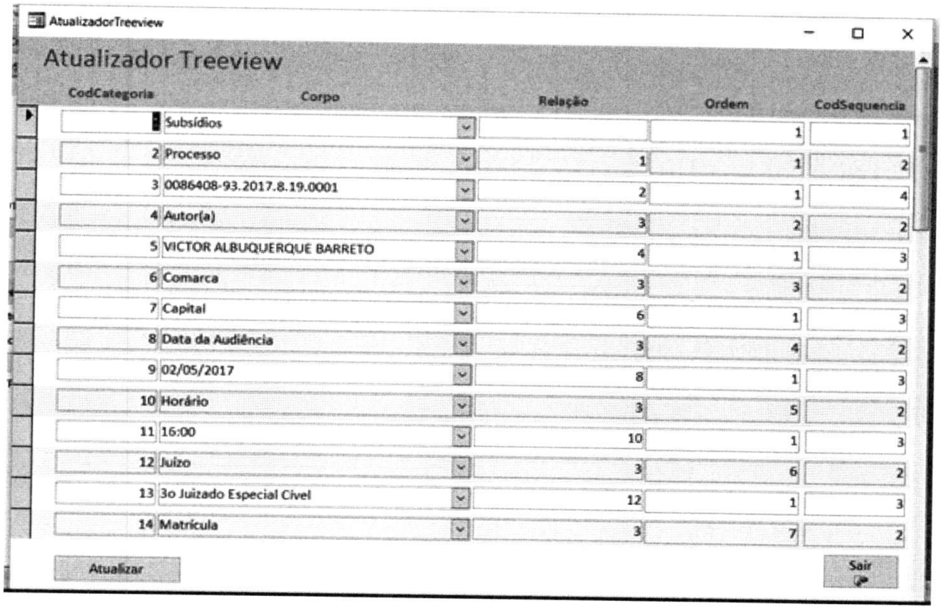


1. Na coluna **Relação**, constate o vínculo dos subtítulos secundários ao subtítulo principal **Processo**, todos possuem o valor 3.

2. Na coluna **Ordem**, constate a ordem crescente de 1 em 1, Processo(1), Autor(a) (2), Comarca (3), etc. para os subtítulos secundários. Constate a repetição do valor 1 para a resposta a esses subtítulos.

3. Na coluna **CodSequencia**, constate a alternância entre 2 e 3 para os subtítulos e as suas respectivas respostas.

Para facilitar o preenchimento e não se perder com a numeração correta para cada item, desenvolvi o seguinte código para o evento Exit (Saída) do campo **Corpo**.

Esta rotina que desenvolvi é de preenchimento dos títulos dos nós,bem como das respostas de nossa treeview.

```
Private Sub Corpo_Exit(Cancel As Integer)
On Error Resume Next
Dim lngRelacao As Long
Dim strCorpo(9) As String
Dim varProcesso As Variant
Dim lngOrdem As Long
Dim strDecisaoCorpo1, strDecisaoCorpo2 As String
Dim strMsg As String
Dim intRetVal As Integer
Dim strMes, strMes2 As String
Dim intCod As Integer

intCod = Forms!AtualizadorTreeview!CodCategoria
strMes = UCase(MonthName(Month(Me.txtDataHoje)))
DecisaoCorpo1 = "COM ACORDO"
```

```
DecisaoCorpo2 = "SEM ACORDO"
Me.Refresh

strMsg = "Este corpo da mensagem é um título?"
intRetVal = MsgBox(strMsg, vbQuestion + vbYesNoCancel, "Preenchimento Eficaz")

varProcesso = InStr(1, Corpo, ".")  'Pesquisa se o conteúdo do campo Corpo é um
processo

If Not IsNull(Me.Corpo) And varProcesso > 0 Then
strMsg = "Foi feito um acordo?"
intRetVal = MsgBox(strMsg, vbQuestion + vbYesNoCancel, "Acordo?")
        Select Case intRetVal
        Case Is = vbYes

lngRelacao = Nz(DMax("CodCategoria", "tblElementos", "Corpo = 'COM ACORDO'"))
                    Me.relacao = lngRelacao
                    Me.ordem = 1
                    Me.CodSequencia = 4
                    Forms!AtualizarTreeview!txtProcesso = Me.Corpo
                    Forms!AtualizarTreeview!chkCAcordo = -1
                    Forms!AtualizarTreeview!chkProcesso = -1


        Case Is = vbNo

                        lngRelacao = Nz(DMax("CodCategoria", "tblElementos",
"Corpo = 'SEM ACORDO'"))
                        Me.relacao = lngRelacao
                        Me.ordem = 2
                        Me.CodSequencia = 4
                        Forms!AtualizarTreeview!txtProcesso = Me.Corpo
                        Forms!AtualizarTreeview!chkSAcordo = -1
                        Forms!AtualizarTreeview!chkProcesso = -1


        Me.Refresh
End Select
Else
Select Case intRetVal

Case Is = vbYes
            strCorpo(0) = "Autor(a)"
strCorpo(1) = "Comarca"
            strCorpo(2) = "Data da Audiência"
            strCorpo(3) = "Horário"
            strCorpo(4) = "Juízo"
```

```
        strCorpo(5) = "Matrícula"
        strCorpo(6) = "Objeto Principal"
        strCorpo(7) = "Resultado"
        strCorpo(8) = strMes
        strCorpo(9) = "Processos"

        Select Case Corpo
        Case Is = strCorpo(0)
        lngRelacao = Nz(DMax("CodCategoria", "tblElementos", "Corpo = '" &
strCorpo(0) & "'") - 1)
        Me.relacao = lngRelacao
        Me.ordem = 2
        Me.CodSequencia = 2
        Forms!AtualizarTreeview!chkAutor = -1
        Forms!AtualizarTreeview!txtAutor = Nz(DLookup("Corpo", "tblElemen-
tos", "CodCategoria = " & Val(intCod) + 1))

        Case Is = strCorpo(1)
        lngRelacao = Nz(DMax("CodCategoria", "tblElementos", "Corpo = '" &
strCorpo(1) & "'") - 3)
        Me.relacao = lngRelacao
        Me.ordem = 3
        Me.CodSequencia = 2
        Forms!AtualizarTreeview!chkComarca = -1
        Forms!AtualizarTreeview!txtComarca =Nz(DLookup("Corpo", "tblElemen-
tos", "CodCategoria = " & Val(intCod) + 1))

        Case Is = strCorpo(2)
        lngRelacao = Nz(DMax("CodCategoria", "tblElementos", "Corpo = '" &
strCorpo(2) & "'") - 5)
        Me.relacao = lngRelacao
        Me.ordem = 4
        Me.CodSequencia = 2
        Forms!AtualizarTreeview!chkDataAudiencia = -1
        Forms!AtualizarTreeview!txtDataAudiencia =Nz(DLookup("Corpo", "tblE-
lementos", "CodCategoria = " & Val(intCod) + 1))

        Case Is = strCorpo(3)
        lngRelacao = Nz(DMax("CodCategoria", "tblElementos", "Corpo = '" &
strCorpo(3) & "'") - 7)
        Me.relacao = lngRelacao
        Me.ordem = 5
        Me.CodSequencia = 2
        Forms!AtualizarTreeview!chkHorario = -1
        Forms!AtualizarTreeview!txtHorario =Nz(DLookup("Corpo", "tblElemen-
tos", "CodCategoria = " & Val(intCod) + 1))
```

```
            Case Is = strCorpo(4)
            lngRelacao = Nz(DMax("CodCategoria", "tblElementos", "Corpo = '" &
strCorpo(4) & "'") - 9)
            Me.relacao = lngRelacao
            Me.ordem = 6
            Me.CodSequencia = 2
            Forms!AtualizarTreeview!chkJuizo = -1
            Forms!AtualizarTreeview!txtJuizo =Nz(DLookup("Corpo", "tblElemen-
tos", "CodCategoria = " & Val(intCod) + 1))

            Case Is = strCorpo(5)
            lngRelacao = Nz(DMax("CodCategoria", "tblElementos", "Corpo = '" &
strCorpo(5) & "'") - 11)
            Me.relacao = lngRelacao
            Me.ordem = 7
            Me.CodSequencia = 2
            Forms!AtualizarTreeview!chkMatricula = -1
            Forms!AtualizarTreeview!txtMatricula =Nz(DLookup("Corpo", "tblEle-
mentos", "CodCategoria = " & Val(intCod) + 1))

            Case Is = strCorpo(6)
            lngRelacao = Nz(DMax("CodCategoria", "tblElementos", "Corpo = '" &
strCorpo(6) & "'") - 13)
            Me.relacao = lngRelacao
            Me.ordem = 8
            Me.CodSequencia = 2
            Forms!AtualizarTreeview!chkObjetoPrincipal = -1
            Forms!AtualizarTreeview!txtObjetoPrincipal =Nz(DLookup("Corpo",
"tblElementos", "CodCategoria = " & Val(intCod) + 1))

            Case Is = strCorpo(7)
            lngRelacao = Nz(DMax("CodCategoria", "tblElementos", "Corpo = '" &
strCorpo(7) & "'") - 15)
            Me.relacao = lngRelacao
            Me.ordem = 9
            Me.CodSequencia = 2
            Forms!AtualizarTreeview!chkResultado = -1
            Forms!AtualizarTreeview!txtResultado =Nz(DLookup("Corpo", "tblEle-
mentos", "CodCategoria = " & Val(intCod) + 1))
            Call AtualizaAcordo

            Case Is = strCorpo(8)
            lngRelacao = Nz(DLookup("CodCategoria", "tblElementos", "Corpo = '"
& strCorpo(9) & "'"))
            Me.relacao = lngRelacao
```

```
            Me.ordem = Nz(DMax("Ordem", "tblElementos", "Corpo = '" & strCor-
po(8) & "'")) + 1
            CodSequencia = 4


            Case Is = strDecisaoCorpo1
            lngRelacao = Nz(DLookup("CodCategoria", "tblElementos", "Corpo = '"
& strMes & "'"))
            relacao = lngRelacao
            ordem = 1
            CodSequencia = 3
            Me.Refresh

            Case Is = strDecisaoCorpo2
            lngRelacao = Nz(DLookup("CodCategoria", "tblElementos", "Corpo = '"
& strMes & "'"))
            relacao = lngRelacao
            ordem = 2
            CodSequencia = 3
            Me.Refresh
            End Select



Case Is = vbNo    'Não é um título, mas uma resposta
Call Negacao

End Select
End If
End Sub
```

Não importa as informações que desejamos dispor com a treeview, para os títulos principais, no nosso caso **Subsídios e Processos,** os códigos de Corpo, Relação, Ordem e CodSequencia serão os mesmos no estágio inicial.

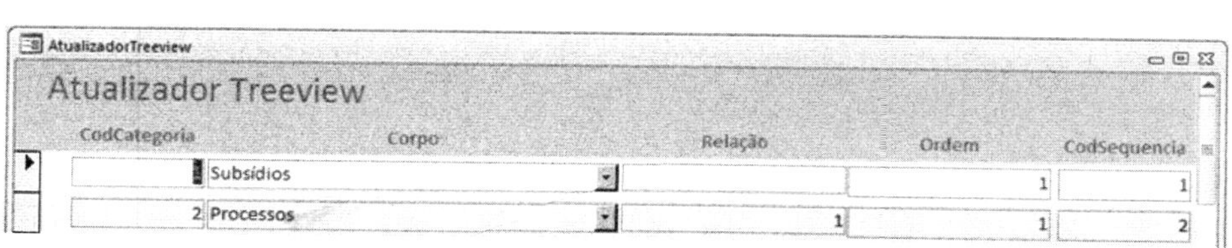


Outros códigos Access VBA de que compõe esta técnica:

Negacao

AtualizaAcordo

Esta subrotina trata das informações das respostas ao título do nó da treeview digitado.

```
Public Sub Negacao()
On Error Resume Next
Dim strCorpo As String
Dim lngRelacao As Long
Dim strDecisaoCorpo1, strDecisaoCorpo2 As String
Dim strMes As String
Dim lngProcesso As Long
Dim intCod As Integer
Dim rs As DAO.Recordset

Set rs = CurrentDb.OpenRecordset("SELECT * FROM tblElementos")

intCod = Forms!AtualizadorTreeview!CodCategoria
strMes = UCase(MonthName(Month(Me.txtDataHoje)))


strDecisaoCorpo2 = "SEM ACORDO"

strCorpo = Forms!AtualizadorTreeview!Corpo
Me.Refresh

lngRelacao = Nz(DMax("CodCategoria", "tblElementos", "Corpo = '" & strCorpo &
"'") - 1)
Me.relacao = lngRelacao
Me.ordem = 1
Me.CodSequencia = 3
Me.Refresh

If strCorpo = strDecisaoCorpo2 Then
lngRelacao = Nz(DLookup("CodCategoria", "tblElementos", "Corpo = '" & strMes &
"'") + 1)
relacao = lngRelacao
ordem = 1
CodSequencia = 3
Me.Refresh
End If

End Sub
```

Esta subrotina trata da contagem de Acordos e Sem Accrdos.

```
Public Sub AtualizaAcordo()
Me.Refresh
Dim strMsg As String
Dim intRetVal As Integer

strMsg = "Deseja atualizar o número de acordos ou de sem acordo ?"
intRetVal = MsgBox(strMsg, vbQuestion + vbYesNoCancel, "Atualizar?")
Select Case intRetVal
Case Is = vbYes
'Este comando leva o cursor para o registro desejado, que no nosso caso é 21.
Veja a figura abaixo.
DoCmd.GoToRecord acDataForm, "AtualizadorTreeview", acGoTo, 21
Me.corpo = Int(corpo) + 1
Case Is = vbNo

'Este comando leva o cursor para o registro desejado, que no nosso caso é 23.
Veja a figura abaixo.
DoCmd.GoToRecord acDataForm, "AtualizadorTreeview", acGoTo, 23
Me.corpo = Int(corpo) + 1
Case Is = vbCancel
Exit Sub
End Select
End Sub
```

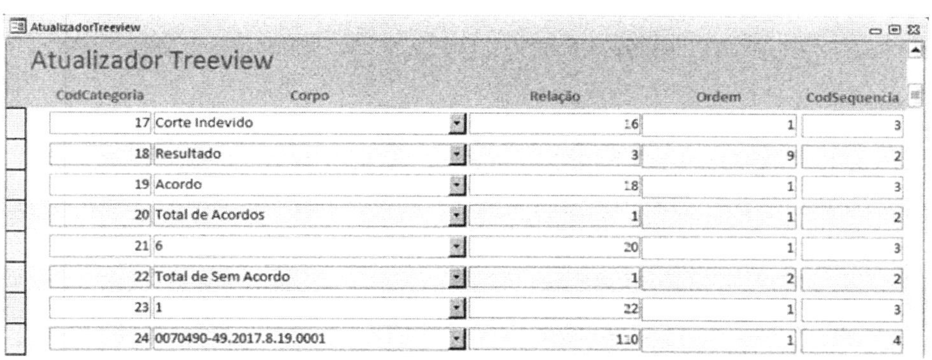


Para popularmos nosso combobox**Corpo**, teremos, caso não exista na lista:

```
Private Sub Corpo_NotInList(NewData As String, Response As Integer)
On Error Resume Next
    Dim strSQL As String
    Dim intI As Integer
    Dim strMsg1, strMsg2As String
    Dim strNovoCodigo As String
Dim intRetVal As Integer
```

```
strMsg1 = "Deseja capitalizar(Maiúscula) a sua resposta?"
intRetVal = MsgBox(strMsg1, vbQuestion + vbYesNo, "Capitalizar?")

    Select Case intRetVal
    Case Is = vbYes

If NewData = "" Then Exit Sub

    ' Criamos uma nova variável NovoCódigo (tblComarcas) a partir do item digi-
tado
    ' Ao subtrair os 10 primeiros caracteres da 'string'
    ' Convertendo para Maiúscula e salvando na tabela
    strNovoCodigo = UCase(Trim(Left(NewData, 10)))

    strMsg2 = "'" & NewData & "' NÃO ESTÁ NA LISTA DE CAMPOS." & vbCr & vbCr
    strMsg2 = strMsg2 & "VOCÊ DESEJA ADICIONÁ-LO?"

intI = MsgBox(strMsg2, vbQuestion + vbYesNo, "CAMPOS...")
    If intI = vbYes Then
        strSQL = "Insert Into tblCorpo([Codigo],[Corpo]) values ('" & strNovoC-
odigo & "','" & UCase(NewData) & "')"
        CurrentDb.Execute strSQL, dbFailOnError
        Response = acDataErrAdded

    Else
        Response = acDataErrContinue
    End If
Case Is = vbNo

If NewData = "" Then Exit Sub

' Criamos uma nova variável NovoCódigo (tblComarcas) a partir do item digitado
    ' Ao subtrair os 10 primeiros caracteres da 'string'
    ' Convertendo para Maiúscula e salvando na tabela
    strNovoCodigo = UCase(Trim(Left(NewData, 10)))

    strMsg2 = "'" & NewData & "' NÃO ESTÁ NA LISTA DE CAMPOS." & vbCr & vbCr
    strMsg2 = strMsg2 & "VOCÊ DESEJA ADICIONÁ-LO?"

intI = MsgBox(strMsg2, vbQuestion + vbYesNo, "CAMPOS...")
    If intI = vbYes Then
        strSQL = "Insert Into tblCorpo([Codigo],[Corpo]) values ('" & strNovoC-
odigo & "','" & NewData & "')"
        CurrentDb.Execute strSQL, dbFailOnError
        Response = acDataErrAdded
```

```
    Else
        .Response = acDataErrContinue
    End If
End Select
End Sub
```

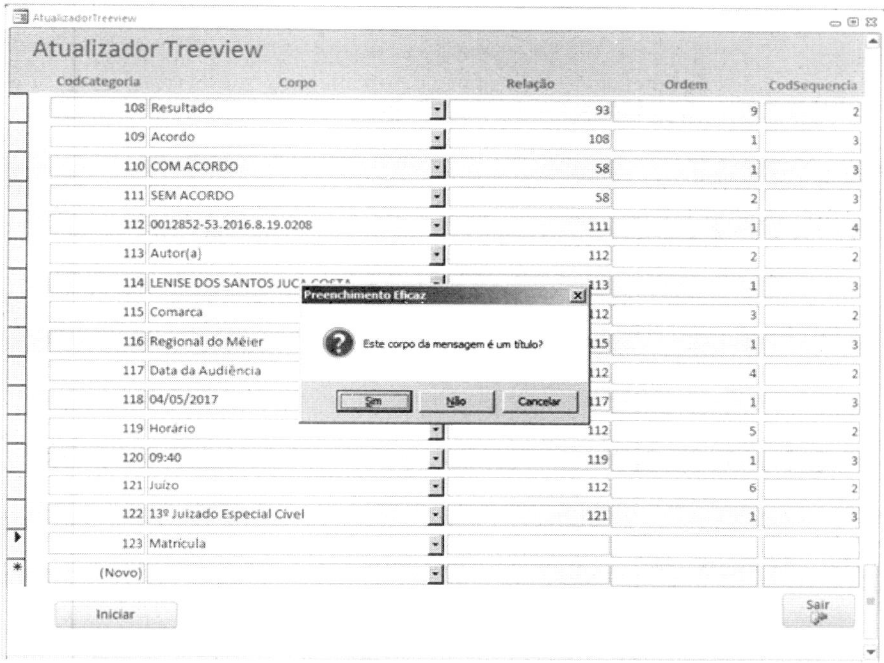

Ao preenchermos com um título, teremos o seguinte resultado:

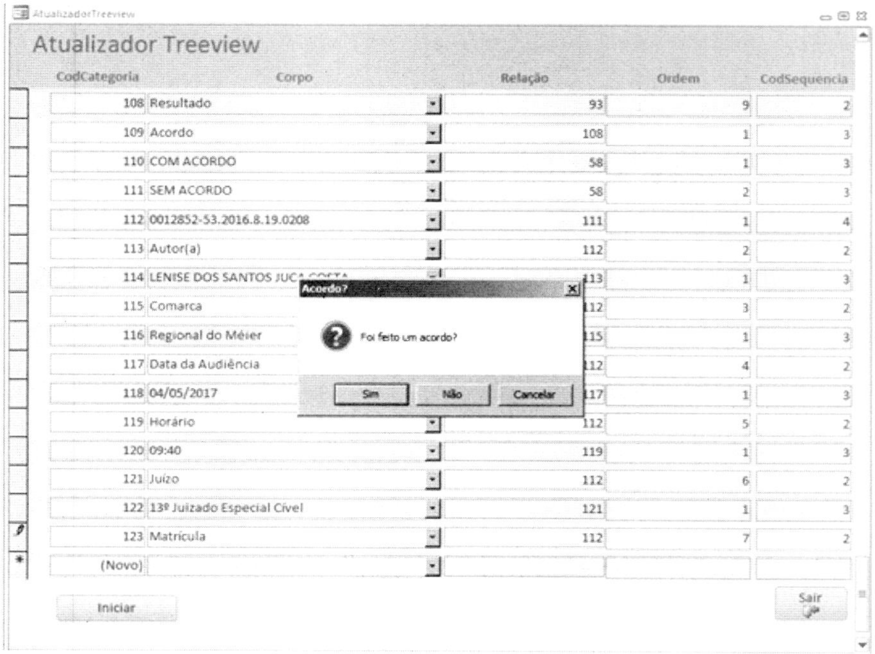

Note que os campos Relação, Ordem e CodSequencia já foram automaticamente preenchidos.

*O código 112 está vinculado ao título principal desta última sequência de informações, que é processo 0012852-53.2016.8.19.0208. A ordem é numérica e crescente para os títulos cujo número agora é 7 e o código da sequência para respostas é sempre 2.*

Responde-se a próxima pergunta uma só vez no início e depois cancelamos.

Bem, agora que já aprendemos a mecânica de dados da tabela e do formulário de preenchimento da treeview, vamos nos ater ao código propriamente dito de carregamento da *treeview*.

Para tornarmos a nossa técnica de preenchimento da treeview um padrão para qualquer tipo de projeto, criei um formulário de visualização do preenchimento pelo formulário *AtualizadorTreeview*.

Chama-se *AtualizarTreeview*(Técnicas de Preenchimento) que pode ser aberto a partir do formulário principal *AtualizadorTreeview*pelo botão Iniciar. Esse formulário visa coordenar o preenchimento da treeview hierarquicamente, na ordem correta e, assim, evitar erros de inclusão de dados.

Nota: Uma vez iniciado o preenchimento, você NÃO pode colocar o cursor do mouse em campos anteriores a última informação incluída porque isso fará que o programa inclua códigos de categoria progressivos em campos já implantados com o código de categoria correto. Como resultado a sua *treeview* sairá da hierarquia correta.

(1)

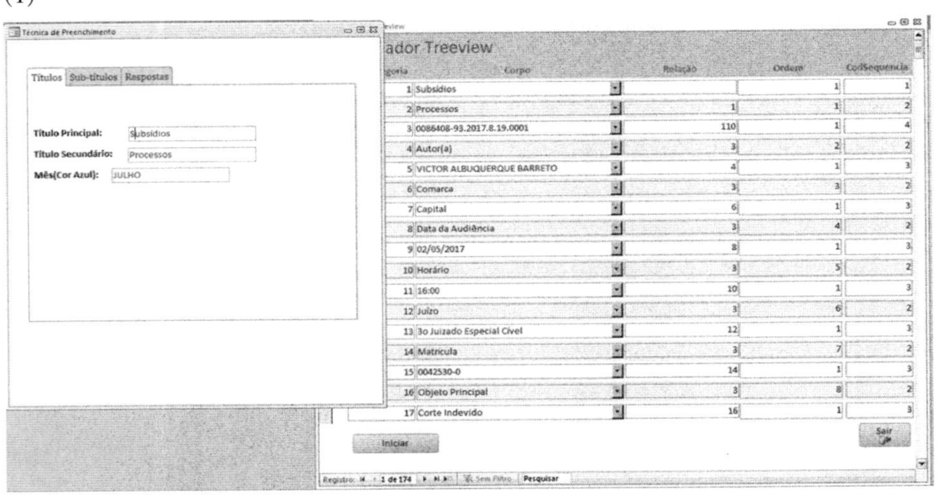

(2)

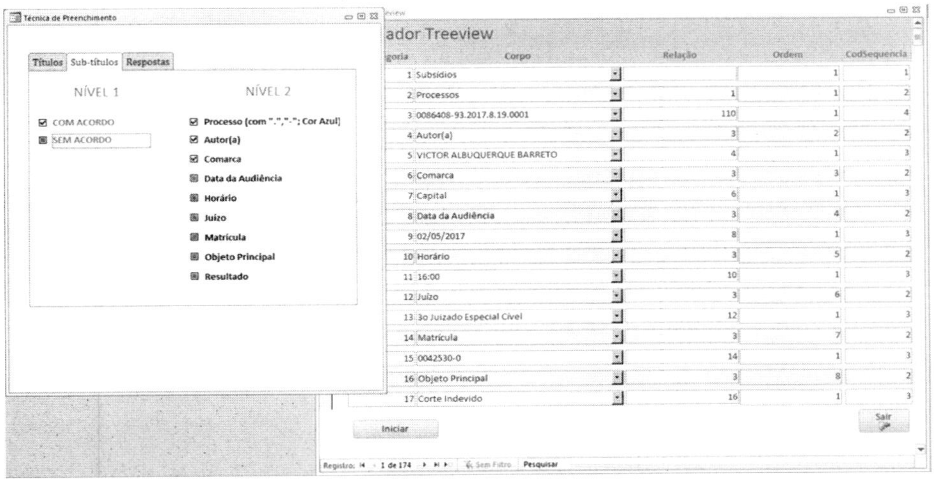

(3)

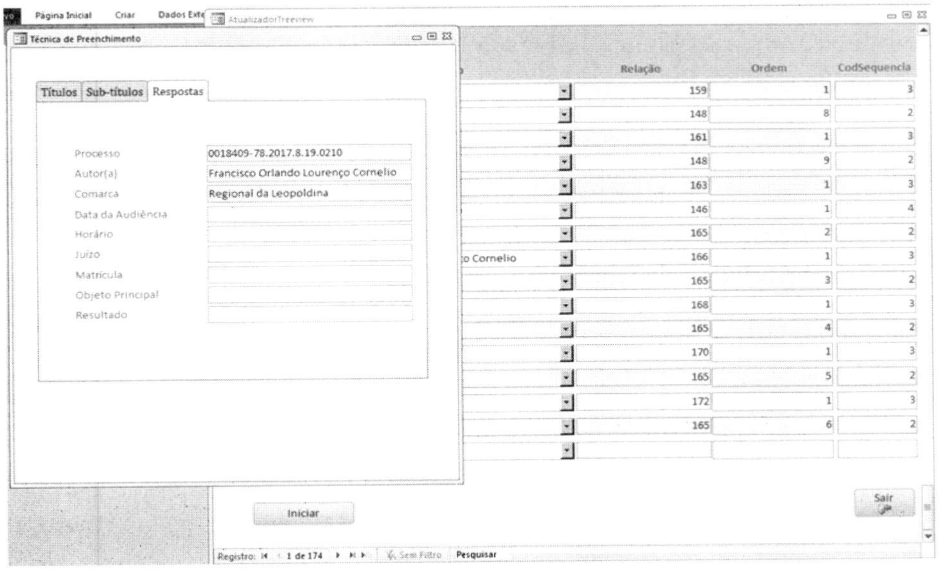

Observe que à medida que vou informando os dados no formulário *AtualizadorTreeview*as caixas de seleção são preenchidasno formulário auxiliar dos respectivos campos-títulodo formulário principal me possibilitando um melhor acompanhamento. Outro detalhe, os campos-título se classificam pelos níveis que são exibidos a partir da *treeview* propriamente dita.

Por último, preencheremos os campos-resposta relativos aos campos-título.

Veja como vai sendo exibido os dados na nossa *treeview:*

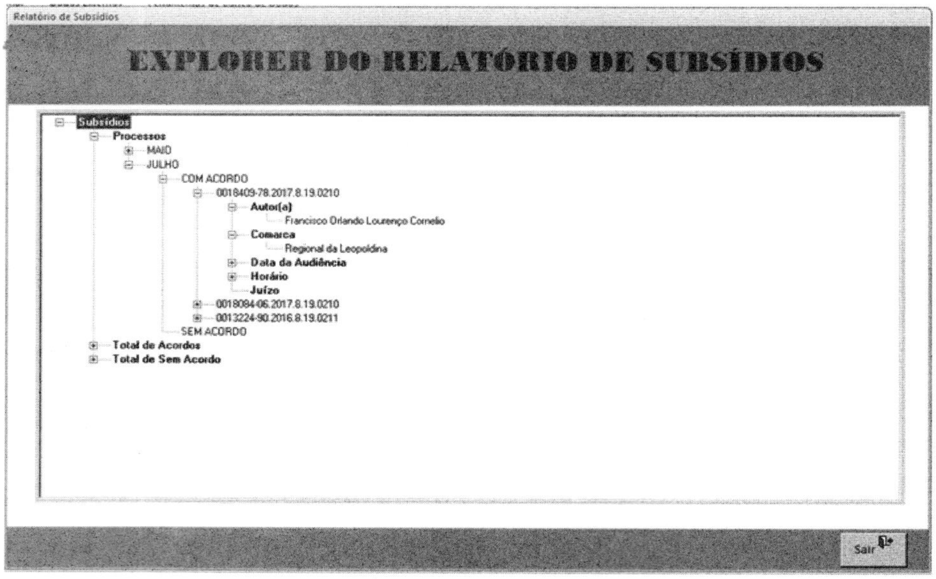

Como você deve ter observado, o mês de junho não aparece em nossa treeview, pois nesse mês estava de férias. No entanto, isso em nada influi no programa porque poderemos exibir novas informações a cada mês, com base no campo *txtDatadeHoje* que fica com o modo visible = False.

Com base neste programa você já pode desenvolver o seu aplicativo *treeview* de acordo com o projeto que vier às suas mãos.

## 5.4 Controle ActiveX: Slider (Controle Deslizante)

Vamos primeiramente aprender a incluir um objeto slider em nosso projeto.

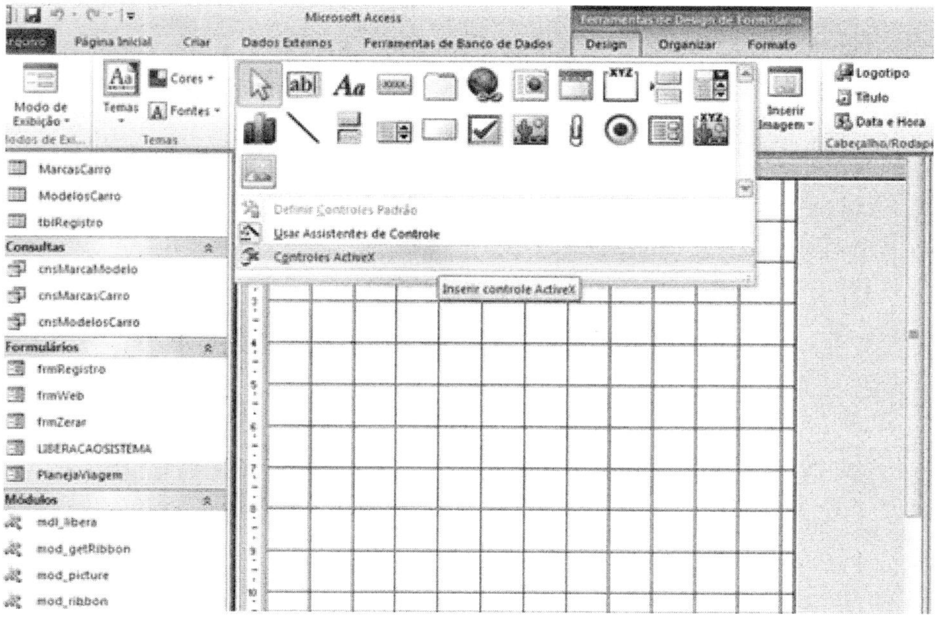

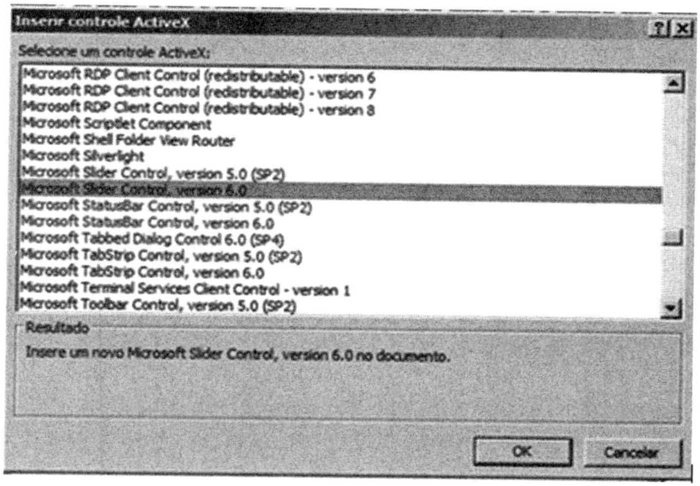


Selecione o controle *Microsoft Slider Control, version 6.0* ou superior.

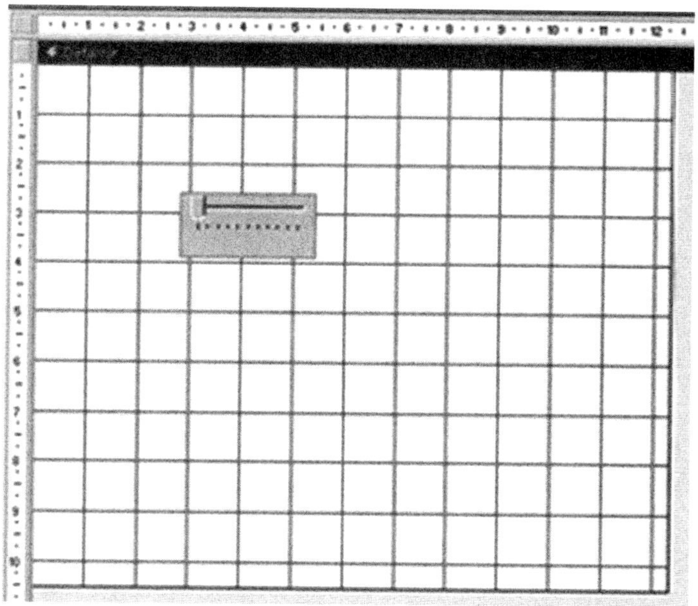

Após dimensioná-lo para o tamanho desejado, vamos trabalhar na configuração de suas propriedades. Com o botão direito do mouse sobre o objeto, selecione *Objeto Slider, Properties*. Vou transpor agora para o nosso exemplo real, que é este formulário Relatório de Subsídios.

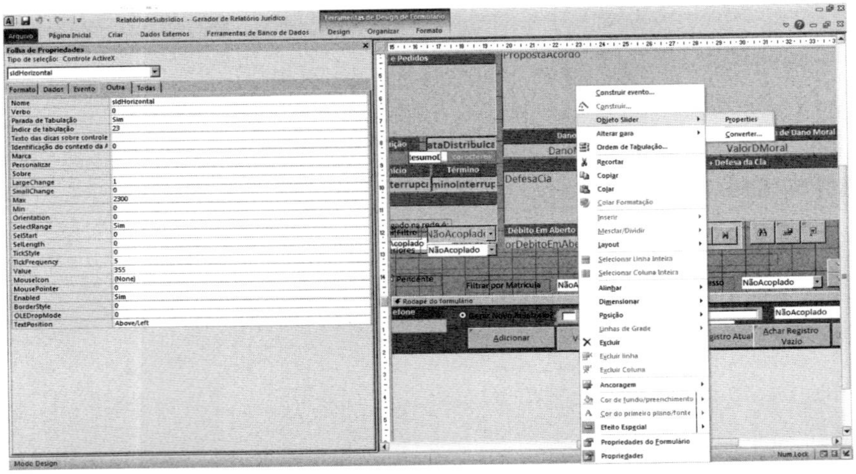

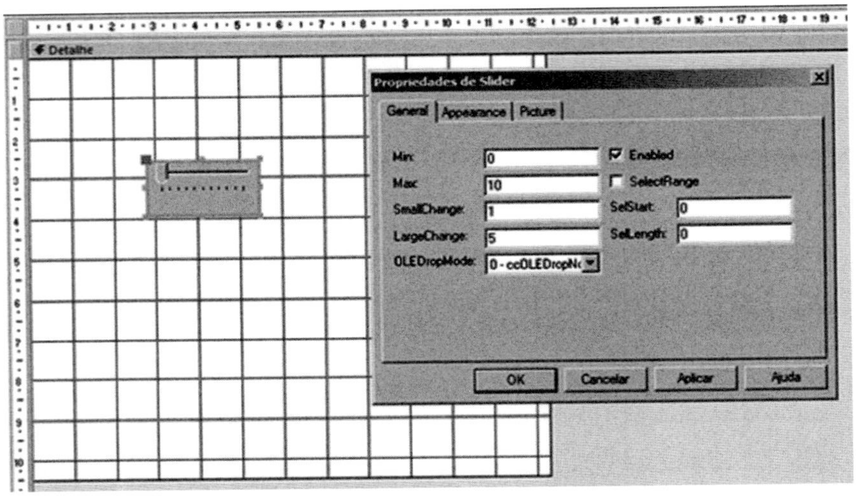

Digitei em **Max**um valor que considerei como máximo de alteração de uma caixa de texto que será maximizado pelo controle *Slider*.

Larguras Iniciais dos Controles

```
Private Sub sldHorizontal_Change()
On Error Resume Next
With Me
.ResumoDemanda.Width = Me.sldHorizontal.Value * 6.7 'Sem conversão para twips
para alongarmos a caixa e não mantê-la com suas dimensões originais com o padrão
de conversão twips.
.ResumoDemanda.Height = Me.sldHorizontal.Value * 7
End With

End Sub
```

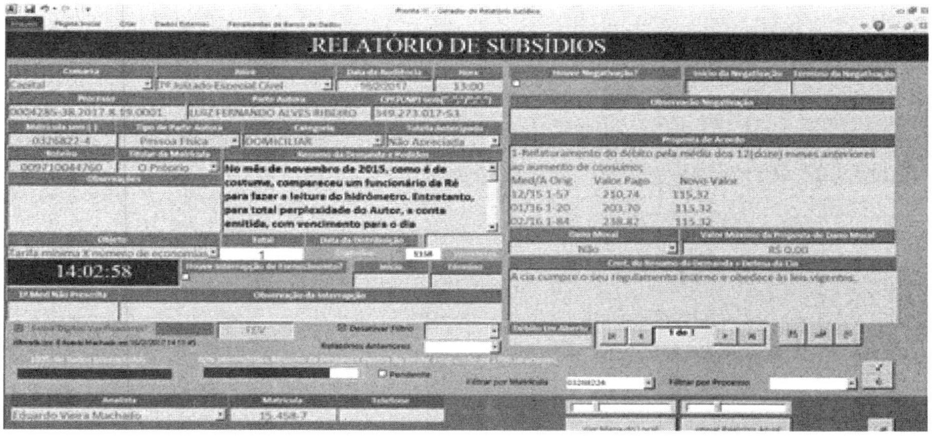


Observe o que acontece quando eu movimento o primeiro controle *slider* da esquerda para a direita, de um ponto inicial até o extremo.

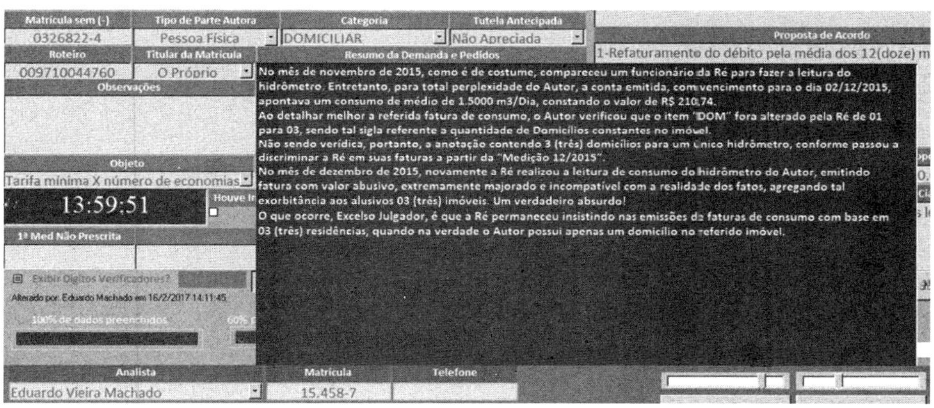


Neste exemplo, podemos com o recurso do controle *slider* visualizar todo o texto contido na caixa de texto extendida.

Mas, se eu dou um simples clique no campo, ele volta ao normal.

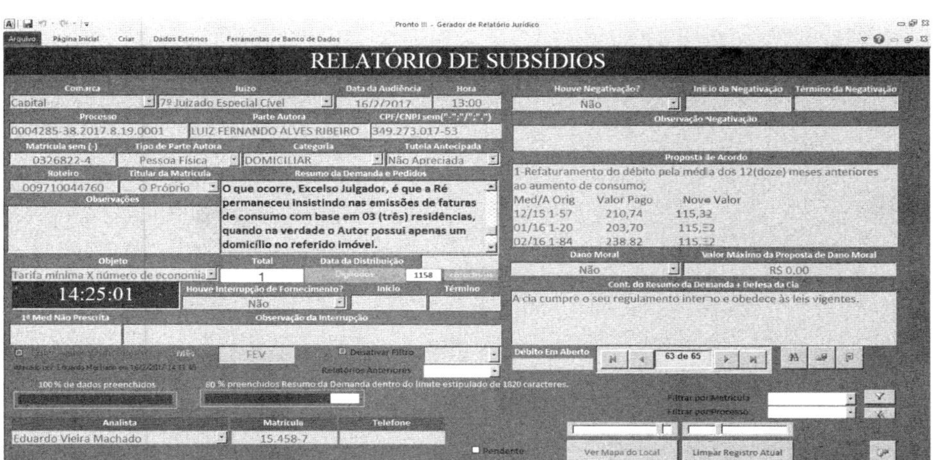

Antes de estudar o código do slider, vamos analisar o modo estrutura do formulário e do controle slider.

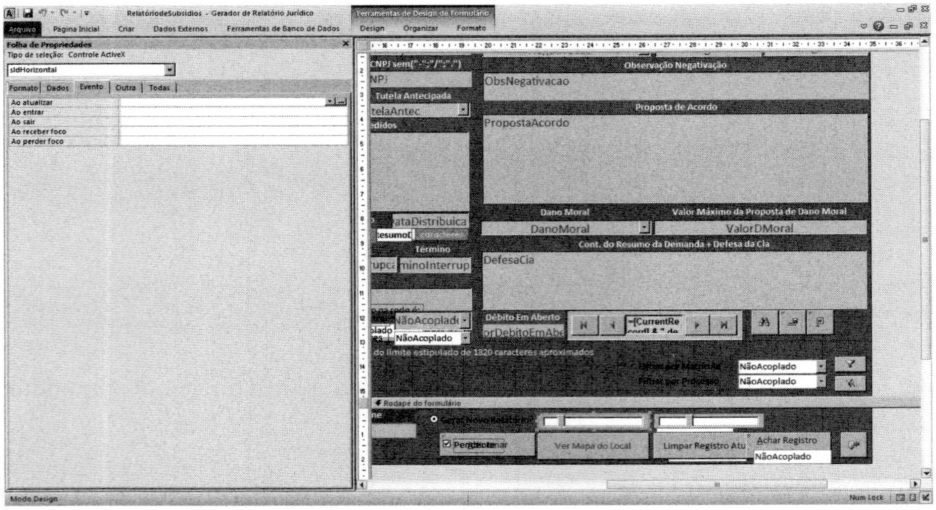

Observe que não há nenhuma linha ocupada para referenciar o código correspondente ao evento de movimentação do controle *slider*.

No evento *Change* (Ao Alterar) fica assim:

```
Private Sub sldHorizontal_Change()
On Error Resume Next
With Me
    .ResumoDemanda.Width = Me.sldHorizontal.Value * 6.5 'Largura da caixa
.ResumoDemanda.Height = Me.sldHorizontal.Value * 7
'Altura da caixa
    .ResumoDemanda.BackStyle = 1   '1 sem 'transparência, 0 com transparência
    .ResumoDemanda.ForeColor = 16777215   'Letra Branca
    .ResumoDemanda.BackColor = 0   'Fundo Preto

End With
End Sub
```

## 5.5 Exercícios Propostos

1. Desenvolva um aplicativo *treeview* para organizar uma tabela periódica como na figura abaixo:

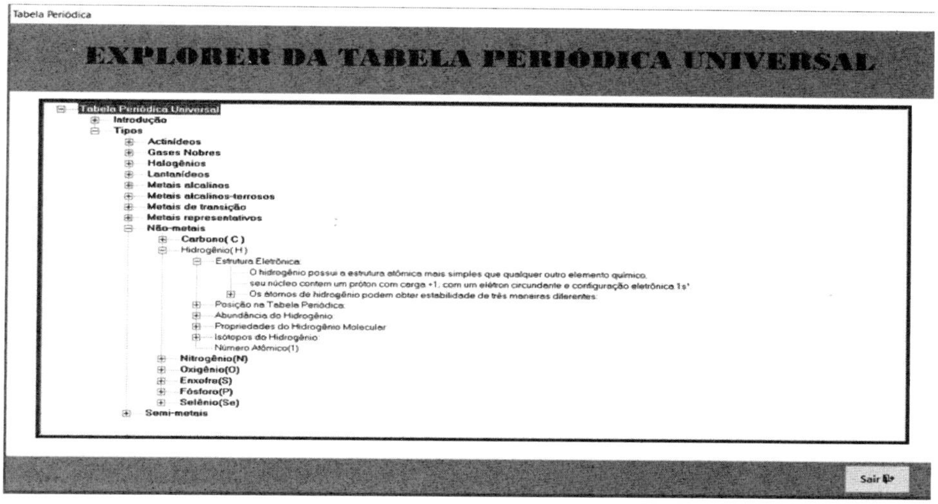


2. Desenvolva um aplicativo com *Slider* que facilite o trabalho de um físico ou engenheiro ao analisar a velocidade de um atleta sobre a esteira de uma academia com prognósticos bem próximos da realidade, como a frequência de seu batimento cardíaco, pressão arterial, perda de calorias ao deslizar o controle *Slider*.Por exemplo, ao aumentar a velocidade fornecida por este controle.

Para reforçar o que já aprendemos com a função *Array* no capítulo 2, item 2.5 e 2.6 e capítulo 3, item 3.6, veremos também outras funções como *Split* e *Join, etc.*

## Trabalhando com a Função *Array**

```
Private Sub cmdMatrix_Click()
Dim strCancaoNomes() As String    'Array de nomes de canções
Dim blDimensionada As Boolean    'Está o Array Dimensionado
Dim strTexto As String    'Guarda temporariamente nomes de canções
Dim lngPosicao As Long    'Contador  que indica que o Array ainda não foi dimen-
sionado

blDimensionada = False
Do     'Pede o nome de uma canção
 strTexto = InputBox("Entre com um nome de canção:")

If strTexto <> "" Then     'O array foi redimensionado?
If blDimensionada = True Then   'Sim, estenda o Array um elemento maior que o
limite superior atual.
'Sem a instrução "Preserve" abaixo, os elementos anteriores de nosso Array se-
riam apagados com o redimensionamento

ReDim Preserve strCancaoNomes(0 To UBound(strCancaoNomes) + 1) As String
Else      'Não, então dimensione e assinale quando dimensionado
ReDim strCancaoNomes(0 To 0) As String

blDimensionada = True
End If
'Acrescenta o nome da canção ao último elemento do array

strCancaoNomes(UBound(strCancaoNomes)) = strTexto
End If
Loop Until strTexto = ""          'Encerra o loop quando você clica em Cancelar

'Exibe os nomes das canções inclusas
For lngPosicao = LBound(strCancaoNomes) To UBound(strCancaoNomes)
MsgBox strCancaoNomes(lngPosicao)
Next lngPosicao
End Sub
```

## Trabalhando com a Função *Split**

```
Private Sub cmdMatrix_Click()
On Error Resume Next
Dim strCDRack() As String
Dim cdLista As String
Dim i As Integer
```

```
cdLista = "Não se preocupem, OK Pessoal, me importo com o que vocês fazem, Edu-
ardo Machado"
strCDRack = Split(cdLista, ", ")

For i = LBound(strCDRack) To UBound(strCDRack)
MsgBox strCDRack(i)
'O resultado será uma MsgBox para cada frase separada por vírgula
Next i

End Sub
```

## Trabalhando com a Função *Join**

```
Private Sub cmdMatrix_Click()
Dim strAmigos(0 to 6) As String, lngPosicao as Long

strAmigos(0) = "Bianca"
strAmigos(1) = "Jeana"
strAmigos(2) = "Sam"
strAmigos(3) = "Jenna"
strAmigos(4) = "Erin"
strAmigos(5) = "Carolyn"
strAmigos(6) = "Kate"
Dim meusAmigos As String

meusAmigos = Join(strAmigos, ", ")

MsgBox meusAmigos
'O resultado da string na MsgBox será: "Bianca, Jeana, Sam, Jenna, Erin, Ca-
rolyn, Kate

End Sub
```

*Extraído do tutorial de Adam Wehmann (*Visual Basic Arrays Tutorial*)

**Impressão e acabamento**
**Gráfica da Editora Ciência Moderna Ltda.**
**Tel: (21) 2201-6662**